博士生导师学术文库

A Library of Academics by
Ph.D.Supervisors

西部民族地区
生态产业系统耦合模式研究

——基于沟域经济视野

覃朝晖 著

光明日报出版社

图书在版编目（CIP）数据

西部民族地区生态产业系统耦合模式研究：基于沟域经济视野 / 覃朝晖著．－－北京：光明日报出版社，2021.6

ISBN 978 - 7 - 5194 - 6006 - 8

Ⅰ．①西… Ⅱ．①覃… Ⅲ．①民族地区—生态经济—产业发展—研究—西北地区②民族地区—生态经济—产业发展—研究—西南地区 Ⅳ．①F127.8

中国版本图书馆 CIP 数据核字（2021）第 077969 号

西部民族地区生态产业系统耦合模式研究：基于沟域经济视野
XIBU MINZU DIQU SHENGTAI CHANYE XITONG OUHE MOSHI YANJIU: JIYU GOUYU JINGJI SHIYE

著　　者：覃朝晖			
责任编辑：李　倩		责任校对：刘文文	
封面设计：一站出版网		责任印制：曹　净	

出版发行：光明日报出版社

地　　址：北京市西城区永安路 106 号，100050

电　　话：010-63169890（咨询），010-63131930（邮购）

传　　真：010 - 63131930

网　　址：http：//book. gmw. cn

E - mail：gmcbs@ gmw. cn

法律顾问：北京德恒律师事务所龚柳方律师

印　　刷：三河市华东印刷有限公司

装　　订：三河市华东印刷有限公司

本书如有破损、缺页、装订错误，请与本社联系调换，电话：010-63131930

开　　本：170mm×240mm			
字　　数：296 千字		印　　张：16.5	
版　　次：2021 年 6 月第 1 版		印　　次：2021 年 6 月第 1 次印刷	
书　　号：ISBN 978 - 7 - 5194 - 6006 - 8			

定　　价：95.00 元

目　录
CONTENTS

第一篇

沟域经济相关理论与研究方法分析

第一节 沟域经济相关理论

一、沟域经济理论

（一）沟域经济理论的提出

沟域经济是在区域经济的基础上，结合山区发展特征提出的一个新概念，沟域是山区重要的地理单元，从区域的角度我们称之为沟域。沟域经济理论起源于区域经济理论，在国外，德国经济学家阿尔弗雷德·韦伯（1909）发表的《工业区位理论：区位的纯粹理论》中首次系统地论述和解释了工业区位理论；① 随后，August Losch（1940）国家区位理论②，弗农等人（1966）产业生命周期阶段理论和区域经济发展的梯度转移理论；③ 迈克尔 E. 波特（1990）钻石模型，④ 保罗 R. 克鲁格曼（1992）空间经济模型都为沟域经济的出现提供了理论依据。⑤⑥ 1992 年 6 月，联合国在里约热内卢召开了"环境与发展会议"。

① 韦伯. 工业区位论［M］. 北京：商务印书馆，1997：102-106.
② 奥古斯特·勒施. 经济空间秩序：经济财货与地理间的关系［M］. 王守礼，译. 北京：商务印书馆，1995：30-40.
③ 金相郁. 20 世纪区位理论的五个发展阶段及其评述［J］. 经济地理，2004（3）：294-298，317.
④ 波特. 国家竞争优势［M］. 北京：华夏出版社，2002：68.
⑤ KRUGMAN P. A Dynamic Spatial Model［M］. New York：NBER Working Paper W4219，1992.
⑥ KRUGMAN P. First Nature，Second Nature and Metropolitan Location［J］. Journal of Regional Science，1993（2）：133.

在大会行动 21 议程中，高度重视山区生态系统的可持续发展。从那时起，世界各行各业都从不同的角度关注山区经济的发展。直至 2004 年，张义丰首先提出了沟域经济概念，阐明了分析山区经济的分析对象和思路，奠定了沟域经济的理论和实践基础，在全国各地，尤其是北京周边地区开展了大量的分析，并拥有一定交流性，取得了一些成果，不同学者也对沟域经济的概念开展了广泛地研讨。

张义丰（2004）等持续关注山区发展分析，并于 2004 年第一次提出了沟域经济发展的理念和基本框架，明确以沟域生态经济建设为载体，促进沟域生态发展的思路。而且还编制了《北京山区采煤沟域生态修复与产业路径选择规划》。接着，在"西藏及其他西藏地区的社会变化与经济发展"学术研讨会上，由中国西藏分析中心社会经济研究所（2006）罗绒战堆研究员提出了"沟域"一词。以后，"沟"的概念被分析北京周边山区发展的学者所采纳，重点用来分析山沟经济的发展。[①] 目前，它已广泛应用于分析全国沟域的经济发展。张义丰（2009）认为，"沟域经济是山区发展的一种新型模式。其核心是以山区为单位，以其自然景观、人文景观、历史遗迹和工业资源为基础，以特色农业、旅游、民俗文化、科普教学、休闲养生、健身娱乐为主体。区域内环境、景观、村镇、产业统筹规划，形成内容多样、形式多样、产业融合、特色鲜明的沟域产业带。通过点对面、多点对接、产业互动，形成集聚规模，最后促进区域经济发展，促进农民收入的快速增长并使其致富。"[②] 北京工商大学世界经济分析中心季铸教授（2010）以为，"沟域经济是以山地盆地和生态环境为基础的区域经济体系。其中，山区是沟域经济的地理背景，流域是沟域经济的地理范围，生态环境是沟域经济存在和发展的基础。沟域经济作为一个新的区域经济体系，拥有山地性、流域性、生态性、系统性、经济性和综合性六大特征。"[③]胡艳霞等（2010）也同意上述观点。

综上所述，各位专家都对沟域经济的定义作出了一定的阐述，但是都没有从要素禀赋视角出发，充分反映出沟域经济的本质及特点。在这里我们认为，所谓沟域经济是以沟域为研究对象，研究其要素禀赋的空间配置，促进沟域系统的经济社会可持续发展。

---

① 罗绒战堆. 沟域中生存的藏人 [J]. 中国西藏（中文版），2007（4）：16-23.

② 张义丰，谭杰. 北京沟域经济发展的理论与实践 [M]. 北京：气象出版社，2009：10-16.

③ 王有年. 北京沟域经济理论与实践 [M]. 北京：中国农业出版社出版，2010：8.

（二）沟域经济的特点

1. 居民沿山沟居住生活。也既是所谓的山谷里，山谷里有流水或者干沟。海拔越高，气候就越冷。沟的最上部多为高寒地区，不易农耕。从沟的顶部向下的中部地域，既有一些农作物，也有一定数目的农田，农业比重比较大，形成一支规模较大的农业经济交错带。由于农耕人员不易迁移，因而，居民绝大多数已定居并形成了相对的村子规模。

2. 小农经济的低效率。沟域中农田草地分布区海拔高，气候条件差，地形复杂，交通不便，人迹罕至，信息不灵，由于实行的是家庭联产承包责任制，各家各户分散经营，重数目、轻质量，超载耕作严重，生长季相对短是山地农业一同难以逾越的鸿沟。粗放的经营模式使得农业及牲畜存栏时间长和消耗的草料多，草料转化率低，产出效益少。农业生产力低下和投资不足，效益低下，导致沟域经济建设困难重重。

3. 沟域的存在形成了自给自足的传统经济。山沟相对封闭，每条山沟是相对独立的经济系统，居民据地而耕作，资源的多少决定生产布局，土地承载力决定生产规模。生产的开展主要依赖山沟内纵向的劳力交流和物物交换得以实现，产出规模及结构决定着居民的消费结构和消费水平。因而，在生产环节上，生产者尊崇自然法则，安排生产，开展农业布局，做到生产与自然的均衡。在消费环节上，消费偏好受资源和环境限制，消费水平受资源的承载力限制并与其保持基本均衡。

4. 高山深沟阻断了人、物和信息的交流。即使山沟的封闭正在被快速打破，道路与通信的建设将条条山沟与产业发达、信息集中的中心城镇相连，但沟中年老的居民仍然有走出山沟去参与外边经济活动的能力和思维。在封闭的自然经济的状态下，沟中居民不仅没有与相对封闭环境抗争的能力，也没有相应的愿望，其结果便是，人们只好依赖沟中资源所给予的产出，安排消费和再生产。为了均衡，为保持生计，人们唯有牺牲消费。

（三）沟域经济的理论基础

沟域经济的概念源于区域经济理论。许多外国经济学家从不同的角度对区域经济发展理论开展了分析和解释。其中，德国经济学家阿尔弗雷德·韦伯（1909）在《工业区位》一书中首次系统而详细地论述了工业区位的相关理论。[①] 他以为，"运输成本和成本是决定工业区位的重要因素。韦伯的理论依然

---

① 韦伯. 工业区位论［M］. 北京：商务印书馆，1997.

是区域科学和产业布局的重要理论，但在如今的实际运用中存在一定的局限性。奥古斯特·廖什的《经济空间秩序》（译为区位经济学）是动态区位理论的代表作，对工业区位理论的发展有着重要的影响。① 美国哈佛大学弗农等人提出产业生命循环阶段论和区域经济发展梯度转移论；② 迈克尔·波特通过构建新竞争经济理论，提出了著名的"钻石"模型；③ 克鲁格曼提出了一些空间经济模型，包括"贸易模型、产业集聚模型、历史与期望影响区域发展模型、垄断竞争模型"等。④ 由于地理位置和空间经济要素的分布差异，以沟域为主的区域拥有相对的特殊性，也为沟域经济的产生提供了理论依据。沟域经济是区域经济理论的重要发展。

区域经济理论是沟域经济的理论基础，沟域经济是区域经济发展的方向和最新发展。19 世纪以来，对区域经济学的分析较多，包括农业区位理论、工业区位理论、中心区位理论、市场区位理论、增长极理论、区位与空间理论、梯度转移理论和现代空间理论是沟域经济的理论基础。

（四）沟域经济的发展与实践

1992 年 6 月，在里约热内卢召开的联合国环境与发展会议通过了致力于环境与发展的《里约环境与发展宣言》和《21 世纪行动议程》，⑤ 该宣言侧重于可持续发展。其中，《21 世纪行动议程》高度重视山区生态系统的可持续发展，提出了对脆弱生态系统的管理：山区可持续发展，创造和增强对山区生态和可持续发展的认识。1996 年，吉尔吉斯斯坦在举办的"山区研究——21 世纪的挑战"国际会议上提出建立以"山区的可持续发展"为主题的国际山地年。2002 年被联合国确定为"国际山区年"（International Year of Mountains；IYM），其认为地球陆地表面的 22% 是山地，在山区生活的人数超过 7 亿，为提高国际社会对山地不合理开发和应用给山区及其下游地区造成危害的重视，联合国宣布 2002 年为国际山地年。主旨为增进认识和了解山区生态系统、其动态情况及功能，认识到山区在提供城乡人民福利，特别是供水和粮食安全所必要的一些战略服务和成品方面的极端重要性；促进为今生后人全人类福利保存和可持续开

① 奥古斯特·勒施. 经济空间秩序：经济财货与地理间的关系 [M]. 王守礼，译. 北京：商务印书馆，1995.

② RAYMOND V. 国际经济中的经理 [M]. 北京：清华大学出版社，1998.

③ 波特. 国家竞争优势 [M]. 北京：华夏出版社，2002：68.

④ KRUGMAN P. A Dynamic Spatial Model [M]. New York：NBER Working Paper W4219, 1992.

⑤ 乔清举. 改革开放以来我国生态文明建设 [N]. 学习时报，2019-01-14.

发山区资源、促进和保护山地社区的文化遗产、关注山区的经常冲突和促进这些区域的和平。2004年，张义丰的分析团队在《北京山区采煤沟域生态修复与产业路径选择规划》中首次提出了"沟域"和"沟域经济"的概念，提出了生态沟域和沟域经济的发展思路和基本框架，从本质上理解"沟域"和"沟域经济"的内涵，把握山区按照沟域经济理念发展是区域经济的发展方向。① 2006年12月，中国藏学分析中心社会经济研究所罗绒战堆在"西藏及其他藏区社会变迁与经济发展"学术研讨会上也提出了"沟域"的概念。2007年，他以为，"依据西藏绝大多数居民居住于两山夹一河的沟内，其经济活动也主要在封闭的沟内开展的历史现实，考虑到'域'这个词的多重含义和在经济学文献中的反复引用，便用沟域经济对西藏的经济现象加以表述。② 还揭示了西藏沟域不只是一个自然地理概念，而且是一个政治、经济、文化单位，在社会变迁和经济发展中表现出独特的个性。"③④

2008年，北京市发展和改革委员会发布了《统筹城乡发展，迈出新步伐》一文，提出了以沟域经济为重点的走廊经济、园区经济、沟域经济三大示范工程试点实施。致力于在山区创建一批拥有特色的生态沟域或生态山谷，加速习俗、休闲、科普等沟域经济的发展、乡村旅游。⑤ 2009年8月，北京市委书记刘淇在平谷县开展了"优化农村产业结构，促进沟域经济发展"的调研，他指出，沟域经济以生态保护为前提，以旅游业发展为主导，探索山区发展和农民致富的新途径。⑥

自"沟域经济"的概念提出以来，关于沟域经济的分析文献不多，对北京沟域经济的研究成果比较集中，有4本专著，40多篇论文；另外樊胜岳（2009）对西藏地区沟域经济系统耦合模式有所分析，⑦ 以及有学者分析沟域经济发展

① 张义丰，谭杰. 北京沟域经济发展的理论与实践 [M]. 北京：气象出版社，2009：3.

② 罗绒战堆. 沟域中生存的藏人 [J]. 中国西藏（中文版），2007（4）：16-23.

③ 郝利，王苗苗，钟春艳. 北京沟域经济发展模式与政策建议 [J]. 农业现代化研究，2010（5）：549.

④ 何忠伟，王有年，郑一淳. 北京沟域经济发展研究 [M]. 北京：中国农业出版社，2011：25.

⑤ 何忠伟，王有年，郑一淳. 北京沟域经济发展研究 [M]. 北京：中国农业出版社，2011：25.

⑥ 何忠伟，王有年，郑一淳. 北京沟域经济发展研究 [M]. 北京：中国农业出版社，2011：25.

⑦ 樊胜岳，琭婧，韦环伟. 西藏地区沟域经济系统耦合模式研究 [J]. 西南民族大学学报（人文社科版），2009（1）：72-77.

对山西山区村域经济发展的启示，① 还没发觉其他学者对沟域经济开展过系统的分析。沟域经济是区域经济和国民经济的重要发展之一。依据相对封闭山区沟域分布特征，形成了一个新的经济分支。特别是少数民族地区，基本居于沟域分布状态，其理论拥有重要的指导意义。史正毅（1982）、藤田昌久（Fujita Changjiu）、保罗·克鲁格曼（Paul Krugman）（1999）、萨缪尔森（Samuelson）（1948）提出的主流经济学都从一个侧面作了西部民族地区相对落后的经济解释，但忽略了山区发展本质及山沟发育特征。

沟域经济的提出进一步准确定位了山区经济发展的本质。除此以外，将产业结构演化理论、系统耦合理论和空间分析理论引入少数民族地区的分析，有益于理论和方法的进一步发展。西部民族地区发展相对滞后。我国14个大连片的贫困地区几乎都在中西部民族地区。它们生活在大量的少数民族中，分布在山区和沟域中。为进一步缩小区域发展的差距，社会各界都十分重视该地区的进步。因而，依据山区的少数民族地区沟域分布的地形特点及其生态产业的建设应以沟域的经济系统为基础。本研究依据各沟域的要素和资源禀赋，探索民族地区生态产业体系的耦合模式，以促进民族地区生态产业体系的发展，促进新农村、新城镇的发展。促进生态环境保护和资源可持续应用，提高西部民族地区人口素质，保持稳定、加速全面建设小康社会，拥有重要的现实意义，从而为提高该地人民的收入和缩小东西方差距来扭转局面。

二、产业结构演进理论

关于产业结构的分析众多。宋涛以为，"产业结构是国民经济各产业部门之间的比例关系。"② 赵继荣以为："产业结构是指一个国家或地区在社会再生产过程中的产业方式，即产业之间的资源配置、产业发展水平、各产业比重、经济技术水平、产业之间的联系，以及产业之间相互依赖和相互作用的方式。"③ 分析显示，产业结构演进是经济发展过程中的一种常见现象。经过对产业结构演进理论的分析，为西部民族地区的可持续发展提供理论依据。产业结构优化升级是产业结构合理化与高度协调的有机统一。④

---

① 王碧波，郭艳萍. 沟域经济发展对山西山区村域经济发展的启示 [J]. 经济问题，2012（8）：127-129.

② 宋涛. 调整产业结构的理论研究 [J]. 当代经济研究，2002（11）：11.

③ 赵继荣. 关于产业结构理论若干基本范畴的探析 [J]. 湘潭工学院学报（社会科学版），2000（6）：23.

④ 覃朝晖. 成渝老工业基地可持续发展研究 [D]. 北京：中央民族大学，2011.

根据 Clark 定理显示①，"随着经济的发展，第一产业的就业比例在下降，第二产业和第三产业的就业比例将增加，即劳动力将从第一产业转移到第二产业和第三产业。"② 英国古典经济学奠基者威廉·配第（Willian Petty，1623—1687）最早分析了产业结构理论，于 1690 年在出版的《政治算术》中认为："制造业的收益比农业多得多，而商业的收益比制造业多得多。"③ 接着，英国经济学家科林·克拉克（1905—1989）对英国、德国、美国、日本和法国等一些国家开展了分析，"揭示了从第一产业向第二产业再向第三产业的变化。人均收入的变化导致了劳动力转移。一、二、三产业的劳动力比重显现由第一产业向第二产业、由第二产业向第三产业流动的趋势，导致了产业结构演进。"④

美国著名经济学家西蒙·库兹涅茨（Simon Kuznets，1901—1985）在克拉克的研究成果的基础上，"进一步研讨了产业结构的发展规律，阐明了劳动力和国民收入在产业间的分配和变化的一般规律，以及第一产业的比重，第二产业和第三产业对国民收入的贡献。"从劳动就业结构的角度开展统计分析表明，随着经济的发展，第一产业实现的国民收入占总国民收入的比重和劳动力比重在总劳动力中所占的比重，呈下降趋势；第二产业在国民收入中的比重总体呈上升趋势。工业部门的劳动力普遍保持不变或略有增加，而几乎所有国家第三产业的劳动力相对比例都在上升。⑤

产业结构一般用于反映一个国家或一个地区的产业之间的比例关系及其变化情况。经济发展的阶段与产业结构密切相关。一般来说，经济发展的不同阶段对应着不同的产业结构。因而，我们可以依据不同工业化阶段的经济结构变化规律来断定经济发展阶段。用两种经济指标来考察产业结构：一种是各行业创造的国民收入及其占国民总收入的比重，另一种是各行业就业人数和比重。罗斯托在《经济成长的阶段》⑥ 一书中将全人类社会的经济发展过程分为六个阶段：传统社会、为起飞创造先决条件的阶段、起飞阶段、通往成熟阶段、大规模高消费阶段和追求生活质量的阶段。⑦

产业结构演化理论不只可以从一个国家或地区经济发展的不同阶段来确定，

① 覃朝晖.基于产业结构演进理论的知识经济可持续发展研究 [C]. Proceedings of Conference on Web Based Business Management（WBM 2012）.武汉，2012.
② 陈秀山，张可云.区域经济理论 [M].北京：商务印书馆，2005：109.
③ 威廉·配第.政治算术 [M].北京：商务印书馆，1960：19.
④ 覃朝晖.成渝老工业基地可持续发展研究 [D].北京：中央民族大学，2011.
⑤ 覃朝晖.成渝老工业基地可持续发展研究 [D].北京：中央民族大学，2011.
⑥ 罗斯托.经济成长的阶段 [M].北京：商务印书馆，1962：67-86.
⑦ 曾国安.试论工业化阶段的划分 [J].经济评论，1997（5）：36.

而且可以从同一时期不同发展水平的地区来确定。同样，这种演进理论在西部民族地区也存在。客观分析工业化过程中产业结构的变化，有利于生态经济发展模式的客观实施。

三、可持续发展理论

(一) 国外关于可持续发展的研究

可持续发展的研究可以追溯到马尔萨斯人口理论，它是马尔萨斯在1798年在《人口论》中提出的。马尔萨斯认为，"生活资料的增长是由算术级数增加引起的，而人口数的增长是由几何级数增加引起的，因而，生活资料的增长不能跟上人口数的增长，这是自然和永恒的规律。"当人口数的增长在一定程度上超过生活资料的增长时，贫穷和犯法就会自然产生，故而限制人口数的增长。①

1854年，亨利·梭罗著的《瓦尔登湖》获得西方世界的重视，严重的污染使人们向往瓦尔登湖和山林的澄净的清新空气，梭罗从食品、住宅、衣物和燃料等生活必需品开始，以经济作为开头，充满了对美好环境和生活的期望和向往。② 然后发展到马克思主义唯物史观，其可持续发展的理论基础是人与社会对自然的仰赖和社会历史的连续性。它的发展观是以辩证唯物主义和唯物史观为基础的，坚持从一定社会关系的总体的角度来认识发展，把生产力付诸实践。发展是社会发展的基础，这是一个自然的历史过程，其发展是整个系统的持续发展。③

在理论上，政治家、哲学家、经济学家、生态学家和环境学家没一个普遍接受的理论，但可持续发展的概念在世界范围内获得了广泛的讨论和解释。经济学家 Edward B 和 Barbier (1985) 将可持续发展定义为"在保持自然资源及其提供的服务质量的同时，最大限度地提高经济发展的净效益"④。Robert Repetto (1986) 以为可持续的核心是当前的决策不能损害维系或提高将来生活水平，意味着经济体系中要管理适当，故而使人们能够受惠于资源而生存。⑤ M. Redclift

---

① 马尔萨斯. 人口论 [M]. 郭大力, 译. 北京: 北京大学出版社, 2008: 9-20.
② 亨利·梭罗. 瓦尔登湖 [M]. 徐迟, 译. 长春: 吉林人民出版社, 1997: 298-311.
③ 欧祝平, 傅晓华. 论可持续发展的马克思主义发展观渊源 [J]. 求索, 2006 (10): 31-33.
④ BARBIER E B. Economics, Natural Resources, Scarcity and Development [J]. Conventionaland Alternative Views, 1985: 44.
⑤ 彼得·罗杰斯. 可持续发展导论 [M]. 郝吉明, 译. 北京: 化学工业出版社, 2008: 15.

（1987）以为可持续发展是维系基本的生态过程和生活供给系统，保护基因多样性，而且可持续地应用各种物种及生态系统。[①] David Pearce（1989）以为，可持续经济增长是指实际人均国民生产总值的持续增长，不受污染、资源退化或社会影响等生态和自然因素的影响。[②] James Gustave Spath（1989）从科学和技术的角度对可持续发展开展了定义，并以为"可持续发展是向更清洁、更合用的技术（接近于'零排放'或'封闭'过程）的转变，以最大限度地减少能源、自然资源和其他方面的消耗。"Mohan Munasinghe 和 Ernst Lutz（1991）以为，可持续发展是在低强度资源消耗下实现生活质量持续改善的一种方式。因而，留给下一代的是自然资源资产和其他不减少甚至不增加的财产。[③] 世界资源研究所（1992 年）以为，"可持续发展是建立产生极少废物和污染物的工艺或技术系统"。他们以为污染不是工业活动的必然结果，而是技术落后和效率低下的表现。世界银行（1992 年）以为，可持续发展是指发展和环境政策以经济效益比较和详细的经济分析为前提，增强环境保护，提高可持续福利水平。[④] 莫里斯·斯特朗（1992）以为，可持续发展关涉到政治、社会、经济、体制和技术秩序的一系列深刻而重要的变化，包括重新界定发达国家和发展中国家之间的关系。[⑤] 这一定义在《布伦特兰委员会报告》和《里约环境发展宣言》等相关文件中获得了体现。[⑥]

尽管可持续发展的概念已被广泛讨论，但仍有一些不同的看法，如 Julian Simon（1981 年）以为，将来将仅受全人类创造力的限制，而不受食物和能源问题的限制；Wilfred Beckman（2003）以为将来不受资源的限制，而是取决于全人类能否建立一个健全的经济体系。

（二）国内可持续发展的研究

中国古代许多思想家对人与自然的关系提出了可持续发展的思维和理念。

---

① 彼得·罗杰斯．可持续发展导论［M］．郝吉明，译．北京：化学工业出版社，2008：16.

② 彼得·罗杰斯．可持续发展导论［M］．郝吉明，译．北京：化学工业出版社，2008：15.

③ 彼得·罗杰斯．可持续发展导论［M］．郝吉明，译．北京：化学工业出版社，2008：16.

④ 彼得·罗杰斯．可持续发展导论［M］．郝吉明，译．北京：化学工业出版社，2008：16.

⑤ 彼得·罗杰斯．可持续发展导论［M］．郝吉明，译．北京：化学工业出版社，2008：16.

⑥ 覃朝晖．武陵民族地区沟域经济的可持续发展研究［C］．第十一届全国区域经济学学科建设年会暨生态文明与区域经济发展学术研讨会论文集．武汉，2012.

比如，孔子的"天人合一"思想；孟子在《孟子·梁惠王上》中的《寡人之于国也》一文中道："数罟不入洿池，鱼鳖不可胜食也；斧斤以时入山林，材木不可胜用也。"；老庄的"无为论"即人与自然协调论；荀子的"有为论"①；汉代刘安在《淮南子·本经训》中提到："钻燧取火，构木为台，焚林而田，竭泽而渔。"它们都包含了如何处理人与自然关系的观点，也是可持续发展思想的最早来源之一。②

近代以来，中国可持续发展思想的探索与实践获得了发展。③ 比如，马寅初（1957）提出了中国的人口问题拥有相对人口过剩的性质，是属于人数压迫生产力的类型，人口发展需要与国民经济发展相适应，并在数目上维持相应的比例关系，不然会表现出众多不协调和不适应，带来众多矛盾和社会问题。④这是中华人民共和国成立以来关于可持续发展的第一次讨论。牛文元1990年主持中国科学院的项目《可持续发展战略国家报告》。《持续发展导论》出版于1994年，⑤ 是我国第一部关于可持续发展的理论专著。该书以为，可持续发展拥有经济和社会环境的完整性、多样性、传布性、竞争性和协调性。建立了评价可持续发展的地理模型、生物模型、资源模型、经济模型、环境模型和决策模型。曲歌平（1995）以为，可持续发展是环境与经济的协调发展，是人与自然和谐的追求。健康的经济发展应该建立在生态可持续性、社会公平和人民积极参与自己发展决策的基础上。其目标是既要使全人类的各种需求获得满足，个人获得充分发展，又要保护生态环境，不对后代人的生存和发展造成危害。⑥

综上所述，可持续发展的概念经由了很长一段时间，在不断深化的过程中，挪威前总理布伦特兰提出的可持续发展的定义是"满足当代人的需求，而不损害子孙后代满足其需求能力的发展"。这一定义体现了可持续发展的公平、共性和可持续性原则。这一概念，在社会观方面，主张公平分配，以满足当代和后人全部人民的基本需求；在经济观方面，主张全人类与自然和谐相处，经济的发展不能以环境的破坏为代价。这一概念已被广泛接受和认可，并在1992年联合国环境与发展会议上达成共识。⑦ 习近平同志于2005年8月提出绿水青山就

---

① 董志芸. 我国区域可持续发展空间差异的定量研究 [D]. 保定：河北大学，2004.
② 覃朝晖. 成渝老工业基地可持续发展研究 [D]. 北京：中央民族大学，2011.
③ 覃朝晖. 武陵民族地区沟域经济的可持续发展研究 [C]. 第十一届全国区域经济学学科建设年会暨生态文明与区域经济发展学术研讨会论文集. 武汉，2012.
④ 马寅初. 新人口论 [M]. 长春：吉林人民出版社，1997：1-23.
⑤ 牛文元. 持续发展导论 [M]. 北京：科学出版社，1994：7.
⑥ 曲格平. 我们需要一场变革 [M]. 长春：吉林人民出版社，1997：237-238.
⑦ 覃朝晖. 成渝老工业基地可持续发展研究 [D]. 北京：中央民族大学，2011.

是金山银山。2007年党的十七大报告提出要建设生态文明。2017年10月18日，习近平同志在十九大报告中指出，坚持人与自然和谐共生，必须树立和践行绿水青山就是金山银山的理念，坚持节约资源和保护环境的基本国策。

四、系统耦合理论

（一）国外关于系统耦合的研究

1956年，美国麻省理工学院（MIT）的福瑞斯特（J. W. Forrester）教授创立了系统动力学（简称SD——system dynamics），"为分析生产管理及库存管理等企业问题而提出的系统仿真方法，最初叫工业动态学"。1961年，《工业动力学》提出系统动力学（System Dynamics），"一种运用结构、功能和历史相结合的系统仿真方法进行预测与模拟，利用水箱结构，来进行模拟"。在20世纪60~70年代，罗马俱乐部曾经探讨过人类目前及未来所面临的困境，并提出了"增长的极限"这一重要理念。接着，福瑞斯特运用他的系统动力学理论，以五个重要因素为核心，建立起了系统动力模拟的"世界模型Ⅱ"。随后，福瑞斯特的弟子梅多斯（D. H. Meadows）等人完成的探讨人类困境的未来学著作《增长的极限》，其中进一步提出了更为细致而周全的"世界模型Ⅲ"。这两个模型在全世界范围内引起了极大的反响和讨论。继这两个"世界模型"之后，福瑞斯特等又开始进行的美国"国家模型"研究，历时十多年，运用他们的方法在宏观经济学和微观经济学之间架起了桥梁。[①] 比利时科学家普利高津（I. prigogine）于1969年提出耗散结构（Dissipative structure）理论，该理论从热力学中产生并被严格证明，耗散结构理论认为，"系统熵变一部分是系统内部由于不可逆熵增加，另一部分是系统与外界交换物质、能量或信息引进熵流，总熵变等于两者之和。"[②] 德国物理学家哈肯（H. Haken）于1969年提出了协同学的概念（synergetics），他通过对激光的研究总结出一般性理论，协同导致有序，创立了协同学，协同学主要研究系统各部分的协作，通过协作引导系统在空间、时间和功能上从无序状态转变为有序状态，协同学也是系统的自组织理论。著名生态学家H. T. Odum教授在20世纪80年代后期和90年代创立的"能值"概念理论，以及太阳能值转换率等一系列概念在解决能量同度量化方面贡献较大。他将能值定义为一流动或储存的能量所包含另一种类别能量的数量，称为该能

① 杨志梁. 我国能源、经济和环境（3E）系统协调发展机制研究［D］. 北京：北京交通大学，2010.

② 李明. 农村生态住区建设系统耦合研究［D］. 武汉：华中科技大学，2010.

量的能值。他（1996）还进一步解释能值为产品或劳务形成过程中直接或间接投入应用的一种有效能总量，就是其所具有的能值。约翰·霍兰于 1994 年在圣菲研究所成立 10 周年时提出复杂适应系统理论（complex adaptive system，CAS），他从生物的演化规律出发研究系统的复杂性起源，运用适应性主体将微观和宏观世界联系起来。①

（二）国内关于系统耦合的研究

中国对系统耦合的研究始于 20 世纪 80 年代初，钱学森提出了半经验、半理论的处理复杂对阵问题的方法论，处理复杂行为系统的定量方法是科学理论、经验知识和专家判断力的结合，并于 1989 年提出了从定性到定量的综合集成方法（Meta-Synthesis，M-S 方法），同时，比较系统地研究系统耦合理论的学者任继周，在 1989 年探讨中国草地畜牧业的出路时，强调如以草地畜牧业为基础，与农田、城市系统结合能表现的耦合效益。同时他指出中国从东北到西南，广大草原区与农田区的交界线两侧，历史上曾大量分布的繁华的茶马市场，将是系统耦合效益的热点，如加以适当引导，这一"耕牧交错"地区可望在中国农业振兴过程中发挥重大作用。1994 年任继周先生正式提出系统耦合的概念，两个或两个以上性质相近似的生态系统具有互相亲和的趋势。② 当条件成熟时，它们可以结合为一个新的、高一级结构的功能体，这就是系统耦合。③ 同时指出了催化潜势、位差潜势、多稳定潜势和管理潜势构成了系统耦合的生产潜力，并且把能量作为源动力与反馈而成为系统耦合的核心，④ 他认为，"由于耦合系统较之单个的子系统具有更为复杂的内部组织和更为合理的结构，因此，系统耦合可以强化系统的整体功能，放大系统的整体效益，从而显著提高系统的生产水平。"⑤ 樊胜岳（2009）在《西藏地区沟域经济系统耦合模式研究》一文中，提出了"沟顶繁育，沟谷育肥；支沟繁殖，干沟育肥"的"双圈耦合模式"，通过耦合效益模拟计算可以证明，西藏地区沟域经济系统耦合可以大幅度

① 曾珍香，张培，王欣菲. 基于复杂系统的区域协调发展 [M]. 北京：科学出版社，2010：11-17.
② 张泽光，张锦. 京张区域生态经济系统建设模式探讨 [J]. 商业时代，2013（7）：20.
③ 任继周. 草地农业系统生产效益的放大 [J]. 草业科学，1986（3）：7-12.
④ 任继周，贺达汉，等. 荒漠—绿洲草地农业系统的耦合与模型 [J]. 草业学报，1995，4（2）：11-19.
⑤ 任继周，万长贵. 系统耦合与荒漠—绿洲草地农业系统——以祁连山—临泽剖面为例 [J]. 草业学报，1994，3（3）：1-8.

提高农牧业效益。① 随后，江红莉（2010）、曾珍香（2010）等针对复杂系统在生态经济领域进行了进一步的探讨和实证分析。由此，可以对生态产业系统的发展进行系统耦合分析与模拟，发现其运行的趋势和规律，是研究西部民族地区生态产业发展的重要手段。

第二节　研究方法

一、系统耦合度评价方法分析

（一）系统耦合度评价方法

当前，评价系统耦合度的方法众多，包括层次分析法、比较法、成本效益法、综合指数法、数理统计分析法、回归分析法、主成分分析法、因子分析法等方法。②

1. 层次分析法

美国匹兹堡大学 T. L. Saaty 于 1971 年首次采用层次分析法（AHP），并在1977 年出版的《无结构决策问题的建模——层次分析法》一书中提出了，并不断丰富和改进。层次分析法（AHP）是定性与定量相结合的分析方法，它可以量化专家的主观断定，作出科学的决策。而且比较容易掌握和使用到社会经济生活中。③

层次分析法的基本原理是将决策问题划分为多个系统，系统包含多个因素，其中可以细分多个因素，并对最后因素开展比较。然后邀请必定数目的专家、学者或企业管理者及研究对象来比较各种因素的重要性。然后，用数学方法计算权重，并开展决策分析。因而，层次分析法也称作决策分析法。层次分析法的重要特征是定性分析与定量分析相结合。④

层次分析法包括以下具体步骤：首先，明确问题，建立不同的层次结构，依据对问题分析，确立最高层，依据问题影响因素确立中间层，依据中间层影

① 樊胜岳，琭婧，韦环伟. 西藏地区沟域经济系统耦合模式研究 [J]. 西南民族大学学报（人文社科版），2009（1）：72-77.

② 张卉. 中国西部地区退耕还林政策绩效评价与制度创新 [D]. 北京：中央民族大学，2009：86-96.

③ 陈明. 可持续发展概论 [M]. 北京：冶金工业出版社，2008：42-56.

④ 覃朝晖. 成渝老工业基地可持续发展研究 [D]. 北京：中央民族大学，2011.

响因素确立下一中间层，直至确立最后的方案层。然后，建立两两相比的断定矩阵，断定矩阵用来表示同一层要素之间的相对重要性的比较，利用打分的方式，然后对判断开展量化。然后依据评判结果开展层次排序，即把本层所有元素相对于上一层来说，排出权重，常用的方法有和积法和方根法，以此来计算矩阵的最大特征向量。应用层次单排序的计算结果，进一步对上一层次开展权重分析，最后得出的是对于总目标层的权重指数。[①]

2. 德尔菲法（Delphi Method）

德尔菲法是由 O. 赫尔姆和 N. 达尔克在 20 世纪 40 年代创立的，并由 T. J. 戈登和兰德公司进一步改进。德尔菲这个名字源于古希腊太阳神阿波罗的神话。传说阿波罗有预见将来的能力。因而，这种预测方法被称作德尔菲法，或专家法。[②] 20 世纪 40 年代，兰德首次应用这种方法开展预测，并获得了很好的印证。随后，这种方法获得了迅速而广泛地采用。德尔菲法根据科学的系统的程序，利用匿名独立发表意见的方式，即专家之间不得相互讨论，不发生联系，只好与调查人手保持联系，经过多轮次的调查，专家对问卷所提的问题提出自身的意见，经由反复征询、归纳、修改，最后汇总成专家基本一致的意见，作为预测的结果。专家评价法是组织专家对目标开展评价，并考虑不可量化因素。德尔菲法是一种典型的专家评价方法。这是兰德公司 1964 年用来预测的一种方法。首先确定主题，编制问卷，找出要端。10~15 位现场专家填写 3~4 轮问卷，最后比较预测结果，以频率分布和图表的形式表示。[③]

3. 指数评价法

指数评价法是在计算各种经济效益指标与指数的前提下，按一定权重计算综合经济效益指标，即对耦合度进程的评价。[④] 指数的基本公式我们表示为：

$$P = C/S \qquad\qquad 公式（1-1）$$

其中，耦合度指数用 P 表示，耦合度指标的数值为 C，比较的标准值为 S。[⑤] 假设我们要对多个因素进行评价，其指数公式变为：

$$P = C_1/S_1 + C_2/S_2 + C_3/S_3 + \cdots\cdots + C_N/S_N \qquad 公式（1-2）$$

---

① 张卉. 中国西部地区退耕还林政策绩效评价与制度创新 [D]. 北京：中央民族大学，2009：86-96.

② 严德行，马扶林. 德尔菲法评价环湖北岸草原生态系统 [J]. 青海草业，2011（1）：59.

③ 覃朝晖. 成渝老工业基地可持续发展研究 [D]. 北京：中央民族大学，2011.

④ 张卉. 中国西部地区退耕还林政策绩效评价与制度创新 [D]. 北京：中央民族大学，2009：86-96.

⑤ 覃朝晖. 成渝老工业基地可持续发展研究 [D]. 北京：中央民族大学，2011.

上公式中分析各因素分别独立发展作用，没明显的联系作用，假若考虑因素之间的联系作用，要乘以 K_N 修正系数。① 指标评价方法可以比较客观的定量因素，对其进行分类，比较不同地区、不同时期的指标，提高耦合度的可比性。②

4. 数理统计法

数理统计法是从数量出发，根据一定的统计计量方法，对因素指标进行甄别筛选处理，主要包括：主成分分析法、变异系数法、相关系数法、聚类分析法、因子分析法、多元回归分析法等，通过对数据的统计分析，然后标准化处理，最后对指标进行评价。③

5. 时间分析法

时间分析法，主要是研究时间上的差异，对指标进行比较分析，确定其发展速度以及大小关系，例如同比与环比发展、发展速度、定基发展速度、平均发展速度等，这是一种最常用分析方法，也是简单的分析方法之一。④

（二）系统耦合度评价模型

自20世纪70年代以来，"一些外国经济学家借助经济增长理论模型探索了经济协调发展的情况。依据模型的特征，可分为两类：新古典增长模型和内生增长模型。索洛、斯蒂格利茨等经济学家使用新古典增长模型分析了自然资源的最佳开发利用路途，得出了较为理想的结论。20世纪80年代中后期，随着内生经济增长理论的改进，Gradus 等经济学家将环境污染引入内生经济增长模型，尝试回答生态协调发展的条件问题，自然资源和环境制约下的协调发展。"⑤ 同时，一些学者对经济、社会和环境的系统耦合评价模型开展了评价分析。具体的模型有：

1. 投入产出模型

Cumber 和 Daly 将 Leontief 的投入产出模型逐步应用于经济行为和环境相关性研究，取得了成果。随后 Leontief 发展了投入产出模型，特别是模型的应用，

① 覃朝晖. 成渝老工业基地可持续发展研究 [D]. 北京：中央民族大学，2011.
② 陈明. 可持续发展概论 [M]. 北京：冶金工业出版社，2008：42-56.
③ 覃朝晖. 成渝老工业基地可持续发展研究 [D]. 北京：中央民族大学，2011.
④ 覃朝晖. 成渝老工业基地可持续发展研究 [D]. 北京：中央民族大学，2011.
⑤ 江红莉，何建敏. 区域经济与生态环境系统动态耦合协调发展研究：基于江苏省的数据 [J]. 软科学，2010（3）：56.

从而开始了环境和经济之间关系研究的新领域。①

2. EKC 模型

1991 年，环境库兹涅茨曲线（Environmental Kuznets Curve，简称 EKC）最早由美国学者 Grossman 和 Krueger 提出，他认为，"经济增长与环境质量之间呈倒 U 型关系，即随着经济发展和收入水平的提高，环境质量呈现先破坏后好转的趋势，接着众多学者用 EKC 模型开展了大量实证分析。"②

3. 综合评价模型

因为经济系统拥有多变量、多层次的特征，单一评价方法难以达到效果，因而许多学者经常利用主成分分析、回归分析、层次分析等方法构建综合评价模型。从而评估价格环境和经济之间的协调性。③

4. 产业关联度模型

产业关联度是评价产业之间关联性的指标。研究发现，产业联系大的产业才能发挥更大的集群效应和规模效应。产业关联度可以用影响力系数和感应度系数来评价。影响系数用来评价一个行业部门对其他行业发展的影响。影响力系数越大，此行业的发展对其他行业的发展就拥有越大的带动作用。④

5. 耦合度评价模型

江红莉（2010）在《区域经济与生态环境系统动态耦合协调发展研究》中详细地对耦合度进行了分析，还建立了经济（E）与生态环境（C）系统的一般函数：

$$f(E) = \sum_{i=1}^{n} a_i x_i, \ (i = 1, 2, \cdots\cdots, n);$$

$$f(E) = \sum_{j=1}^{n} b_j y_j \ (j = 1, 2, \cdots\cdots, n)。$$

其中，x_i、y_j 分别为经济系统、生态环境系统的因素及指标，a_i、b_j 为各因素及指标的权数。⑤可以求出耦合度为：$\alpha = \arctan V_A / V_B$。江红莉的系统耦合模

① 江红莉，何建敏. 区域经济与生态环境系统动态耦合协调发展研究：基于江苏省的数据 [J]. 软科学，2010（3）：58.

② 江红莉，何建敏. 区域经济与生态环境系统动态耦合协调发展研究：基于江苏省的数据 [J]. 软科学，2010（3）：63.

③ 江红莉，何建敏. 区域经济与生态环境系统动态耦合协调发展研究：基于江苏省的数据 [J]. 软科学，2010（3）：68.

④ 余维，何伟军. 武陵民族地区主导产业的界定和评判方法研究 [J]. 当代经济管理，2010（12）：25.

⑤ 江红莉，何建敏. 区域经济与生态环境系统动态耦合协调发展研究：基于江苏省的数据 [J]. 软科学，2010（3）：63–68.

式不仅对经济与生态环境系统进行了耦合度分析，进而，还可以延伸到两个或者多个产业之间耦合度评价分析。①

6. 耦合协调度评价模型

宋学峰（2005）借鉴了物理学中的概念：容量耦合（Capacitive Coupling）的概念以及容量耦合系数的模型，② 也可以推广得到多个系统或要素、元素、因素相互作用耦合模型。③

7. 隶属度函数模型

范中启（2006）以为，协调发展是一个模糊的概念。因而，模糊数学中从属度的概念可以用于描述它。从属度的变化规律可以用从属函数来反映。依据隶属度函数，可以建立耦合函数。耦合度也可以通过建立从属度函数的方法来进行评价。

8. 灰色关联度模型

1982 年，由华中理工大学邓聚龙教授首先提出了灰色系统概念，其后创立和发展成了灰色系统理论。④ 灰色系统是一个部分确定、部分不确定的信息系统。因为人们对客观事物的理解是灰色的，被分析的对象也是灰色的，因此我们可以用灰色系统理论来分析相关问题。⑤ 利用邓氏灰色关联度分析方法并结合容量耦合系数模型，对分系统间及分系统内的耦合关联和协调程度开展分析，建立了系统灰色关联度耦合模型。

二、空间计量经济学方法分析

早在 20 世纪 70 年代，空间计量经济学的分析就在欧洲开展，并被视为一个明确的领域。Paelinck 和 Klaassen（1979）定义了这个领域，⑥ 包括：空间相互依赖在空间模型中的任务；空间干系不对称性；位于其他空间的解释因素的

---

①　江红莉，何建敏. 区域经济与生态环境系统动态耦合协调发展研究：基于江苏省的数据 [J]. 软科学，2010（3）：63-68.

②　宋学锋，刘耀彬. 城市化与生态环境的耦合度模型及其应用 [J]. 科技导报，2005（5）：31-33.

③　ILLINGWORTH V. The penguin dictionary of physics [M]. Beijing：Foreign Language Press, 1996：92-93.

④　李明. 农村生态住区建设系统耦合研究 [D]. 武汉：华中科技大学，2010：89-93.

⑤　邓聚龙. 灰色系统基本方法：第 2 版 [M]. 武汉：华中科技大学出版社，2005：39.

⑥　潘荣翠. 基于合作视角的我国主权财富基金对外投资战略研究 [D]. 昆明：昆明理工大学，2012.

重要性；过去的和将来的相互作用之间的差别；明确的空间模拟。① Anselin (1988) 将空间计量经济学定义为：处置由区域科学模型统计分析中的空间所造成的特殊性的科技总称。换句话说，空间计量经济学剖析的是清楚设想空间意义（空间自相关和空间异质性）的方法。② 空间计量经济学不只处理了标准量方式在安排空间数据时的差错问题，更重要的是为检测这种空间关系及其特征、并在建模时清楚地引入空间关系变量以估量与验证其功劳提供了新的方法（应龙根，宁越敏，2005）。③ 空间计量经济学是计量经济学的一个旁支，分析的是在横截面数据（Cross-sectional Data）及面板数据（Panel Data）的回归模型中怎么安排空间交互作用（空间自相关）及空间结构（空间异质性）（Anselin，1988）。④

　　传统的统计理论是一种设立在单独观测值假设基础上的理论。⑤ 然而，在现实世界中，特别是遇到空间数据问题时，独立观测值在现实生活中并不是普遍存在的（Getis，1997）。对于拥有地理空间特性的数据，一般而言认为离得近的变量之间比在空间上离得远的变量之间拥有越加密切的干系（Anselin & Getis，1992）。正如著名的托布勒地理第一定律所说，"每件事都是相关的，而且彼此之间的干系老是比远方的更密切。"（Tobler，1979）地区之间的经济地理行为之间一般而言都存在必定程度的空间相关性（Spatial Interaction；Spatial Effects；Spatial Dependence and Spatial Autocorrelation）。一般而言，分析中关涉的空间单元越小，离得近的单元越有可能在空间上密切关联（Anselin & Getis，1992）。然而，在现实的经济地理分析中，许多关涉地理空间的数据，由于普遍忽视空间依赖性，其统计与量分析的结果值得进一步深入探究（Anselin & Griffin，1988）。空间计量经济学提供了一系列合用的理论和实证分析方法，用来辨别和估计这种地理和经济现象中经常出现的空间效应（特点）。一般而言，在经济分析中出现不恰当的模型和设定，它们所忽略的空间效应主要有两个来

---

① PAELINCK J, KLAASSEN L. Spatial Econometrics：Saxon House ［J］. Farnborough，1979：5-11.

② ANSELIN L. Spatial Econometrics：Methods and Models ［M］. Dordrecht：Kluwer Academic，1988：7.

③ 应龙根，宁越敏. 空间数据：性质、影响和分析方法 ［J］. 地球科学进展，2005（1）：49-55.

④ ANSELIN L. Spatial Econometrics：Methods and Models ［J］. Dordrecht：Kluwer Academic，1988：7.

⑤ 潘荣翠. 基于合作视角的我国主权财富基金对外投资战略研究 ［D］. 昆明：昆明理工大学，2012-03-01.

源（Anselin，1988）：空间自相关性（Spatial Dependence）和空间异质性（Spatial Heterogeneity）。

三、地理信息系统（GIS）分析

地理信息系统（Geographic Information System 或 Geo‐Information system，GIS），又称为"地理咨询系统""地学信息系统"或"资源与环境信息系统"，地理信息系统（GIS）与全球定位系统（GPS）、遥感系统（RS）合称3S系统。[1] 它是一种特定的十分重要的空间信息系统，是于20世纪60年代在地理学、地图制图学、空间信息学等学科的基础上发展起来的一门交叉学科，它所涉及的学科和内容体系十分丰富。[2]

19世纪以来应用的地图和专题地图是模拟地理信息系统。1956年，奥地利测绘部门首先应用电子计算机建立了地籍数据库。在20世纪60年代地理信息系统（GIS）的开创时期，空间数据的地理处理受到了重视，与地理信息系统相关的组织机构依次建立。20世纪70年代，计算机软硬件技术发展迅速，为空间数据的输入、存储、检索和输出提供了有力的工具和载体。加拿大的CGI也获得了充分的运转和应用；从1970年到1976年，在短短的6年时间内，美国地质调查局已经建立了50多个地理信息系统；到了70年代，全世界已经应用了300多个软件系统，包括ARC在美国环境系统研究所（ESRI）地理信息系统的应用。[3] 20世纪80年代是地理信息系统普及采用的阶段。地理信息系统与卫星遥感技术的结合，使得地理信息系统在解决全球荒漠化、全球可居住地区评说和选择、厄尔尼诺现象和酸雨、核扩散和核废料等全球性问题以及全球地理相关问题的变化和监测上获得了采用。20世纪80年代是地理信息系统信息技术发展的一个重要时期，其重点是支持空间决策分析。[4] 许多国家制定了自身的地理信息系统发展规划，开展了多项科研项目，建立了若干政府和学术机构。[5]

20世纪90年代，全球地理信息系统的产业化和数字信息成品的推广每2~3年翻一番。地理信息系统市场增长率接近40%，重要厂商年销售增长率100%以

---

① 覃朝晖. 成渝老工业基地可持续发展研究［D］. 北京：中央民族大学，2011.

② 何必. 地理信息系统原理教程［M］. 北京：清华大学出版社，2010：1.

③ 赵金霞. 地理信息系统的发展趋势［J］. 信息系统工程，2012（8）：45.

④ 覃朝晖. 成渝老工业基地可持续发展研究［D］. 北京：中央民族大学，2011.

⑤ 李志伟. 地理信息系统及其应用［J］. 计算机工程与应用，1995（6）：42-46.

上。① 各行业地理信息系统的国际会议、出版物、学科和分析中心遍布世界各地，拥有传布的趋势。1998 年 1 月，美国副总统戈尔在加利福尼亚州洛杉矶科学中心制造了"数字地球——了解我们的 21 世纪地球"，数字地球在全世界全面启动。数字地球是地理信息系统发展的必然结果，是空间技术、信息技术、网络技术、通信技术采用和发展的产物，是可持续发展的必然要求。中国地理信息系统发展是从改革开放后发端发展的，从 1978 年到 1980 年为准备和起步阶段，重要开展舆论准备，正式提出倡议，发端组建人马，组织个别实验分析。重要特点是机助制图和遥感采用。从 1981 年到 1985 年，这是实验阶段。本阶段重点对地理信息系统开展理论探索和区域实验分析。在此基础上，制定了国家地理信息系统规范。建成基本土地信息系统和国土信息系统 1∶100 万，国土资源环境信息系统 1∶400 万，水土保持信息系统 1∶1250 万。从 1986 年到 20 世纪 90 年代中期，这是一个初步的发展阶段。地理信息系统（GIS）分析已纳入我国长期规划，作为国家级重要分析领域，已逐步与国民经济建设相结合，取得了重要进展和实际采用效益。20 世纪 90 年代末，随着数字地球的出现，我国地理信息系统科学进入了数字土地规划、设计和建设的时代，数字农业和生态区域的建设也进入了实施阶段。

四、系统动力学 SD 方法分析

系统动力学是麻省理工学院 Forrest 教授 1961 年提出的将结构、功能和历史相结合的系统模拟方法。依据实际观测数据建立了系统的结构模型，并开展了计算机实验。为得到将来行为规律的知识，开展预测和模拟。② 系统动力学（SD）模型是一种动态反馈模型，它有四个重要变量：（1）存量，也叫作状态变量：累计输入和输出变量的变量是代表系统累计效应的变量；（2）流量，也称作速度变量（速率）：在 t 中，状态变量方程、表输入和表输出的生成变量称作速度变量，表示累积效应的变化；（3）辅助变量，也称作转换器，是状态变量和速度变量之间的信息通途中的变量集。是分析反馈结果的合用手段；（4）常量，也称作外部变量。生成变量：在模拟运转期间其值保持不变或略有变化的变量。系统动力学首先要描述系统的状态。对于每个系统的状态，或每

① 覃朝晖. 成渝老工业基地可持续发展研究 [D]. 北京：中央民族大学，2011.
② 覃朝晖. 成渝老工业基地可持续发展研究 [D]. 北京：中央民族大学，2011.

个物质流流经的状态实体，在系统动力学模型流图中，表现为一种"水箱"结构。①

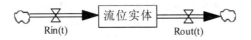
图 1-1　"水箱"结构图

"水箱"结构图说明，系统的状态是由输入流和输出流决定的，其本质是通过设置速度变量方程对系统的一系列因果反馈回路开展动态模拟，故而定量出系统的整体行为，其方程表达式为：

$$L(t_i) = L(t_{i-1}) + DT \times t_i \qquad \text{公式（1-3）}$$

上式中，$L(t_i)$ 表示时间 t_i 的数目，$L(t_{i-1})$ 表示时间 t_{i-1} 的数目，DT 表示从时间 t_{i-1} 到时间 t_i 的变化速度，t_i 表示时间间隔。一个速度方程表示为系统动力学的一个基本单元，由这些基本单元串联起来就构成了拥有反馈因果关系的系统动力学模型。②

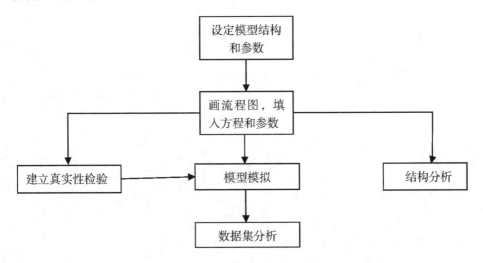
图 1-2　系统动力学模型流程框架图③

① 李旭. 社会系统动力学 [M]. 上海：复旦大学出版社，2009：13.
② 李旭. 社会系统动力学 [M]. 上海：复旦大学出版社，2009：41-43.
③ 何有世. 区域社会经济系统发展动态仿真与政策调控 [M]. 合肥：中国科学技术大学出版社，2008：18.

　　从系统动力学的流程框架图可以发觉，在系统动力学模型建构之前，就确定了分析目标，分析了系统的因果关系，划定了系统的范围和边界。只有建立了系统动力学模型，才能开展计算机仿真、结果分析、模型修正和重复仿真。①

---

　　①　覃朝晖．成渝老工业基地可持续发展研究［D］．北京：中央民族大学，2011.

第二篇

西部民族地区产业发展现状分析

第一节　研究范围与研究内容的界定

一、研究范围的界定

本研究是以"西部民族地区"为研究范围的研究，强调了两个因素，一个是中国的西部地区，一个是少数民族与汉族"大杂居、小聚居"区。以"西部民族地区"为研究范围的研究，具有明确的地域界线与民族特性，现有研究中，绝大多数研究主要是以行政区划为标志来进行研究,[①] 这样研究的好处是有利于研究的统一性和延续性，还有利于数据和资料收集的一惯性。"西部民族地区"研究主要是探讨西部民族聚居区内各类特征。因此，本研究讨论的"西部民族地区生态产业发展系统耦合模式研究"，正是针对我国西部民族地区生态产业发展问题而展开的。

现有研究中，对"西部民族地区"这一概念的界定主要有以下三类：一是西部民族分布区。指我国少数民族人民现实居住的地方。据 2000 年人口普查数据，各民族平均分布在 30 个省区，其中，拥有 56 个民族的省区有 11 个，占全国 31 个省区的 35.5%。尽管少数民族分布区遍布全国，但其人口仍主要分布在西部以及边疆地区。[②] 二是民族自治地方。这是我国宪法给予的行政区划概念，据《中国统计年鉴 2018》统计，截至 2017 年末，民族自治地方是指 5 个民族自

---

① 杨武，焦书乾. 关于我国民族经济学研究中的几个问题 [J]. 贵州大学学报（社会科学版），1997：25-28.

② 国家统计局：2010 年第六次人口普查数据。

治区、30 个民族自治州和 120 个民族自治县（旗）的全部民族自治范围。区域内设有民族自治地方县（旗）、市的达 20 个省区。三是少数民族聚居区。

本研究对西部民族地区的界定主要遵循以下五个条件：一是地处中国西部或接近中国西部的区域；二是实行民族区域自治的地方；三是到现在为止没有实行省一级区域自治，但设有少数民族自治州、县，且少数民族人口占比较高的省份，如云南省（8 个自治州，29 个自治县）、青海省（6 个自治州，7 个自治县）、贵州省（3 个自治州，11 个自治县）、四川省（3 个自治州，4 个自治县）、甘肃省（2 个自治州，7 个自治县）等；四是最大限度保证行政区域的完整性和延续性；五是国家政策上存在差异化与倾斜度的区域，比如在"一带一路"单一覆盖的西部及民族地区，及国家转移支付、投资、招生等政策上的有优惠政策的西部及民族地区等。

目前，满足上述五个条件的区域包括内蒙古自治区、新疆维吾尔族自治区、宁夏回族自治区、西藏自治区、广西壮族自治区、云南省、贵州省、青海省、四川省、重庆市、甘肃省、陕西省 12 个省级行政单位。

另外，还包括武陵山民族地区。武陵山少数民族地区横跨鄂、湘、渝、黔四省市，集少数民族地区、革命老区、贫困地区于一体，它是一个大的跨省区域，少数民族聚居，贫困人口分布广泛，是中国 14 个重点贫困地区之一，也属于西部民族地区。根据《武陵山片区区域发展与扶贫攻坚规划》中确定的武陵民族地区，"包括湖北、湖南、重庆、贵州四省市交界地区的 71 个县（市、区），其中，湖北 11 个县市（包括恩施土家族苗族自治州及宜昌市的秭归县、长阳土家族自治县、五峰土家族自治县）、湖南 37 个县市区（包括湘西土家族苗族自治州、怀化市、张家界市及邵阳市的新邵县、邵阳县、隆回县、洞口县、绥宁县、新宁县、城步苗族自治县、武冈市，常德市的石门县，益阳市的安化县，娄底市的新化县、涟源市、冷水江市）、重庆市 7 个县区（包括黔江区、酉阳土家族自治县、秀山土家族苗族自治县、彭水苗族土家族自治县、武隆县、石柱土家族自治县、丰都县）、贵州 16 个县市（包括铜仁地区及遵义市的正安县、道真仡佬族苗族自治县、务川仡佬族苗族自治县、凤冈县、湄潭县、余庆县）"。① 其中贵州省和重庆市的武陵山民族地区已经包括在前面的省级行政区域之内。

综上所述，本研究涉及的西部民族地区国土面积达 687.87 万平方千米以

---

① 武陵山片区区域发展与扶贫攻坚规划（2011—2020 年）［N］.贵州民族报，2012-04-25.

上，占全国总面积的 71.65% 以上；地区生产总值为 168561.57 亿元，占全国的 20.38%；人口约 3.7695 亿，占全国总人口约 30%；少数民族人口占自治地方总人口比重达 51.76%。①

表 2-1 西部民族地区范围与人口（2017 年）

地区 \ 指标	自治州	自治县	总人口（万人）	少数民族人口（万人）	少数民族人口比重（%）
全 国	30	120	18943.33	9804.55	51.76
内蒙古	0	3	2528.61	556.39	22.00
西 藏	0	0	337.15	309.60	91.83
新 疆	5	6	2444.67	1654.48	67.68
广 西	0	12	4885.00	2179.48	44.62
宁 夏	0	0	681.79	253.34	37.16
四 川	3	4	783.25	489.24	62.46
云 南	8	29	2384.36	1380.29	57.89
甘 肃	2	7	370.32	236.12	63.76
青 海	6	7	381.00	245.34	64.39
贵 州	3	11	1792.67	1075.43	59.99
重 庆	0	4	276.64	204.62	73.97
陕 西	0	0	3835.00	23.4	0.61
湖 北	1	2	460.44	261.59	56.81
湖 南	1	7	499.57	423.75	84.82

注：民族自治地方是指 5 个民族自治区、30 个民族自治州和 120 个民族自治县（旗）的全部民族自治范围，不重复计算。

少数民族人口比重：是指少数民族人口占自治地方总人口比重。

没有自治地方的省份，是指少数民族人口占全省总人口比重。

数据来源：中国统计年鉴 2018，各省统计年鉴 2018。

---

① 鉴于中国及各省 2019 年的部分统计年鉴还在编辑中，还没出版，2018 年的数据不全，由此，以上统计数据来源于 2018 年出版的中国统计年鉴及各省统计年鉴，实际是 2017 年的数据，考虑到数据的可得性与可比性，且湖北和湖南的武陵山民族地区只到地级和县级，且在全国的占比较小，因此，上述数据只统计到省级行政区，不包括武陵民族地区中的湖北和湖南的部分区域，后面的案例分析中再分析武陵民族地区中的湖北恩施土家族苗族自治州。

从中国立体地形图来看西部民族地区主要的特点是山多，海拔相对较高。山与山之间构成了不同类型的沟域系统，包括有水流量比较充足的水沟，按照水流量的大小，又可以将水沟分为：溪、河、江；还有没有水的沟，我们称之为干沟，干沟根据大小的不同可以分为：山坳、山谷、峡谷等。不同类型的沟域具有不同的要素禀赋，可以开发不同的经济形式，这就为沟域经济的研究提供了重要对象。

二、研究内容的界定

本研究的主题是沟域经济视野下西部民族地区生态产业系统耦合模式研究，共分为十个部分，包括：

第一部分的主要内容是：沟域经济相关理论与研究方法分析

第二部分的主要内容是：西部民族地区产业发展现状分析

第三部分的主要内容是：西部民族地区要素禀赋、产业发展与区域经济发展

第四部分的主要内容是：西部民族地区产业发展的系统耦合度评价分析

第五部分的主要内容是：西部民族地区生态产业系统耦合 SWOT 条件与总体框架

第六部分的主要内容是：西部民族地区生态产业系统耦合模式

第七部分的主要内容是：西部民族地区生态产业系统耦合空间分析

第八部分的主要内容是：西部民族地区生态产业系统耦合发展预测仿真与优化

第九部分的主要内容是：西部民族地区生态产业系统耦合发展的对策建议与制度设计

第十部分的主要内容是：沟域经济视野下西部民族地区生态产业系统耦合模式案例分析——以恩施土家族苗族自治州沟域旅游业发展为例

每个部分具体内容，根据研究的计划和目标，分别拟定如下：

第一部分的主要内容是沟域经济相关理论与研究方法分析。首先是分析沟域经济相关理论，包括：沟域经济理论、产业结构演进理论、可持续发展理论、系统耦合理论。然后分析研究方法，包括：系统耦合度评价方法与模型、空间计量分析、地理信息系统（GIS）分析方法、系统动力学 SD 模型的构建与运行。

第二部分的主要内容是西部民族地区产业发展现状分析。首先是确定研究范围与研究内容的界定，然后是分析西部民族地区经济社会与产业发展现状，

第三部分的主要内容是利用面板数据评价分析西部民族地区的要素禀赋、产业发展与区域经济发展的关系。首先是问题的提出与研究思路，然后是分析它们三者之间传导机制与研究假设，并将其进行模型的构建与变量描述，实证与结果分析，接着进一步讨论行业发展与区域经济发展的关系的实证研究。

第四部分的主要内容是西部民族地区生态产业发展系统耦合度评价分析。首先是评价指标体系的建立，包括评价指标体系的设计与评价指标权重的确定，然后是西部民族地区生态产业系统耦合度评价模型的构建，最后是基于 DSC 系统进行西部民族地区生态产业系统耦合度评价。

第五部分的主要内容是西部民族地区生态产业系统耦合 SWOT 分析与总体框架。首先是西部民族地区生态产业发展的 SWOT 条件分析，包括 SWOT 模型的介绍，西部民族地区生态产业发展的 SWOT 分析、SWOT 策略分析，接着是西部民族地区生态产业系统耦合模式总体框架。

第六部分的主要内容是西部民族地区生态产业系统耦合模式。首先是西部民族地区沟域经济生态产业耦合模式，包括西部民族地区沟域经济生态农业系统耦合模式、西部民族地区沟域经济畜牧业+种植业+林业耦合模式、西部民族地区沟域经济农林业+畜牧养殖业+深加工耦合模式、西部民族地区沟域经济水电旅游耦合模式、西部民族地区沟域经济峡谷旅游耦合模式、西部民族地区沟域经济原生态康养度假耦合模式；其次是西部民族地区生态产业耦合模式，包括西部民族地区三次产业耦合模式、西部民族地区生态农业耦合模式、西部民族地区休闲农业耦合模式、西部民族地区特色农产品加工耦合模式、西部民族地区农业与新能源耦合模式、西部民族地区水电旅游耦合模式、西部民族地区水电渔业耦合模式、西部民族地区民族手工旅游耦合模式、西部民族地区民族文化旅游耦合模式、西部民族地区各产业发展与物流业耦合模式；第三是分析西部民族地区生态产业链耦合模式，包括西部民族地区生态农业价值链耦合模式、西部民族地区畜牧业+种植业+果蔬业生态产业链模式、西部民族地区养殖业+观光体验农业+旅游业产业链耦合模式、西部民族地区生态旅游业产业链耦合模式、西部民族地区水电产业链耦合模式、西部民族地区民族手工艺品加工产业链耦合模式、西部民族地区民族医药产业链耦合模式、西部民族地区新能源产业链耦合模式。

第七部分的主要内容是西部民族地区生态产业系统耦合模式空间分析。首先是基于空间计量分析产业结构升级对区域经济发展的影响，包括问题的提出与研究综述、数据的来源与空间计量模型的构建、实证结果分析、研究结论；其次是基于 Thiel 系数分析西部民族地区经济发展的空间差异，包括 Thiel 系数评测模型、数据分析与实证结果分析；第三是基于 GIS 分析西部民族地区经济发展的空间差异，包括西部民族各地区 GDP 分布空间差异分析、三产增加值分布空间差异分析、人均 GDP 分布空间差异分析、人口分布空间差异分析。

第八部分的主要内容是西部民族地区生态产业系统耦合发展预测仿真与优化。首先是分析仿真模型的构建与运行，包括系统动力学的原理与方法、西部民族地区生态产业系统耦合系统动力学 SD 模型的构建；其次是西部民族地区生态产业系统耦合仿真模拟，包括西部民族地区发展系统仿真、西部民族地区支撑系统仿真、西部民族地区约束系统仿真；第三是西部民族地区生态产业系统耦合优化效果预测，包括西部民族地区发展系统优化、西部民族地区支撑系统优化、西部民族地区约束系统优化。

第九部分的主要内容是西部民族地区生态产业系统耦合发展的对策建议与制度设计。首先是对策建议。包括加强交通、水利、通信等基础设施建设，发展生态农业、生态工业、生态服务业等特色产业，培育多元化产业主体，引领生态产业融合发展，大力发展产业链关键环节，促进生态产业价值链增值，发展休闲农业和乡村旅游，创新生态产业融合模式；第二是制度与机制设计，包括深化体制改革，推进"放管服"，完善运行机制，促进创新高效开放，完善评价保障机制，促进沟域经济可持续发展。

第十部分的主要内容是以恩施土家族苗族自治州沟域旅游业发展为例，分析沟域经济视野下西部民族地区生态产业系统耦合模式。首先是恩施土家族苗族自治州旅游业发展的研究现状，包括研究背景与研究意义、国内外研究现状、研究的理论基础、研究方法；第二是恩施州旅游业与区域发展现状分析，包括恩施州在武陵民族地区中的界定、恩施州的地位和作用、恩施州旅游业与区域发展现状分析、恩施州旅游业发展的优势与劣势分析、恩施州区域发展的优势与劣势分析；第三是恩施州旅游业发展与区域发展的关系，包括旅游业对区域发展的影响、区域发展对旅游业发展的影响；第四是恩施州旅游业与区域发展典型相关分析，包括典型相关分析方法介绍、原始变量的选择与数据的来源、样本分析过程、典型相关分析结果；第五是恩施州旅游业与各产业的灰色关联分析，包括灰色关联分析法介绍、数据的来源与计算过程、灰色关联分析结果；第六是恩施州旅游业与区域发展的空间差异分析，包括基于 Theil 系数评价区域旅游发展差异、基于旅游收入占比分析恩施州旅游业发展空间差异、结论及对策建议等。

整个研究思路和研究内容的关系和过程见图 2-1。

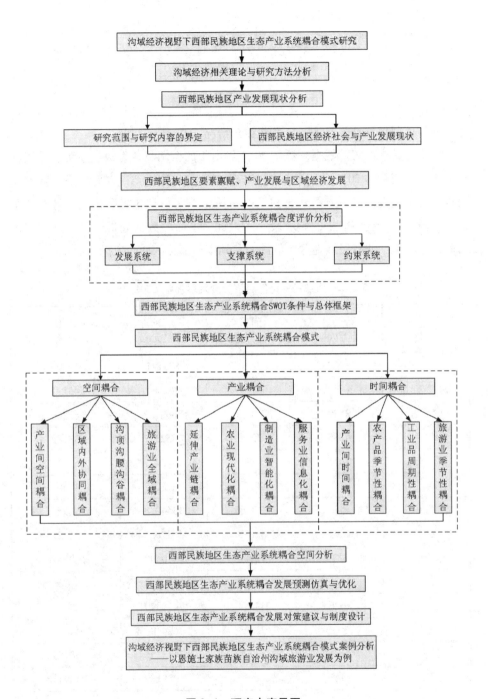

图 2-1 研究内容导图

第二节　西部民族地区经济社会与产业发展现状

一、西部民族地区经济社会发展综合情况

以下分析中的统计数据来源于 2018 年出版的全国、各省级、地级、县级的统计年鉴，实际是 2017 年的数据。为了便于比较和分析，一方面考虑到数据的可得性与可比性；另一方面湖北和湖南的民族地区只到地级和县级，且在全国的比重较小，对统计结果的影响较小。因此，下面的数据分析中只统计到省级行政区，不包括武陵民族地区中的湖北和湖南的部分区域的数据。

表 2-2　西部民族地区经济社会发展现状（2017 年）

地区	总人口 （万人）	面积 （万平方千米）	GDP （亿元）	人均 GDP （亿元）
全　国	139008	960	827121	59660
西部民族地区	37695	687.87	168561	45577
内蒙古	2529	118.3	16096.2	63764
广西	4885	23.6	18523.2	38102
重庆	3075	8.23	19424.7	63442
四川	8302	48.14	36980.2	44651
贵州	3580	17.6	13540.8	37956
云南	4801	38.33	16376.3	34221
西藏	337	122.8	1310.92	39267
陕西	3835	20.56	21898.8	57266
甘肃	2626	45.44	7459.90	28497
青海	598	72.23	2624.83	44047
宁夏	682	6.64	3443.56	50765
新疆	2445	166	10881.9	44941

注：西部民族地区的值为省级数据的累计数或者平均数。

从表中可以看出，西部民族地区国土面积达 687.87 万平方千米以上，占全国总面积的 71.65%以上；地区生产总值为 168561.57 亿元，占全国的 20.38%以上；人口约 3.7695 亿，占全国总人口约 30%；人均 GDP 为 45577 元，为全国的 76.39%。总之，西部民族地区地域广阔，但是人口相对较少，经济总量相对较低，与东部地区乃至全国相比，还有较大差距。其中，从人口上看，四川、广西、云南等省人口较多，西藏、青海、宁夏人口较少；从面积上看，内蒙古、新疆、西藏面积较广，重庆、宁夏、贵州面积较小；从 GDP 上看，四川、重庆、陕西居前，西藏、青海、宁夏靠后；从人均 GDP 上看，重庆、内蒙古、陕西居前，甘肃、云南靠后。

表 2-3 西部民族地区历年 GDP

地区	2010	2011	2012	2013	2014	2015	2016	2017
全国	413030	489301	540367	595244	643974	689052	744127	827122
内蒙古	11672	14360	15881	16832	17770	17832	18128	16096
广西	9570	11721	13035	14378	15673	16803	18318	18523
重庆	7926	10011	11410	12657	14263	15717	17741	19425
四川	17185	21027	23873	26261	28537	30053	32935	36980
贵州	4602	5702	6852	8007	9266	10503	11777	13541
云南	7224	8893	10309	11721	12815	13619	14788	16376
西藏	507	606	701	808	921	1026	1151	1311
陕西	10123	12512	14454	16045	17690	18022	19400	21899
甘肃	4121	5020	5650	6268	6837	6790	7200	7460
青海	1350	1670	1894	2101	2303	2417	2572	2625
宁夏	1690	2102	2341	2565	2752	2912	3169	3444
新疆	5437	6610	7505	8360	9273	9325	9650	10882

从表中可以看出，西部民族地区在全国的 GDP 比重，从 2010 年的 19.71%增长到 2014 年的 21.44%，然后一直降到 2017 年的 20.38%，并且有进一步下降的趋势。其中，内蒙古、新疆、西藏等地的 GDP 增长乏力，四川、陕西增长强劲。

表2-4　西部民族地区历年人均GDP

地区	2010	2011	2012	2013	2014	2015	2016	2017
全国	30876	36403	40007	43852	47203	50251	53935	59660
内蒙古	47347	57974	63886	67836	71046	71101	72064	63764
广西	20219	25326	27952	30741	33090	35190	38027	38102
重庆	27596	34500	38914	43223	47850	52321	58502	63442
四川	21182	26133	29608	32617	35128	36775	40003	44651
贵州	13119	16413	19710	23151	26437	29847	33246	37956
云南	15752	19265	22195	25322	27264	28806	31093	34221
西藏	17027	20077	22936	26326	29252	31999	35184	39267
陕西	27133	33464	38564	43117	46929	47626	51015	57266
甘肃	16113	19595	21978	24539	26433	26165	27643	28497
青海	24115	29522	33181	36875	39671	41252	43531	44047
宁夏	26860	33043	36394	39613	41834	43805	47194	50765
新疆	25034	30087	33796	37553	40648	40036	40564	44941

从表中可以看出，西部民族地区人均GDP大多数省份还没有达到全国平均水平，只有内蒙古和重庆地区人均GDP超过了全国，甘肃、云南等地GDP只有全国的一半左右。

表2-5　西部民族地区历年年末人口（万人）

地区	2010	2011	2012	2013	2014	2015	2016	2017
全国	134091	134735	135404	136072	136782	137462	138271	139008
内蒙古	2472	2482	2490	2498	2505	2511	2520	2529
广西	4610	4645	4682	4719	4754	4796	4838	4885
重庆	2885	2919	2945	2970	2991	3017	3048	3075
四川	8045	8050	8076	8107	8140	8204	8262	8302
贵州	3479	3469	3484	3502	3508	3530	3555	3580
云南	4602	4631	4659	4687	4714	4742	4771	4801
西藏	300	303	308	312	318	324	331	337
陕西	3735	3743	3753	3764	3775	3793	3813	3835

地区	2010	2011	2012	2013	2014	2015	2016	2017
甘肃	2560	2564	2578	2582	2591	2600	2610	2626
青海	563	568	573	578	583	588	593	598
宁夏	633	639	647	654	662	668	675	682
新疆	2185	2209	2233	2264	2298	2360	2398	2445

从上表中可以看出，在人口规模上，西部民族地区的人口占全国的比重较小，部分地区的人口增幅有限。特别是西部西藏、新疆、青海地区，地域广阔，但人口相当稀少。一方面有地理环境的原因，同时也有经济发展水平的原因。

表2-6　西部民族地区历年城镇化率

地区	2010	2011	2012	2013	2014	2015	2016	2017
全国	49.95	51.27	52.57	53.73	54.77	56.10	57.35	58.52
北京	85.96	86.2	86.2	86.3	86.35	86.5	86.5	86.50
天津	79.55	80.5	81.55	82.01	82.27	82.64	82.93	82.92
河北	44.5	45.6	46.8	48.12	49.33	51.33	53.32	55.01
山西	48.05	49.68	51.26	52.56	53.79	55.03	56.21	57.35
内蒙古	55.5	56.62	57.74	58.71	59.51	60.3	61.19	62.00
辽宁	62.1	64.05	65.65	66.45	67.05	67.35	67.37	67.50
吉林	53.35	53.4	53.7	54.2	54.81	55.31	55.97	56.64
黑龙江	55.66	56.5	56.9	57.4	58.01	58.8	59.2	59.40
上海	89.3	89.3	89.3	89.6	89.6	87.6	87.9	87.72
江苏	60.58	61.9	63.0	64.11	65.21	66.52	67.72	68.76
浙江	61.62	62.3	63.2	64.0	64.87	65.8	67.0	68.0
安徽	43.01	44.8	46.5	47.86	49.15	50.5	51.99	53.49
福建	57.1	58.1	59.6	60.77	61.8	62.6	63.6	64.79
江西	44.06	45.7	47.51	48.87	50.22	51.62	53.1	54.61
山东	49.7	50.95	52.43	53.75	55.01	57.01	59.02	60.58
河南	38.5	40.57	42.43	43.8	45.2	46.85	48.5	50.16
湖北	49.7	51.83	53.5	54.51	55.67	56.85	58.1	59.30

续表

地区	2010	2011	2012	2013	2014	2015	2016	2017
湖南	43.3	45.1	46.65	47.96	49.28	50.89	52.75	54.62
广东	66.18	66.5	67.4	67.76	68.0	68.71	69.2	69.85
广西	40.0	41.8	43.53	44.81	46.01	47.06	48.08	49.21
海南	49.8	50.5	51.6	52.74	53.76	55.12	56.78	57.99
重庆	53.02	55.02	56.98	58.34	59.6	60.94	62.6	64.08
四川	40.18	41.83	43.53	44.9	46.3	47.69	49.21	50.79
贵州	33.81	34.96	36.41	37.83	40.01	42.01	44.15	46.03
云南	34.7	36.8	39.31	40.48	41.73	43.33	45.03	46.69
西藏	22.67	22.71	22.75	23.71	25.75	27.74	29.56	30.86
陕西	45.76	47.3	50.02	51.31	52.57	53.92	55.34	56.79
甘肃	36.12	37.15	38.75	40.13	41.68	43.19	44.69	46.38
青海	44.72	46.22	47.44	48.51	49.78	50.3	51.63	53.01
宁夏	47.9	49.82	50.67	52.01	53.61	55.23	56.29	57.92
新疆	43.01	43.54	43.98	44.47	46.07	47.23	48.35	49.37

从表中可以看出，大部分西部民族地区的城镇化率低于全国平均水平58.52%，更低于东部发达地区，只有重庆、内蒙古的城镇化率高于全国平均水平，其余的10省都低于全国平均水平，西藏的城镇化率最低，只有30.86%。从经济发展的规律来看，城镇化率会随着经济发展水平的提高而提高，而且，达到高水平的城镇化水平之后，将会趋于稳定。可见，西部民族地区的城镇化进程将会有很长的路要走。

二、西部民族地区产业发展现状

表2-7　西部民族地区产业发展现状（2017年）

地区	GDP（亿元）	一产GDP（亿元）	二产GDP（亿元）	三产GDP（亿元）	一产比重（%）	二产比重（%）	三产比重（%）
全　国	827121	65467.6	334622.6	427031.	7.9	40.5	51.6
西部民族地区	168561	19201.9	69428.57	79931.0	11.7	41.1	47.7

续表

地区	GDP （亿元）	一产 GDP （亿元）	二产 GDP （亿元）	三产 GDP （亿元）	一产比重 （%）	二产比重 （%）	三产比重 （%）
内蒙古	16096.2	1649.77	6399.68	8046.76	10.2	39.8	50.0
广西	18523.2	2878.30	7450.85	8194.11	15.5	40.2	44.2
重庆	19424.7	1276.09	8584.61	9564.03	6.6	44.2	49.2
四川	36980.2	4262.35	14328.13	18389.7	11.5	38.7	49.7
贵州	13540.8	2032.27	5428.14	6080.42	15.0	40.1	44.9
云南	16376.3	2338.37	6204.97	7833.00	14.3	37.9	47.8
西藏	1310.92	122.72	513.65	674.55	9.4	39.2	51.5
陕西	21898.8	1741.45	10882.88	9274.48	8.0	49.7	42.4
甘肃	7459.90	859.75	2561.79	4038.36	11.5	34.3	54.1
青海	2624.83	238.41	1162.41	1224.01	9.1	44.3	46.6
宁夏	3443.56	250.62	1580.57	1612.41	7.3	45.9	46.8
新疆	10881.9	1551.84	4330.89	4999.23	14.3	39.8	45.9

注：西部民族地区的值为省级数据的累计数或者平均数。

由上表中可以看出，全国的 GDP 达到 82.71 万亿元，三次产业增加值也相应达到历史高位，三次产业的比重为 7.9∶40.5∶51.6，第三产业的比重占据绝对优势，第一产业的比重份额相对比较小。西部民族地区的 GDP 达到 16.86 万亿元，虽然增长到历史高位，但是在全国的比重份额中较小，三次产业的比重为：11.7∶41.1∶47.7，第三产业超过第二产业，但是相对于全国的第三产业发展来看，比较落后，第一产业的比重高于全国的水平，第二产业的比重高于全国的水平，产业结构有待进一步合理化和升级化。

表 2-8　西部民族地区一产 GDP 历年发展（亿元）

地区	2010	2011	2012	2013	2014	2015	2016	2017
全国	39362.6	46163.1	50902.3	55329.1	58343.5	60862.1	63670.7	65467.6
内蒙古	1095.28	1306.30	1448.58	1599.41	1627.85	1617.42	1637.39	1649.77
广西	1675.06	2047.23	2172.37	2343.57	2413.44	2565.45	2796.80	2878.30
重庆	685.38	844.52	940.01	1016.74	1061.03	1150.15	1303.24	1276.09

续表

地区	2010	2011	2012	2013	2014	2015	2016	2017
四川	2482.89	2983.51	3297.21	3425.61	3531.05	3677.30	3929.33	4262.35
贵州	625.03	726.22	891.91	1029.05	1280.45	1640.61	1846.19	2032.27
云南	1108.38	1411.01	1654.55	1895.34	1990.07	2055.78	2195.11	2338.37
西藏	68.72	74.47	80.38	86.82	91.64	98.04	115.78	122.72
陕西	988.45	1220.90	1370.16	1526.05	1564.94	1597.63	1693.85	1741.45
甘肃	599.28	678.75	780.50	879.37	900.76	954.09	983.39	859.75
青海	134.92	155.08	176.91	207.59	215.93	208.93	221.19	238.41
宁夏	159.29	184.14	199.40	222.98	216.99	237.76	241.60	250.62
新疆	1078.63	1139.03	1320.57	1468.29	1538.60	1559.08	1648.97	1551.84

从上表中可以看出，第一产业作为西部民族地区的重要产业之一，农业发展迅速，但是由于基础差，绝对量有所增长，相对量较低，有待进一步发展特色农业和生态农业，促进农业与其他产业的融合。

表2-9 西部民族地区一产比重历年发展（%）

地区	2010	2011	2012	2013	2014	2015	2016	2017
全国	9.5	9.4	9.4	9.3	9.1	8.8	8.6	7.9
内蒙古	9.4	9.1	9.1	9.5	9.2	9.1	9.0	10.2
广西	17.5	17.5	16.7	16.3	15.4	15.3	15.3	15.5
重庆	8.6	8.4	8.2	8.0	7.4	7.3	7.3	6.6
四川	14.4	14.2	13.8	13.0	12.4	12.2	11.9	11.5
贵州	13.6	12.7	13.0	12.9	13.8	15.6	15.7	15.0
云南	15.3	15.9	16.0	16.2	15.5	15.1	14.8	14.3
西藏	13.5	12.3	11.5	10.7	10.0	9.6	10.1	9.4
陕西	9.8	9.8	9.5	9.5	8.8	8.9	8.7	8.0
甘肃	14.5	13.5	13.8	14.0	13.2	14.1	13.7	11.5
青海	10.0	9.3	9.3	9.9	9.4	8.6	8.6	9.1
宁夏	9.4	8.8	8.5	8.7	7.9	8.2	7.6	7.3
新疆	19.8	17.2	17.6	17.6	16.6	16.7	17.1	14.3

从上表中可以看出，全国一产比重处于下降趋势，到 2017 年全国一产比重只有 7.9%，而西部民族地区一产比重大多高于全国平均水平，其中，广西、贵州等地一产比重较高，同时，只有重庆、宁夏一产比重低于全国水平。

表 2-10　西部民族地区二产 GDP 历年发展（亿元）

地区	2010	2011	2012	2013	2014	2015	2016	2017
全国	191629.8	227038.8	244643.3	261956.1	277571.8	282040.3	296236.0	334622.6
内蒙古	6367.69	8037.69	8801.50	9084.19	9119.79	9000.58	8553.63	6399.68
广西	4511.68	5675.32	6247.43	6863.04	7324.96	7717.52	8273.66	7450.85
重庆	4359.12	5543.04	5975.18	6397.92	6529.06	7069.37	7898.92	8584.61
四川	8672.18	11029.13	12333.28	13579.03	13962.41	13248.08	13448.92	14328.13
贵州	1800.06	2194.33	2677.54	3243.70	3857.44	4147.83	4669.53	5428.14
云南	3223.49	3780.32	4419.20	4927.82	5281.82	5416.12	5690.16	6204.97
西藏	163.92	208.79	242.85	292.92	336.84	376.19	429.17	513.65
陕西	5446.10	6935.59	8073.87	8911.64	9577.24	9082.13	9490.72	10882.88
甘肃	1984.97	2377.83	2600.09	2821.04	2926.45	2494.77	2515.56	2561.79
青海	744.63	975.18	1092.34	1204.31	1234.31	1207.31	1249.98	1162.41
宁夏	827.91	1056.15	1159.37	1264.96	1341.24	1379.60	1488.44	1580.57
新疆	2592.15	3225.90	3481.56	3765.97	3948.96	3596.40	3647.01	4330.89

从上表中可以看出，全国第二产业发展稳定，西部民族地区工业发展分化严重，且相对滞后，内蒙古等地区第二产业出现负增长，贵州、西藏等地区第二产业发展突飞猛进。

表 2-11　西部民族地区二产比重历年发展（%）

地区	2010	2011	2012	2013	2014	2015	2016	2017
全国	46.4	46.4	45.3	44.0	43.1	40.9	39.9	40.5
内蒙古	54.6	56.0	55.4	54.0	51.3	50.5	47.2	39.8
广西	47.1	48.4	47.9	47.7	46.7	45.9	45.2	40.2
重庆	55.0	55.4	52.4	50.5	45.8	45.0	44.5	44.2
四川	50.5	52.5	51.7	51.7	48.9	44.1	40.8	38.7
贵州	39.1	38.5	39.1	40.5	41.6	39.5	39.7	40.1

地区	2010	2011	2012	2013	2014	2015	2016	2017
云南	44.6	42.5	42.9	42.0	41.2	39.8	38.5	37.9
西藏	32.3	34.5	34.6	36.3	36.6	36.7	37.3	39.2
陕西	53.8	55.4	55.9	55.5	54.1	50.4	48.9	49.7
甘肃	48.2	47.4	46.0	45.0	42.8	36.7	34.9	34.3
青海	55.1	58.4	57.7	57.3	53.6	49.9	48.6	44.3
宁夏	49.0	50.2	49.5	49.3	48.7	47.4	47.0	45.9
新疆	47.7	48.8	46.4	45.0	42.6	38.6	37.8	39.8

从上表中可以看出，全国二产比重处于下降趋势，到 2017 年，全国二产比重达 40.5%，而部分西部民族地区第二产业比重高于全国水平，产业结构调整和升级相对滞后。

表 2-12　西部民族地区三产 GDP 历年发展（亿元）

地区	2010	2011	2012	2013	2014	2015	2016	2017
全国	182038	216098.6	244821.9	277959.3	308058.6	346149.7	384220.5	427031.5
内蒙古	4209.02	5015.89	5630.50	6148.78	7022.55	7213.51	7937.08	8046.76
广西	3383.11	3998.33	4615.30	5171.39	5934.49	6520.15	7247.18	8194.11
重庆	2881.08	3623.81	4494.41	5242.03	6672.51	7497.75	8538.43	9564.03
四川	6030.41	7014.04	8242.31	9256.13	11043.20	13127.72	15556.29	18389.74
贵州	2177.07	2781.29	3282.75	3734.04	4128.50	4714.12	5261.01	6080.42
云南	2892.31	3701.79	4235.72	4897.75	5542.70	6147.27	6903.15	7833.00
西藏	274.82	322.57	377.80	427.93	492.35	552.16	606.46	674.55
陕西	3688.93	4355.81	5009.65	5607.52	6547.76	7342.10	8215.02	9274.48
甘肃	1536.50	1963.79	2269.61	2567.60	3009.61	3341.46	3701.42	4038.36
青海	470.88	540.18	624.29	689.15	853.08	1000.81	1101.32	1224.01
宁夏	702.45	861.92	982.52	1077.12	1193.87	1294.41	1438.55	1612.37
新疆	1766.69	2245.12	2703.18	3125.98	3785.90	4169.32	4353.72	4999.23

从上表中可以看出，全国第三产业发展迅速，并且从 2012 年开始超过第二产业，西部民族地区第三产业发展分化严重，云南、四川、广西、陕西第三产

业发展良好，西藏、青海、宁夏等地第三产业发展相对滞后。

表 2-13　西部民族地区三产比重历年发展（%）

地区	2010	2011	2012	2013	2014	2015	2016	2017
全国	44.1	44.2	45.3	46.7	47.8	50.2	51.6	51.6
内蒙古	36.1	34.9	35.5	36.5	39.5	40.5	43.8	50.0
广西	35.4	34.1	35.4	36.0	37.9	38.8	39.6	44.2
重庆	36.4	36.2	39.4	41.4	46.8	47.7	48.1	49.2
四川	35.1	33.4	34.5	35.2	38.7	43.7	47.2	49.7
贵州	47.3	48.8	47.9	46.6	44.6	44.9	44.7	44.9
云南	40.0	41.6	41.1	41.8	43.3	45.1	46.7	47.8
西藏	54.2	53.2	53.9	53.0	53.5	53.8	52.7	51.5
陕西	36.4	34.8	34.7	34.9	37.0	40.7	42.3	42.4
甘肃	37.3	39.1	40.2	41.0	44.0	49.2	51.4	54.1
青海	34.9	32.3	33.0	32.8	37.0	41.4	42.8	46.6
宁夏	41.6	41.0	42.0	42.0	43.4	44.5	45.4	46.8
新疆	32.5	34.0	36.0	37.4	40.8	44.7	45.1	45.9

从上表中可以看出，全国第三产业比重逐年提升，从 2012 年起，第三产业比重超过二产，2017 年达到 51.6%，西部民族地区第三产业比重大多低于全国水平，虽然西藏、甘肃第三产业在某些年份超过全国平均水平，但是，并不代表它们的第三产业发展质量高，相反需要进一步升级发展。

综上所述，2017 年，西部民族地区国土面积达 687.87 万平方千米以上，占全国总面积的 71.65% 以上；地区生产总值为 168561.57 亿元，占全国的 20.38% 以上；人口约 3.7695 亿，占全国总人口约 30%；人均 GDP 为 45577 元，为全国的 76.39%。西部民族地区三产比重 11.7∶41.1∶47.7 相对于全国的三产比重 7.9∶40.5∶51.6 而言，一、二产比重相对较大，三产比重较小。总之，西部民族地区地域广阔，但是人口相对较少，与东部地区乃至全国相比，还有较大差距，经济总量相对较低，产业结构有待进一步调整。

第三篇

西部民族地区要素禀赋、产业发展与区域经济发展

第一节　问题的提出与研究思路

一、问题的提出

区域经济发展问题是人类社会关注的问题之一，更是当今中国最重要的任务之一，改革开放以来，尽管我国在经济方面取得了巨大的发展成绩，人民生活水平和质量也逐年普遍得到提高，但西部民族地区的经济发展问题却没有因此而完全消失，以区域贫困为基本特征的乡村贫困依然存在，部分地区经济增长乏力。西部民族地区经济增长问题已引起学术界的广泛关注，并产生了丰富的研究成果，本研究将从要素禀赋视角出发，研究产业发展、行业发展与西部民族地区经济发展的因果关系，对于制定更有针对性的民族地区经济发展的政策具有重要的现实意义。

国内外学者关于要素禀赋理论的研究成果众多，要素禀赋是一个地区拥有的各种生产要素，包括资本、劳动力、土地、技术等。林毅夫（2010，2013，2017）提出的新结构经济学认为，一个经济体在每个时点上的产业结构，内生于该经济体在该时点给定的要素禀赋结构，与产业发展相适应的各种条件，也因此内生决定于该时点的要素禀赋结构。从生产视角来看，一个经济体每个时点的要素禀赋决定了该时点可支配的资本、劳动、自然资源以及技术的总量，实际上要素禀赋也就决定了这个经济体该时点的生产总预算。要素禀赋在一定时点上形成了产业发展的基础，产业的发展又会在一定程度上促进要素禀赋的变化，比如随着一个地区产业的发展，技术、资本、劳动力会不断地流入或者

流出。我国东部地区在相当长的时期内，存在持续的劳动力、资本、技术流入的现象，而中西部恰恰相反。学者们还从农业增长、技术选择、收入分配、产业升级、经济增长、分工合作等方面对要素禀赋理论进行了实证研究，证明了要素禀赋理论的重要现实意义（覃成林，2012；吴丽丽，2015；鞠建东，2004；何强，2014；徐康宁，2006；鲁晓东，2008；傅京燕，2010；王勇，2018）。通过研究发现，自然资源和劳动力资源禀赋条件对区域经济增长的作用有明显的区域差异，自然资源禀赋条件、劳动力资源禀赋条件、技术要素禀赋条件、资本要素禀赋条件和制度质量等对经济发展的促进作用则比较明显。

西部民族地区经济发展不仅需要有科学的发展规划，包括发展理念和发展模式，还需要有资本要素、劳动要素、自然资源、技术水平等要素条件，加快西部民族地区发展的过程，其实质就是推动资源要素进行科学合理配置的过程。① 可以说，要素禀赋是西部民族地区经济发展的基础和前提条件，只有具备一定的要素禀赋，西部民族地区经济可持续发展才能成为可能。要缩小东部发达地区与西部民族地区间的发展差距，需要统筹考虑要素条件因素，理清和把握西部民族地区经济发展的思路，正确揭示要素禀赋条件、产业发展、行业发展对西部民族地区经济发展的作用机理。在西部民族地区经济发展过程中，政府管理部门是重要的经济发展的指导主体，从而需要综合考虑各区域之间的要素禀赋条件和状况，有的放矢地制定和实施不同经济政策，选择符合比较优势的行业、产业和发展项目。由此，根据要素禀赋的条件，选择行业发展、产业发展模式是西部民族地区经济发展的重点工作之一。②

二、研究思路

本研究将分析要素禀赋、产业发展、行业发展对区域经济发展发生的机理，利用2010年至2017年中国和西部民族地区省级面板数据，首先分产业进行估计分析，评估要素禀赋和三大产业交互作用对区域经济发展的影响；再将三大产业细分到九大主要行业，评估九大主要行业发展对区域经济发展的影响作用，研究这些行业的发展是否促进了我国的区域经济发展，哪些行业是促进区域经济发展的主要行业，以及行业发展对我国的区域经济发展的影响大小，最后根据所得结论对区域经济发展中应该选择哪些产业和行业才有利于进一步促进西

---

① 段忠贤，黄其松. 要素禀赋、制度质量与区域贫困治理——基于中国省际面板数据的实证研究 [J]. 公共管理学报，2017（3）：144-160.
② 段忠贤，黄其松. 要素禀赋、制度质量与区域贫困治理——基于中国省际面板数据的实证研究 [J]. 公共管理学报，2017（3）：144-160.

部民族地区的经济社会发展提出建议。

第二节　西部民族地区要素禀赋、
产业发展与区域经济发展

一、传导机制与研究假设

各个区域经济在发展进程中，一些区域因自然地理状况、资源禀赋条件、历史发展轨迹等原因与中心区域相距较远，故而导致这些地区的经济发展水平远低于整个社会平均发展水平，同时也导致贫困发生率远高于其他地区的现象。区域发展差距是区域发展不协调、不平衡的结果，更是区域发展中不可避免的普遍现象。① 因此，需要国家针对这些地区的情况，给予一系列政策措施，发展欠发达地区经济，缩小差距，使各地区均衡发展，为构建全面的小康社会打下坚实的基础。区域经济发展作为一项复杂的系统性工程，其内在机制包括要素禀赋、产业发展以及行业发展等多个方面的协同。其中，产业发展作为区域经济发展的根本动力，发挥了基础性与前提性作用，而要素资源作为产业发展的支撑，起着非常重要的作用。要素禀赋与各行业、各产业协同发展，才能达到区域经济协调发展的良好效果。②

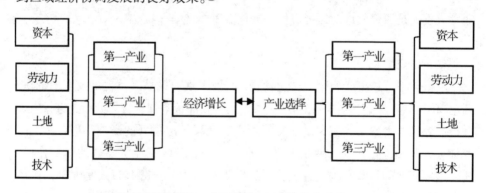

图 3-1　要素禀赋、产业选择与区域经济发展传导机制

---

① 田恒. 构建区域性整体脱贫的政府间协同机制 [N]. 贵州日报，2017-04-05.
② 段忠贤，黄其松. 要素禀赋、制度质量与区域贫困治理——基于中国省际面板数据的实证研究 [J]. 公共管理学报，2017 (3)：144-160.

综合上面的现状分析来看，我们可以假设如下。

H1：要素禀赋对区域经济发展有促进作用，这种作用表现在要素禀赋促进产业发展，进而产业发展又会促进区域经济发展。

H2：各产业发展是区域发展的重要影响因素，各产业与要素禀赋交互作用比较好的地区，区域经济发展得更好。

二、模型的构建与变量描述

（一）模型的构建

因为面板数据模型考虑到截面数据，还考虑到了时间序列数据，同时也很好地反映了研究对象在不同时期和不同区域的特点。为此，本研究借鉴使用了面板数据模型，研究并分析要素禀赋和产业发展对区域经济发展的影响。[①]

被解释变量（H）经济发展用人均 GDP 来衡量。按照世界银行的定义，低、中、高收入的国家是这样来判定的：①低收入：人均 GDP 低于 1,045 美元；②中低收入：人均 GDP 在 1046~4125 美元之间；③中高收入：人均 GDP 在 4126~12735 美元之间；④高收入：人均 GDP 在 12736 美元以上。2016 年中国的人均 GDP 为 8260 美元，2017 年中国的人均 GDP 为 8843 美元，2018 年中国的人均 GDP 为 9608 美元，属于世界银行界定的"中高收入国家"。

首先，影响经济增长的是三大产业的发展。在产业发展方面，依据社会生产和生活的历史发展轨迹，按产业结构划分，第一产业是直接从自然中获得成品的部门，第二产业是加工初级产品的部门，第三产业是为生活和消费提供各种服务的部门。它是世界上一种常见的产业结构分类方法。[②] 由此构建模型如下：

$$\ln H_{it} = \alpha_i + \sum_{j=1}^{3} \beta_j \ln Y_{jit} + \mu_{it} (j = 1、2、3) \qquad 公式（3-1）$$

为了检验三大产业发展对区域经济发展的作用，避免共线性的问题，我们用三大产业的人均增加值来衡量三大产业的发展，可以表示为：

$$Y_{1it} + Y_{2it} + Y_{3it} \qquad 公式（3-2）$$

其中，Y_{1it}、Y_{2it}、Y_{3it}分别表示人均第一产业增加值，第二产业增加值和第三产业增加值。现在将式（3-2）带入到式（3-1），就得到了产业发展对区域

[①] 段忠贤，黄其松. 要素禀赋、制度质量与区域贫困治理——基于中国省际面板数据的实证研究 [J]. 公共管理学报，2017（3）：144-160.

[②] 孙波. 珠三角与粤北地区产业结构差异与产业合作研究 [N]. 深圳大学. 2018-06-30.

经济的作用模型：

$$\ln H_{it} = \alpha_i + \beta_1 \ln Y_{1it} + \beta_2 \ln Y_{2it} + \beta_3 \ln Y_{3it} + \mu_{it} \qquad 公式（3-3）$$

关于不同产业增长对区域经济发展差异的原因，认为不仅归因于产业增长，还受到要素禀赋的影响，包括劳动、资本、土地和技术。关于劳动力要素（L），我们用研究中常用的总就业人员数占比来表示。

$$L = 总就业人员占比 = \frac{总就业人员数}{年末人口数} \qquad 公式（3-4）$$

关于资本要素（K）的影响。对于省级行政区域来说，资本要素禀赋条件差异主要体现在人均资本存量上。中国省级资本存量是采用单豪杰（2008）的计算公式，公式如下：

$$资本存量 = \frac{名义固定资本形成额}{平减指数} + (1 - 0.1096) \times$$

$$上一期资本存量 = 实际固定资本存量 + (1 - 0.1096) \times 上一期资本存量$$

$$公式（3-5）$$

$$K = 人均资本存量 = \frac{资本存量}{年末人口数} \qquad 公式（3-6）$$

关于土地要素（N）。土地要素作为区域发展的基本生产资源和资料，在很长一段时期内是西部民族地区收入和生存的基础，它是一切生产原材料的产地。[①] 本研究采用"人均农作物总播种面积"指标来衡量土地禀赋状况（张凤华，2011）。

$$N = 人均耕地面积 = \frac{耕地面积}{年末人口数} \qquad 公式（3-7）$$

关于技术要素（T）。一个区域的技术要素禀赋条件优势，在一定程度上主要反映在研发投入水平上。本研究采用人均规模以上企业研发投入额来衡量技术要素。

$$T = 人均规模以上企业研发投资额 = \frac{规模以上企业研发投资额}{年末人口数}$$

$$公式（3-8）$$

加入劳动、资本、土地、技术要素后，模型变为如下。

$$\ln H_{it} = \alpha_{1i} + \beta_1 \ln Y_{1it} + \gamma_1 \ln L_{it} + \beta_{14} \ln K_{it} + \beta_{15} \ln N_{it} + \beta_{16} \ln T_{it} + \mu_{1it}$$

$$公式（3-9）$$

---

① 段忠贤，黄其松. 要素禀赋、制度质量与区域贫困治理——基于中国省际面板数据的实证研究［J］. 公共管理学报，2017（3）：144-160.

$$\ln H_{it} = \alpha_{2i} + \beta_2 \ln Y_{2it} + \gamma_2 \ln L_{it} + \beta_{24} \ln K_{it} + \beta_{25} \ln N_{it} + \beta_{26} \ln T_{it} + \mu_{2it}$$

公式 (3-10)

$$\ln H_{it} = \alpha_{3i} + \beta_3 \ln Y_{3it} + \gamma_3 \ln L_{it} + \beta_{34} \ln K_{it} + \beta_{35} \ln N_{it} + \beta_{36} \ln T_{it} + \mu_{3it}$$

公式 (3-11)

为了进一步研究要素禀赋与产业发展交互作用对区域经济增长的影响，在公式（9）（10）（11）还加上产业发展与要素禀赋的交互项，为了分析每个产业与要素禀赋的交互作用对区域经济发展的影响，我们利用第一、二、三产业发展分别与劳动、资本、土地、技术交互。

$$\ln H_{it} = \alpha_{1i} + \beta_1 \ln Y_{1it} + \gamma_1 \ln L_{it} + \beta_{14} \ln K_{it} + \beta_{15} \ln N_{it} + \beta_{16} \ln T_{it} + \varepsilon_1$$
$$\ln(L_{it} * Y_{1it}) + \delta_1 \ln(K_{it} * Y_{1it}) + \theta_1 \ln(N_{it} * Y_{1it}) + \theta_1 \ln(T_{it} * Y_{1it}) + \mu_{1it}$$

公式 (3-12)

$$\ln H_{it} = \alpha_{2i} + \beta_2 \ln Y_{2it} + \gamma_2 \ln L_{it} + \beta_{24} \ln K_{it} + \beta_{25} \ln N_{it} + \beta_{26} \ln T_{it} + \varepsilon_2$$
$$\ln(L_{it} * Y_{2it}) + \delta_2 \ln(K_{it} * Y_{2it}) + \theta_2 \ln(N_{it} * Y_{2it}) + \theta_2 \ln(T_{it} * Y_{2it}) + \mu_{2it}$$

公式 (3-13)

$$\ln H_{it} = \alpha_{3i} + \beta_3 \ln Y_{3it} + \gamma_3 \ln L_{it} + \beta_{34} \ln K_{it} + \beta_{35} \ln N_{it} + \beta_{36} \ln T_{it} + \varepsilon_3$$
$$\ln(L_{it} * Y_{3it}) + \delta_3 \ln(K_{it} * Y_{3it}) + \theta_3 \ln(N_{it} * Y_{3it}) + \theta_3 \ln(T_{it} * Y_{3it}) + \mu_{3it}$$

公式 (3-14)

除了经济增长的产业发展和要素禀赋因素以外，我们还在式（12）（13）（14）的基础上引入了一系列的控制变量 X，相关学者研究发现运输线路长度、互联网接入端口数等因素对区域经济发展的影响作用，由此，我们选择控制变量包括运输线路长度（S）、互联网接入端口数（D）。其中，运输线路长度 S_{it} ＝铁路营业里程+内河航道里程+公路里程。

于是，分三次产业分别分析，最终用于实证检验的计量模型可以表示如下。

$$\ln H_{it} = \alpha_{1i} + \beta_1 \ln P_{1it-1} y_{1it} + \gamma_1 \ln L_{it} + \beta_{14} \ln K_{it} + \beta_{15} \ln N_{it} + \beta_{16} \ln T_{it} +$$
$$\varepsilon_1 \ln(L_{it} * Y_{1it}) + \delta_1 \ln(K_{it} * Y_{1it}) + \theta_1 \ln(N_{it} * Y_{1it}) + \theta_1 \ln(T_{it} * Y_{1it}) + \pi_{1i} X_{it} + \mu_{1it}$$

公式 (3-15)

$$\ln H_{it} = \alpha_{2i} + \beta_2 \ln P_{2it-1} y_{2it} + \gamma_2 \ln L_{it} + \beta_{24} \ln K_{it} + \beta_{25} \ln N_{it} + \beta_{26} \ln T_{it} +$$
$$\varepsilon_2 \ln(L_{it} * Y_{2it}) + \delta_2 \ln(K_{it} * Y_{2it}) + \theta_2 \ln(N_{it} * Y_{2it}) + \theta_2 \ln(T_{it} * Y_{2it}) + \pi_{2i} X_{it} + \mu_{2it}$$

公式 (3-16)

$$\ln H_{it} = \alpha_{3i} + \beta_3 \ln P_{3it-1} y_{3it} + \gamma_3 \ln L_{it} + \beta_{34} \ln K_{it} + \beta_{35} \ln N_{it} + \beta_{36} \ln T_{it} + \varepsilon_3$$
$$\ln(L_{it} * Y_{3it}) + \delta_3 \ln(K_{it} * Y_{3it}) + \theta_3 \ln(N_{it} * Y_{3it}) + \theta_3 \ln(T_{it} * Y_{3it}) + \pi_{3i} X_{it} + \mu_{3it}$$

公式 (3-17)

公式（3-15）、（3-16）、（3-17）中，β、γ、δ_1、ε、θ_1、π 为待估计参数向量，H_{it} 为被解释变量，如果参数向量不相等，表明每个因素对经济增长的影响是不同的。i 为省际区域，t 为相应的时间，α_i 为总平均截距项，Y_{jit} 为产业发展指标，L 为劳动要素，K 为资本要素，N 为土地要素，T 为技术要素，$L_{it} * Y_{jit}$、$K_{it} * Y_{jit}$、$N_{it} * Y_{jit}$、$T_{it} * Y_{jit}$（$j=1$、2、3）分别表示劳动力要素、资本要素、土地要素、技术要素这四种要素与三大产业发展的分别的交互作用。[1] X 为控制变量，参考国内外学者已有的研究和分析的需要，本研究选取人均运输线路长度（S），人均互联网接入端口数（D）作为控制变量。μ_{it} 为服从独立分布的随机干预项。为了降低数据分析过程中异方差性，并且减少分析数据大幅波动，一般会对研究变量相关分析数据取自然对数进行估计分析，同时，本研究发现取对数前后并不显著影响水平，为了保持数据的原始性，在实际结果估计时，并没有采用取对数的方法。

（二）变量描述

表 3-1　变量指标描述

	变量	变量含义	单位	观测值	平均值	标准差	最小值	最大值
被解释变量	H_{it}	人均 GDP	元	248	48028.87	23467.31021	13119.00	128994
解释变量	Y_{1it}	人均第一产业增加值	元	248	3970.57	1749.51	452.35	10398
	Y_{2it}	人均第二产业增加值	元	248	21282.4	9611.99	5174.07	50974
	Y_{3it}	人均第三产业增加值	元	248	22619.2	16571.5	6002	103951
	L_{it}	总就业人员占比	%	248	0.57844	0.0701	0.4008	0.8157
	K_{it}	人均资本存量	万元	248	9.4026	4.7599	2.3637	31.6841
	N_{it}	人均耕地面积	公顷	248	0.117	0.093	0.008	0.418
	T_{it}	人均规模以上企业研发投入	元	248	556.506	561.345	3.771	2284.07
控制变量	S_{it}	人均运输线路长度	千米	248	44.929	41.276	6.292	267.443
	D_{it}	人均互联网接入端口数	个	248	0.33	0.19	0.06	0.96

---

① 段忠贤，黄其松. 要素禀赋、制度质量与区域贫困治理——基于中国省际面板数据的实证研究 [J]. 公共管理学报，2017（3）：144-160.

46

如上表所示，所有变量的观测值为 248 个指标，被解释变量为人均GDP，最大值为 128994 元，最小值为 13119 元，变异度较大。解释变量有：人均第一产业增加值、人均第二产业增加值、人均第三产业增加值、总就业人员占比、人均资本存量、人均耕地面积、人均规模以上企业研发投入，其中除了总就业人员占比的变异度较小外，其他变量的变异度都比较大。控制变量为：人均运输线路长度与人均互联网接入端口数的变异度都比较大。

三、实证研究结果

根据研究数据的可获取性和可比性，本研究选择 2010—2017 年间中国 31 个省际行政区域为研究样本，共获取 248 个样本的面板数据，所有研究变量的测算数据均根据《中国统计年鉴》（2011—2018 年）以及各省级统计年鉴（2011—2018 年）的数据进行计算所得。

（一）相关分析

各个变量 Pearson 相关分析结果如表 3-2 所示，其中，被解释变量的人均GDP 除了与解释变量人均耕地面积有显著的负相关关系外，与其他 6 个解释变量均有显著的正相关关系。

表 3-2　变量 Pearson 相关分析

变量	H	Y_1	Y_2	Y_3	L	K	N	T
H	1							
Y_1	0.27***	1						
Y_2	0.84***	-0.17***	1					
Y_3	0.94***	-0.38***	0.63***	1				
L	0.01***	0.09***	0.03***	-0.01***	1			
K	0.83***	-0.10***	0.76***	0.73***	-0.01***	1		
N	-0.33***	0.41***	-0.26***	-0.36***	-0.29***	-0.05***	1	
T	0.8806***	-0.3537	0.8387	0.78***	0.09***	0.61***	-0.47***	1

注：***、**、*分别代表1%、5%和10%的显著性水平。

（二）单位根检验

在面板数据回归分析前，需要检验面板数据的平稳性。由此，本研究采用 LLC 单位根的通用检验方法，对各个变量进行平稳性检验，检验结果如表 3-3 显示，所有变量原始序列 LLC 在 5%的显著水平平稳，表明各变量序列都是平稳的。

表 3-3　LLC 单位根检验

变量	统计值	P 值	变量	统计值	P 值
H	−1.7758	0.0379	L	−66.6796	0.0000
Y_1	−5.0749	0.0000	K	−20.1912	0.0000
Y_2	−5.1411	0.0346	N	−4.0e+05	0.0000
Y_3	−25.8708	0.0000	T	−10.5972	0.0000

（三）模型分析结果

研究在使用面板模型进行估计时，需要通过 Hausman 检验，来判断是采用固定效应模型，还是采用随机效应模型。根据 Hausman 检验结果显示：chi2 (9) = (b-B)′ [(V_ b-V_ B) ^ (−1)] (b-B) = 62.3, Prob>chi2 = 0.0000。卡方统计量值为 62.3，P 值为 0.000，因此本研究采用固定效应模型进行估计。

1. 全国要素禀赋、产业发展与区域经济发展估计结果

（1）产业发展与区域经济发展估计结果

表 3-4　产业发展与区域经济发展估计结果

变量	回归（1）	
Y_{1it}	11497.4*** (41.16)	10876.6*** (35.86)
Y_{2it}	10306.0*** (159.61)	10321.7*** (165.72)
Y_{3it}	9643.5*** (330.13)	9515.4*** (233.44)
S_{it}	−	1.849 (0.54)
D_{it}	−	792.8*** (4.22)
R^2	0.9995	0.9996
N	248	248

注：括号内为 t 值，*＊＊、＊＊、＊分别代表 0.1%、1%和 5%的显著性水平，"−"表示此处没有数据。

由上表可以看出，从产业发展视角分析对区域经济发展效应。三次产业在

估计结果中均表现出显著水平，表明各产业的发展对区域经济的发展均产生了促进作用。在一定程度上支持了假设 H1，产业发展促进了区域经济的发展。

（2）要素禀赋与区域经济发展估计结果

表 3-5　要素禀赋与区域经济发展估计结果

变量	回归（1）	
L_{it}	4413.3（0.49）	10673.5（1.21）
K_{it}	2119.3***（13.08）	1509.4***（6.98）
N_{it}	−10731.7（−0.68）	−9935.2（−0.57）
T	18.66***（11.36）	16.62***（9.97）
S_{it}	−	−68.12（−0.88）
D_{it}	−	15125.2***（4.34）
R^2	0.8410	0.8543
N	248	248

注：括号内为 t 值，* * *、* *、* 分别代表 0.1%、1% 和 5% 的显著性水平，"−"表示此处没有数据。

由上表可以看出，从要素禀赋视角分析对区域经济发展的影响作用。四个要素在估计结果中表现出一定的差异性，其中资本和技术要素对区域经济的发展有显著的促进作用，而劳动和土地要素对区域经济发展的作用不显著，也就是说，一个地区的劳动占比对区域经济的作用有限，耕地面积的大小对区域经济的左右有限，表明发展资本和技术密集型产业有利于促进区域经济的发展。在一定程度上支持了假设 H1，要素禀赋促进了区域经济的发展。

（3）要素禀赋、产业发展与区域经济发展估计结果

表 3-6　要素禀赋、三次产业发展与区域经济发展估计结果

	第一产业估计结果			第二产业估计结果			第三产业估计结果	
变量	回归（1）		变量	回归（2）		变量	回归（3）	
Y_{1it}	35546.4***（4.31）	34148.5***（4.19）	Y_{2it}	14467.3***（9.40）	15775.2***（10.67）	Y_{3it}	11491.1***（14.49）	11585.4***（13.76）
L_{it}	5472.4（0.62）	10874.5（1.25）	L_{it}	2691.3（0.40）	10042.9（1.58）	L_{it}	−471.2（−0.09）	−2462.9（−0.45）

续表

第一产业估计结果			第二产业估计结果			第三产业估计结果		
变量	回归（1）		变量	回归（2）		变量	回归（3）	
K_{it}	2043.1*** (9.80)	1740.0*** (7.63)	K_{it}	1391.7*** (7.32)	1036.9*** (5.10)	K_{it}	290.4 (1.72)	247.3 (1.34)
N_{it}	18623.0 (1.10)	9465.8 (0.54)	N_{it}	13035.2 (0.98)	17017.8 (1.29)	N_{it}	−34354.8** (−3.26)	−31664.2** (−2.81)
T	15.71*** (6.43)	12.85*** (5.21)	T	7.717*** (3.44)	4.354* (1.98)	T	7.157*** (4.17)	7.877*** (4.39)
$L_{it}*$ Y_{1it}	0.000469 (1.23)	0.000638 (1.73)	$L_{it}*$ Y_{2it}	−0.0000328 (−0.70)	−0.0000219 (−0.50)	$L_{it}*$ Y_{3it}	0.0000702** (2.95)	0.0000683** (2.83)
$K_{it}*$ Y_{1it}	−0.116 (−0.95)	−0.333** (−2.62)	$K_{it}*$ Y_{2it}	0.0488* (2.55)	0.0138 (0.72)	$K_{it}*$ Y_{3it}	−0.0296* (−2.02)	−0.0229 (−1.45)
$N_{it}*$ Y_{1it}	−2.203* (−2.37)	−1.658 (−1.83)	$N_{it}*$ Y_{2it}	−0.700** (−2.78)	−0.643** (−2.74)	$N_{it}*$ Y_{3it}	0.0939 (0.91)	0.123 (1.12)
$T_{it}*$ Y_{1it}	0.000572 (0.56)	0.00151 (1.50)	$T_{it}*$ Y_{2it}	−0.000174 (−1.40)	−0.0000197 (−0.16)	$T_{it}*$ Y_{3it}	0.0000391 (0.44)	−0.00000121 (−0.01)
S_{it}	−	−156.2* (−2.02)	S_{it}	−	−151.3* (−2.47)	S_{it}	−	70.17 (1.37)
D_{it}	−	14995.3*** (4.08)	D_{it}	−	15857.0*** (6.20)	D_{it}	−	−2618.2 (−1.06)
R^2	0.8587	0.8707	R^2	0.9145	0.9287	R^2	0.9474	0.9480
N	248	248	N	248	248	N	248	248

注：括号内为t值，＊＊＊、＊＊、＊分别代表0.1%、1%和5%的显著性水平，"−"表示此处没有数据。

由上表可以看出，从要素禀赋与各产业发展交互作用对区域经济发展的影响分析。在三次产业与各要素交互中，土地要素与第一产业交互作用对区域经济发展的作用显著，资本、土地要素与第二产业交互作用对区域经济发展的作用显著，劳动、资本与第三产业交互作用对区域经济发展的作用显著，控制变量运输线路长度、互联网接入端口在第一产业、第二产业的估计结果中显著，一定程度上支持了前面的假设H2。

2. 西部民族地区要素禀赋、产业发展与区域经济发展估计结果

西部民族地区与全国经济发展无论是发展的速度，还是经济发展水平都存

在着显著的差异，从而我们需要进一步分析的问题是，要素禀赋与产业发展对区域经济发展的作用是因地区而不同的吗？① 要素禀赋与产业发展对区域经济的作用在全国与西部民族地区是否一样？针对上述问题，我们将西部民族地区的数据进行单独分析，并对样本依据以上模型进行回归，来进一步研究要素禀赋与产业发展对西部民族地区经济发展的差异。

（1）西部民族地区产业发展与区域经济发展估计结果

表3-7　西部民族地区产业发展与区域经济发展估计结果

变量	回归结果	
Y_{1it}	1.093 *** （29.92）	1.093 *** （29.56）
Y_{2it}	1.014 *** （138.70）	1.014 *** （131.36）
Y_{3it}	0.990 *** （180.70）	0.984 *** （86.30）
S_{it}	－	1.568 （0.68）
D_{it}	－	115.2 （0.38）
R^2	0.9998	0.9998
N	96	96

注：括号内为 t 值，＊＊＊、＊＊、＊分别代表 0.1%、1% 和 5% 的显著性水平，"－"表示此处没有数据。

由上表可以看出，西部民族地区三次产业发展均对区域经济发展起到了促进作用，这个与全国的一样，从现实情况来看，也确实印证了这一观点，西部民族地区产业的发展在区域经济发展中起到了至关重要的作用。

（2）西部民族地区要素禀赋与区域经济发展估计结果

表3-8　西部民族地区要素禀赋与区域经济发展估计结果

变量	回归结果	
L_{it}	−13978.0 （−1.31）	−21271.0* （−2.03）
K_{it}	940.7 *** （4.61）	374.0 （1.49）
N_{it}	−70872.8 *** （−4.20）	−40741.3* （−2.26）

---

① 张萃．中国经济增长与贫困减少——基于产业构成视角的分析 [J]．数量经济技术经济研究，2011（5）：51-63.

变量	回归结果	
T	35.42*** (7.29)	31.31*** (6.18)
S_{it}	–	183.6** (2.89)
D_{it}	–	14068.8* (2.45)
R^2	0.8626	0.8833
N	96	96

注：括号内为 t 值，***、**、* 分别代表 0.1%、1% 和 5% 的显著性水平，"–" 表示此处没有数据。

由上表可以看出，西部民族地区不同要素禀赋对区域经济的发展起到不同的作用，其中资本和技术对区域经济的发展起到了促进作用，土地面积没有促进区域经济的发展，从现实情况来看，西部地区土地面积广阔，但是没有很好地转化为区域经济发展的动力。

（3）西部民族地区要素禀赋、产业发展与区域经济发展估计结果

表 3-9　西部民族地区要素禀赋、三次产业发展与区域经济发展估计结果

第一产业估计结果		第二产业估计结果		第三产业估计结果	
变量	一产回归结果	变量	二产回归结果	变量	三产回归结果
Y_{1it}	6.535* (2.17)　6.761* (2.23)	Y_{2it}	0.852** (2.92)　0.806*** (3.55)	Y_{3it}	0.801 (1.67)　1.492** (2.80)
L_{it}	11546.3 (0.62)　10928.8 (0.59)	L_{it}	−7396.2 (−0.81)　−7725.5 (−1.08)	L_{it}	−1647.1 (−0.13)　3279.1 (0.26)
K_{it}	2057.6*** (4.56)　1586.4** (2.95)	K_{it}	1974.8*** (5.25)　1446.6*** (4.63)	K_{it}	2372.9*** (4.19)　2167.3*** (3.91)
N_{it}	−48163.7** (−3.16)　−42303.0** (−2.72)	N_{it}	1945.7 (0.21)　16268.9* (2.16)	N_{it}	8533.3 (0.68)　3526.4 (0.27)
T	−11.93 (−0.56)　−8.370 (−0.39)	T	18.60 (1.92)　9.387 (1.21)	T	19.71 (1.76)　18.71 (1.70)
$L_{it}*Y_{1it}$	−2.395 (−0.45)　−4.137 (−0.76)	$L_{it}*Y_{2it}$	1.060* (2.07)　1.120** (2.72)	$L_{it}*Y_{3it}$	0.894 (1.25)　0.0575 (0.07)
$K_{it}*Y_{1it}$	−0.365*** (−3.64)　−0.316** (−2.91)	$K_{it}*Y_{2it}$	−0.0520*** (−3.44)　−0.0443*** (−3.69)	$K_{it}*Y_{3it}$	−0.0859*** (−4.31)　−0.0803*** (−3.95)

续表

第一产业估计结果			第二产业估计结果			第三产业估计结果		
变量	回归（1）		变量	回归（2）		变量	回归（3）	
$N_{it} * Y_{1it}$	0.224 (0.42)	0.564 (0.97)	$N_{it} * Y_{2it}$	0.0950 (1.18)	0.0886 (1.37)	$N_{it} * Y_{3it}$	0.101 (1.12)	0.112 (1.10)
$T_{it} * Y_{1it}$	0.00867 (1.98)	0.00753 (1.71)	$T_{it} * Y_{2it}$	0.000220 (0.60)	0.000284 (1.00)	$T_{it} * Y_{3it}$	0.000182 (0.45)	0.000154 (0.38)
S_{it}	–	65.52 (1.29)	S_{it}	–	−17.12 (−0.63)	S_{it}	–	79.05 (1.37)
D_{it}	–	6066.5 (1.39)	D_{it}	–	14688.4*** (6.92)	D_{it}	–	−9061.0 (−1.72)
R^2	0.9506	0.9526	R^2	0.9773	0.9866	R^2	0.9510	0.9553
N	96	96	N	96	96	N	96	96

注：括号内为 t 值，＊＊＊、＊＊、＊分别代表 0.1%、1% 和 5% 的显著性水平，"–"表示此处没有数据。

由上表可以看出，要素与产业相互作用对西部民族地区经济发展的影响效应呈现出一定的共同特点，也出现了一些差异。从西部民族地区要素禀赋与各产业发展交互作用对区域经济发展的影响分析，在第一产业与各要素交互中，资本要素与第一产业交互作用对区域经济发展的作用显著，在第二产业与各要素交互中，劳动、资本要素与第二产业交互作用对区域经济发展的作用显著，在第三产业与各要素交互中，资本与第三产业交互作用对区域经济发展的作用显著，控制变量互联网接入端口在第二产业的估计结果中显著。在一定程度上支持了前面的假设 H2。

四、主要结论

本研究从区域经济发展机制出发，构建了区域经济发展的逻辑分析框架，运用面板模型的估计方法，对要素禀赋、产业发展与区域经济发展的机制机理进行实证分析。主要得出以下几点研究结论和建议。

（1）西部民族地区需要根据要素禀赋来选择产业发展方向。产业发展与要素禀赋融合发展模式是区域经济发展的方式之一。这里的产业融合不仅强调三产之间的融合，更强调产业发展与要素禀赋之间的融合发展；劳动、资本、土地、技术等要素单独对区域经济的作用有限，但与产业发展结合以后，对其区域经济发展有促进作用。因此，西部民族地区经济发展实质在于产业的发展，西部民族区域经济的发展在这个过程中，我们应该促进拥有比较优势的具有区域特色和民族特色的产业的发展。通过建立合理的产业发展规划，重视各种要素的投入，充分发挥区域的比较优势，才能进一步提升西部民族区域经济发展的质量。因此，本研究走出以往区域经济发展研究中仅对区域经济发展影响因素分析的局限，从经济发展的根源出发，分析区域经济发展的内在机理，寻找区域经济发展的根本出路，将要素禀赋和产业发展纳入区域经济发展的逻辑，从而构建了基于要素禀赋发展产业的区域经济发展分析框架，在一定程度上理清了西部民族区域经济发展的思路。

（2）西部民族地区需要进一步加强要素与产业的交互融合。从研究结果来看，要素禀赋与产业融合较好的地区，经济发展的水平越高。西部民族地区在发展第一产业时，需要进一步挖掘土地资源的优势，发展特色农业，提供农产品的附加值。在发展第二产业时，需要根据要素禀赋条件发展适合该地区发展的工业，并且要发展生态工业，在发展工业的同时，注意对环境的保护。在发展第三产业时，需要根据西部民族地区特色资源和文化，充分发挥少数民族劳动者的素质和能动性，增加对少数民族地区服务业的投入，发展民族地区旅游业的特色鲜明，发展优势明显的产业，从而促进区域经济可持续发展。

第三节　行业发展与区域经济发展的关系的实证研究

一、行业发展现状

按三次产业的发展分析较为宏观，而产业发展又分为 9 个行业，由此，我们进一步分析行业发展与区域经济关系，近几年来，我国 GDP 连年增加，其中工业增加值最多，农林牧渔和批发与零售业居于其次，住宿与餐饮业的增加相对较少，趋于稳定。2016 年以前，第一产业即农林牧渔业 GDP 保持了良好的增长态势，其中 2016 年 GDP 为 65968 亿元，同比增长 4.87%，但 2017 年有所下降，2017 年全年仅为 64660 亿元。第二产业是经济增长的主要推动力之一，第二产业发展的优劣将直接影响到其他产业的发展，这里主要选取了第二产业中的工业和建筑业。当前，我国正居于工业化进程过程中，发展第二产业不只刺激经济增长，而且还促进产业结构的变化与调整，在一定意义上说，第二产业发展还是国民经济发展的支柱产业之一。由图中也可以看出，工业部门的 GDP

值远远高于其他部门，在 2017 年工业部门的 GDP 值高达 300000 亿元，建筑业的 GDP 值则首次超过 50000 亿元。另外从第三产业产值的内部结构看，批发零售、房地产投资、住宿与餐饮业、交通运输业等服务业的 GDP 发展迅速，特别是批发零售与其他服务业的发展尤为突出。

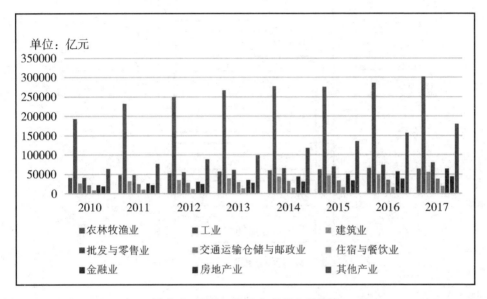

图 3-2　2010—2017 年各行业增加值

二、传导机制

前面的分析中发现经济发展是由产业发展驱动的，一、二、三产业都对经济发展起到了显著的促进作用，这是显而易见的，但是，产业发展的分析过于笼统，需要进一步将产业分解为行业来分析，由上图可以看出，经济发展由 9 类行业的发展构成，我们想知道哪类行业对经济发展起到了显著作用，从而，可以选择发展此类行业来促进区域经济发展。西部民族地区有其特殊性，我们也可以根据区域的要素禀赋和特色来发展相关行业。

三、模型的构建与变量描述

（一）模型的构建

影响贫困治理的是行业的发展，本研究选取了 9 个主要行业，由此构建模型如下：

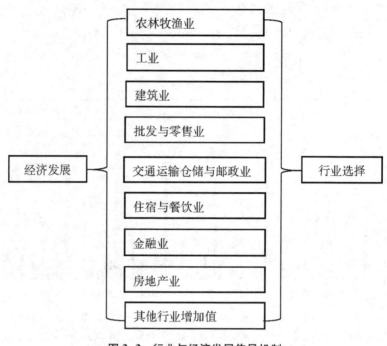

图 3-3 行业与经济发展传导机制

$$\ln H_{it} = \alpha_i + \sum_{j=1}^{9} \gamma_j \ln Y_{jit} + \pi_i X_{it} + \mu_{it}(j = 1、2、3、4、5、6、7、8、9) (4)$$

H_{it} 为被解释变量人均 GDP，Y_{1it}、Y_{2it}、Y_{3it}、Y_{4it}、Y_{5it}、Y_{6it}、Y_{7it}、Y_{8it}、Y_{9it} 分别表示 9 个行业的人均增加值，γ_j（j = 1、2、3、4、5、6、7、8、9）表示九大产业对应的系数，如果 $\gamma_1 \neq \gamma_2 \neq \gamma_3 \neq \gamma_4 \neq \gamma_5 \neq \gamma_6 \neq \gamma_7 \neq \gamma_8 \neq \gamma_9$，表明每个行业增长对经济增长的影响的程度是不同的。i 为省际区域，t 为相应的时间，α_i 为总平均截距项，X_{it} 为控制变量，参考国内外学者已有的研究，本研究选取人均运输线路长度（S）、人均互联网接入端口数（D）作为控制变量。μ_{it} 为服从独立分布的随机干预项。

（二）变量描述

表 3-10 变量指标描述

	变量	变量含义	单位	观测值	平均值	标准差	最小值	最大值
被解释变量	H	人均 GDP	元	248	48028.87	23467	13119	128994

续表

	变量	变量含义	单位	观测值	平均值	标准差	最小值	最大值
解释变量	Y_{1it}	人均农林牧渔业增加值	万元	248	0.405406	0.179854	0.0468	1.0726
	Y_{2it}	人均工业增加值	万元	248	1.789362	0.919887	0.1323	4.6670
	Y_{3it}	人均建筑业增加值	万元	248	0.343378	0.154242	0.0814	1.2210
	Y_{4it}	人均批发与零售业增加值	万元	248	0.455065	0.342512	0.1046	1.816
	Y_{5it}	人均交通运输仓储与邮政业增加值	万元	248	0.23079	0.11588	0.0419	0.5566
	Y_{6it}	人均住宿与餐饮业增加值	万元	248	0.103414	0.045163	0.0289	0.2895
	Y_{7it}	人均金融业增加值	万元	248	0.341269	0.364379	0.0392	2.2045
	Y_{8it}	人均房地产业增加值	万元	248	0.214168	0.165455	0.0401	0.8783
	Y_{9it}	人均其他行业增加值	万元	248	0.905263	0.735417	0.2234	5.5028
控制变量	S	人均运输线路长度	千米	248	44.929	41.276	6.292	267.443
	D	人均互联网接入端口数	个	248	0.33	0.19	0.06	0.96

由上图可以看出,跟前面分析一样,被解释变量为人均 GDP 反映了地区经济发展的水平,解释变量为人均农林牧渔业增加值、人均工业增加值、人均建筑业增加值、人均批发与零售业增加值、人均交通运输仓储与邮政业增加值、人均住宿与餐饮业增加值、人均金融业增加值、人均房地产业增加值、人均其他行业增加值这九个行业的增加值。控制变量为影响区域经济发展的人均运输线路长度与人均互联网接入端口个数。变异度比较大的变量有人均 GDP、人均工业增加值、人均金融业增加值、人均房地产业增加值等指标。

四、实证结果分析

在 2010—2017 年,行业发展对区域经济发展的影响效应呈现出一定的共性和差异。下面从全国行业发展与西部民族地区发展两个层面分析对区域经济发展的影响,从而找出影响区域经济发展的相关行业。

（一）全国行业发展与区域经济发展估计结果

表 3-11　全国行业发展与区域经济发展估计结果

变量	回归结果	
Y_{1it}	0.924*** (9.92)	0.926*** (9.93)
Y_{2it}	0.183*** (9.27)	0.207*** (9.48)
Y_{3it}	0.755*** (11.23)	0.510*** (3.73)
Y_{4it}	−0.151 (−1.73)	−0.170 (−1.93)
Y_{5it}	0.151 (0.83)	0.135 (0.71)
Y_{6it}	0.738* (2.03)	0.556 (1.51)
Y_{7it}	0.0739 (1.11)	0.0962 (1.38)
Y_{8it}	0.305* (2.28)	0.265* (1.97)
Y_{9it}	0.0451 (1.40)	0.0324 (0.91)
S	–	0.00286 (1.64)
D	–	0.119* (2.05)
R^2	0.9436	0.9452
N	248	248

注：括号内为 t 值，＊＊＊、＊＊、＊分别代表 0.1%、1% 和 5% 的显著性水平，"–"表示此处没有数据。

由上表可以看出，从全国行业发展视角分析对区域经济发展效应，其中人均农林牧渔业增加值、人均工业增加值、人均建筑业增加值、人均住宿与餐饮业增加值、人均房地产业增加值对区域经济发展的作用在估计结果中均表现出显著水平，表明这些行业的发展对区域经济的发展均产生了促进作用。

（二）西部民族地区行业发展与区域经济发展估计结果

表 3-12　西部民族地区行业发展与区域经济发展估计结果

变量	西部民族地区回归结果	
Y_{1it}	1.512*** (8.46)	1.620*** (9.08)
Y_{2it}	0.200*** (4.38)	0.192*** (3.99)
Y_{3it}	0.653*** (6.01)	0.295 (1.13)

变量	西部民族地区回归结果	
Y_{4it}	-0.772 (-1.53)	-0.583 (-1.15)
Y_{5it}	-0.216 (-0.70)	-0.114 (-0.38)
Y_{6it}	0.982 (0.87)	-0.285 (-0.23)
Y_{7it}	-0.210 (-0.97)	-0.000742 (-0.00)
Y_{8it}	1.055^{**} (2.69)	0.864^{*} (2.22)
Y_{9it}	0.157 (1.38)	0.498^{**} (2.89)
S	$-$	0.00328 (1.27)
D	$-$	-0.356^{*} (-2.22)
R^2	0.9625	0.9657
N	96	96

注：括号内为 t 值，＊＊＊、＊＊、＊分别代表0.1%、1%和5%的显著性水平，"－"表示此处没有数据。

由上表可以看出，从西部民族地区行业发展视角分析对区域经济发展效应，其中人均农林牧渔业增加值、人均工业增加值、人均建筑业增加值、人均房地产业增加值、人均其他服务业增加值对区域经济发展的作用在估计结果中均表现出显著水平，表明这些行业的发展对区域经济的发展均产生了促进作用。与全国不同的是，西部民族地区的住宿餐饮对区域经济发展的作用有限，但是其他服务业的影响显著。说明西部民族地区的服务业还有很大的发展空间。

五、结论

本研究从区域经济发展机制出发，构建了区域经济发展逻辑分析框架，运用面板模型的估计方法，对行业发展与区域经济发展的机制机理进行实证分析。主要得出以下几点研究结论和建议。

（一）本研究发现行业发展在区域经济发展中所扮演的角色越来越重要。如何有效地促进各行业的发展，从而促进我国区域经济的发展，也要注重西部民族地区的行业发展，给予适当的扶持政策，以更好地促进西部民族地区区域经济发展，使其与东部的经济差距越来越小，实现区域平衡发展，最终促进全国经济发展。

（二）根据要素禀赋促进行业发展是可以促进区域经济发展的。从行业角度出发的结果表明，农林牧渔业、工业、建筑业、住宿餐饮业、房地产业对区域经济发展是有促进作用的。其中其他服务业的发展对西部民族地区区域经济的发展作用显著，由此，我们也不能忽视其他行业的作用，以发展特色农业、服务业、工业为前提，带动农林牧渔业，批发与零售业以及房地产业的发展，从而更快更好地促进区域经济发展。

综上所述，要素与产业相互作用对西部民族地区经济发展的影响效应呈现出一定的共性，也存在一些差异，劳动、资本、土地、技术等要素与产业融合较好的地区，经济发展的水平越高；从行业角度的结果表明，农林牧渔业、工业、建筑业、住宿餐饮业、房地产业对区域经济发展是有显著促进作用的，由此，西部民族地区需要进一步加强要素与产业的交互融合，进一步推动相关行业的发展。

第四篇

西部民族地区生态产业发展系统耦合度评价分析

第一节 评价指标体系的建立

一、评价指标体系的设计

（一）构建评价指标体系原则

1. 定量分析与定性分析相结合的原则

定性分析是定量分析的基础，进行评价时首先要进行定性分析，以确定目标的性质、特点及各种因素之间的相互关系，在定性分析的基础上进行定量分析，定量分析是定性分析的深化，它将定性的内容数量化，更明确地表达目标层状态。

2. 目的性与系统性相结合的原则

指标体系既要具有一定的目的性，又要具有系统性，在确立总目标后，在筛选每一个单项指标时，需要分析指标在整个指标体系中的地位和作用。同时，要注意指标体系内部的逻辑关系，从研究目的和对象等多个层面考虑。

3. 全面性与精确性相结合的原则

目标层的范围和内容涉及的因素很多，不仅要考虑指标体系的全面性，而且要考虑指标体系的精确性和精简性，以期以尽量少的指标和成本反映目标层问题。

4. 完整性和独立性相结合的原则

完整性是指评价指标的选择能从不同角度全面地反映目标层。独立性是指标的设置不要存在指标间的重复。因此在选择指标时，应选择具有相对独立性的指标，从不同角度全面地反映问题的内容。[①]

（二）评价体系指标的选取

在层次分析法中，对于因素总个数及总层次数没有要求，但是一般要求每一个因素下面的元素不超过9个，这是因为心理学研究证明，一组事物在9个以内，普通人对其进行辨别较为清楚，因此，我们在每个子系统下选择了9个有代表性的元素。[②] 利用德尔菲法（又称专家法）进行指标的选择，结果如表4-1。

表4-1　生态产业系统耦合度评价指标体系

（"发展—支撑—约束"系统）[③]

第一层次	第二层次	第三层次	
生态产业系统耦合度	发展系统 Z_1	X_1	第一产业生产总值（亿元）
		X_2	第二产业生产总值（亿元）
		X_3	第三产业生产总值（亿元）
		X_4	人均 GDP（元）
		X_5	GDP（亿元）
		X_6	社会消费品零售总额（亿元）
		X_7	货物进出口总额（万美元）
		X_8	全社会固定资产投资（亿元）
		X_9	旅游总收入（亿元）
	支撑系统 Z_2	X_{10}	第一产业就业人员（万人）
		X_{11}	第二产业就业人员（万人）
		X_{12}	第三产业就业人员（万人）
		X_{13}	运输线路长度（千米）
		X_{14}	规模以上企业研发经费（元）
		X_{15}	耕地面积（千公顷）
		X_{16}	人均水资源量（立方米/人）
		X_{17}	城镇居民人均可支配收入（元）
		X_{18}	农村居民人均纯收入（元）

---

① 张卉．中国西部地区退耕还林政策绩效评价与制度创新［D］．北京：中央民族大学，2009：86-96.

② 陈明．可持续发展概论［M］．北京：冶金工业出版社，2008：50.

③ "发展—支撑—约束"系统简写为：DSC系统。

续表

第一层次	第二层次	第三层次	
生态产业系统耦合度	约束系统 Z_3	X_{19}	年末总人口（万人）
		X_{20}	水资源总量（亿立方米）
		X_{21}	电力消费量（亿千瓦时）
		X_{22}	自然保护区面积（万公顷）
		X_{23}	生活垃圾清运量（万吨）
		X_{24}	二氧化硫排放量（万吨）
		X_{25}	烟（粉）尘排放量（万吨）
		X_{26}	废水排放总量（万吨）
		X_{27}	工业固体废物产生量（万吨）

由表可以看出，生态产业系统耦合度评价体系包括三个系统，每个系统9个指标，共27个指标。

一是发展系统（Z_1），包括的主要指标有：X_1第一产业生产总值（万元）、X_2第二产业生产总值（万元）、X_3第三产业生产总值（万元）、X_4人均GDP（元）、X_5GDP（亿元）、X_6社会消费品零售总额（亿元）、X_7货物进出口总额（万美元）、X_8全社会固定资产投资（亿元）、X_9旅游总收入（亿元）。

二是支撑系统（Z_2），包括的主要指标有：X_{10}第一产业就业人员（万人）、X_{11}第二产业就业人员（万人）、X_{12}第三产业就业人员（万人）、X_{13}运输线路长度（千米）、X_{14}规模以上企业研发经费（元）、X_{15}耕地面积（千公顷）、X_{16}人均水资源量（立方米人）、X_{17}城镇居民人均可支配收入（元）、X_{18}农村居民人均纯收入（元）。

三是约束系统（Z_3），包括的主要指标有：X_{19}年末总人口（万人）、X_{20}水资源总量（亿立方米）、X_{21}电力消费量（亿千瓦时）、X_{22}自然保护区面积（万公顷）、X_{23}生活垃圾清运量（万吨）、X_{24}二氧化硫排放量（万吨）、X_{25}烟（粉）尘排放量（万吨）、X_{26}废水排放总量（万吨）、X_{27}工业固体废物产生量（万吨）。

本研究在进行评价时，结合实际情况及能被量化的指标来作分析，从而分成了发展子系统、支撑子系统、约束子系统，我们用DSC系统来表示"发展—支撑—约束"系统。因此，分为发展、支撑、约束三大系统，既符合实际情况，也符合国际国内惯例。

二、评价指标权重的确定

（一）层次分析法模型的建立

首先我们来建立层次结构，目标层、中间层及决策层，确定其分析结果，如表：

表 4-2 可持续发展评价体系层次

目标层	中间层	决策层
生态产业系统 耦合度	发展系统	第一产业生产总值（万元）
		第二产业生产总值（万元）
		第三产业生产总值（万元）
		人均 GDP（元）
		GDP（亿元）
		社会消费品零售总额（亿元）
		货物进出口总额（万美元）
		全社会固定资产投资（亿元）
		旅游总收入（亿元）
	支撑系统	第一产业就业人员（万人）
		第二产业就业人员（万人）
		第三产业就业人员（万人）
		运输线路长度（千米）
		规模以上企业研发经费（元）
		耕地面积（千公顷）
		人均水资源量（立方米/人）
		城镇居民人均可支配收入（元）
		农村居民人均纯收入（元）
	约束系统	年末总人口（万人）
		水资源总量（亿立方米）
		电力消费量（亿千瓦时）
		自然保护区面积（万公顷）
		生活垃圾清运量（万吨）
		二氧化硫排放量（万吨）
		烟（粉）尘排放量（万吨）
		废水排放总量（万吨）
		工业固体废物产生量（万吨）

采用 AHP（analytic hierarchy process）层次分析法①确定评价指标的权重。因此，我们邀请 15 位相关领域的专家组成评价团队，按照标度说明（表 4-3）填写判断矩阵表，得到 15 份判断矩阵表。

表 4-3　标度说明表

标度值	说　明
1	两个指标同等重要
3	一个指标比另一个指标稍微重要
5	一个指标比另一个指标比较重要
7	一个指标比另一个指标十分重要
9	一个指标比另一个指标绝对重要
2、4、6、8	判断中值

资料来源：石振武，赵敏.运用层次分析法确定指标的权值［J］.科技和产业，2008（2）：23-25.

例如，第一位专家对"发展—支撑—约束"系统的权重判断矩阵可以表示为：

$$A_1 = \begin{vmatrix} 1 & 3 & 3 \\ 1/3 & 1 & 1 \\ 1/3 & 1 & 1 \end{vmatrix}$$

其次，计算评价指标的权重和一致性检验。以矩阵 A_1 为例，进行详细说明。
（1）矩阵中的每行元素连乘并开 n 次方：

$$w_i^* = \sqrt[n]{\prod_{j=1}^{n} a_{ij}}, \ i=1, \ 2, \ \cdots, \ n \qquad 公式（4-1）$$

（2）求权重：

$$w_i = w_i^* / \sum_{i=1}^{n} w_i^*, \ i=1, \ 2, \ \cdots, \ n \qquad 公式（4-2）$$

（3）矩阵中的每列元素求和：

$$S_j = \sum_{i=1}^{n} a_{ij}, \ j=1, \ 2, \ \cdots, \ n \qquad 公式（4-3）$$

---

① 徐晓敏.层次分析法的运用［J］.统计与决策，2008（1）：156-158.

（4）计算$\lambda_{\max}$的值：

$$\lambda_{\max} = \sum_{i=1}^{n} w_i S_i \qquad\qquad 公式（4-4）$$

（二）层次分析法的一致性检验

（1）层次单排序。先解出判断矩阵A_1的最大特征值$\lambda_{\max}$，再利用：

$$AW = \lambda_{\max} W \qquad\qquad 公式（4-5）$$

解出$\lambda_{\max}$所对应的特征向量W，W经过标准化后，即为同一层次中相应元素对于上一层次中某因素相对重要性的排序权值。

（2）一致性检验。首先计算A的一致性指标CI：

$$CI = \frac{\max - n}{n - 1} \qquad\qquad 公式（4-6）$$

公式（4-6）中，n为A的阶数。当CI＝0，即$\lambda_{\max} = n$时，A具有完全一致性。CI愈大，A的一致性愈差。[①]

将CI与平均随机一致性指标RI进行比较，令CR＝CI/RI，称CR为随机性一致性比率。当CR<0.10时，A具有满意的一致性，否则要对A重新调整，直到具有满意的一致性。计算出的$\lambda_{\max}$所对应的特征向量W，经过标准化后，才可以作为层次单排序的权值。

（3）层次总排序及其一致性检验

利用同一层次中所有层次单排序结果，计算针对上一层次而言本层次所有元素重要性的权值，这就是层次总排序。设上一层次所有元素A_1，A_2，…，A_m的总排序已完成，其权值分别为a_1，a_2，…，a_m与a_j对应的本层次元素B_1，B_2，…，B_n单排序的结果为b_{1j}，b_{2j}，…，b_{nj}（当B_k与A_j无关时，$b_{kj} = 0$）。

层次总排序一致性指标为

$$CI = \sum_{j=1}^{n} a_j CI_j \qquad\qquad 公式（4-7）$$

式中，CI_j为与a_j对应的B层次中判断矩阵的一致性指标。

层次总排序随机一致性指标为

$$RI = \sum_{j=1}^{n} a_j RI_j \qquad\qquad 公式（4-8）$$

式中，RI_j为与a_j对应的B层次中判断矩阵的随机一致性指标。

层次总排序随机一致性比率为：

---

① 陈义华. 数学模型［M］. 重庆：重庆大学出版社，1995：117-124.

$$CR = \frac{CI}{RI} \qquad 公式（4-9）$$

当 CR ≤0.10 时，认为总排序的计算结果有满意一致性。

表 4-4　随机性指标 RI 值

阶数 n	1	2	3	4	5	6	7	8	9
RI	0	0	0.58	0.90	1.12	1.24	1.32	1.41	1.45

资料来源：陈义华，数学建模的层次分析法［J］. 甘肃工业大学学报，1997（3）：92-97.

用上述方法求得矩阵 A 的 $\lambda_{max} = 3.00$，通过查表 4-4 可知，3 阶矩阵的临界值 RI=0.58，判断矩阵一致性比例 CR=0<0.10，完全一致，这时的权重为：

$$[0.4272,\ 0.2864,\ 0.2864]^T$$

表 4-5　专家 1 生态产业系统耦合度中间层权重

生态产业系统耦合度	发展系统	支撑系统	约束系统	W_i
发展系统	1.0000	1.4918	1.4918	0.4272
支撑系统	0.6703	1.0000	1.0000	0.2864
约束系统	0.6703	1.0000	1.0000	0.2864

注：专家 1；专家权重：1/15≈0.0067；判断矩阵一致性比例：0.0000；对总目标的权重：1.0000。

用同样的方法可以计算决策层指标专家 1 的发展子系统进行权重计算。

$$A_1 = \begin{bmatrix}
1 & 1 & 2 & 3 & 1 & 6 & 6 & 7 & 7 \\
1 & 1 & 6 & 8 & 1 & 7 & 6 & 7 & 8 \\
1/2 & 1/6 & 1 & 1 & 1/6 & 2 & 1 & 1 & 2 \\
1/3 & 1/8 & 1 & 1 & 1/6 & 1 & 1 & 2 & 1 \\
1 & 1 & 6 & 6 & 1 & 7 & 7 & 7 & 7 \\
1/6 & 1/7 & 1/2 & 1 & 1/7 & 1 & 1 & 2 & 1 \\
1/6 & 1/6 & 1 & 1 & 1/7 & 1 & 1 & 1 & 1 \\
1/7 & 1/7 & 1 & 1/2 & 1/7 & 1/2 & 1 & 1 & 1 \\
1/7 & 1/8 & 1/2 & 1 & 1/7 & 1 & 1 & 1 & 1
\end{bmatrix}$$

求得矩阵 A_1 的 $\lambda_{max} = 9.1195$，通过查表 4-4 可知，9 阶矩阵的临界值 RI=

1.45，判断矩阵一致性比例 CR = 0.0105<0.10，可以通过检验，这时的发展系统的权重为：

[0.1687、0.2154、0.0792、0.0725、0.2060、0.0663、0.0663、0.0634、0.0621]^T

表4-6　专家1——发展系统

发展系统	第一产业生产总值	第二产业生产总值	第三产业生产总值	人均GDP	GDP	社会消费品零售总额	货物进出口总额	全社会固定资产投资	旅游总收入	W_i
第一产业生产总值	1.000	1.000	1.2214	1.4918	1.0000	2.7183	2.7183	3.320	3.320	0.1687
第二产业生产总值	1.000	1.000	2.7183	4.0552	1.0000	3.3201	2.7183	3.320	4.055	0.2154
第三产业生产总值	0.818	0.367	1.0000	1.0000	0.3679	1.2214	1.0000	1.000	1.221	0.0792
人均GDP	0.670	0.246	1.0000	1.0000	0.3679	1.0000	1.2214	1.000	1.000	0.0725
GDP	1.000	1.000	2.7183	2.7183	1.0000	3.3201	3.3201	3.320	3.320	0.2060
社会消费品零售总额	0.367	0.301	0.8187	1.0000	0.3012	1.0000	1.0000	1.221	1.000	0.0663
货物进出口总额	0.367	0.367	1.0000	0.8187	0.3012	1.0000	1.0000	1.000	1.000	0.0663
全社会固定资产投资	0.301	0.301	1.0000	1.0000	0.3012	0.8187	1.0000	1.000	1.000	0.0634
旅游总收入	0.301	0.246	0.8187	1.0000	0.3012	1.0000	1.0000	1.000	1.000	0.0621

注：标度类型：e^（0/5）～e^（8/5）；专家权重：1/15≈0.0067，判断矩阵一致性比例：0.0102；对总目标的权重：0.4272。

同样的方法，我们可以得出专家1的支撑系统和约束系统的权重。

表 4-7 专家 1——支撑系统

支撑系统	第一产业就业人员	第二产业就业人员	第三产业就业人员	运输线路长度	规模以上企业研发经费	耕地面积（千公顷）	人均水资源量	城镇居民人均可支配收入	农村居民人均纯收入	W_i
第一产业就业人员	1.000	1.000	0.6703	0.8187	2.7183	1.000	1.8221	0.548	0.818	0.1086
第二产业就业人员	1.000	1.000	0.5488	0.5488	1.8221	1.000	0.6703	1.000	0.548	0.0889
第三产业就业人员	1.491	1.822	1.0000	0.4493	1.8221	1.822	0.5488	1.491	0.670	0.1161
运输线路长度	1.221	1.822	2.2255	1.0000	1.0000	2.225	2.2255	3.320	2.225	0.1893
规模以上企业研发经费	0.367	0.548	0.5488	1.0000	1.0000	0.670	0.6703	0.670	0.449	0.0666
耕地面积	1.000	1.000	0.5488	0.4493	1.4918	1.000	0.5488	0.548	0.449	0.0761
人均水资源量	0.548	1.491	1.8221	0.4493	1.4918	1.822	1.0000	2.225	2.718	0.1387
城镇居民人均可支配收入	1.822	1.000	0.6703	0.3012	1.4918	1.822	0.4493	1.000	1.221	0.0994
农村居民人均纯收入	1.221	1.822	1.4918	0.4493	2.2255	2.225	0.3679	0.818	1.000	0.1161

注：标度类型：e^（0/5）~e^（8/5）；专家权重：1/15≈0.0067；支撑系统判断矩阵一致性比例：0.0598；对总目标的权重：0.2864。

表 4-8　专家 1——约束系统

约束系统	年末总人口	水资源总量	电力消费量	自然保护区面积	生活垃圾清运量	二氧化硫排放量	烟（粉）尘排放量	废水排放总量	工业固体废物产生量	W_i
年末总人口	1.0000	0.6703	1.4918	0.4493	0.3012	0.3012	0.3679	0.4493	0.3679	0.0529
水资源总量	1.4918	1.0000	1.8221	0.5488	0.6703	0.5488	0.5488	0.3679	0.5488	0.0754
电力消费量	0.6703	0.5488	1.0000	0.5488	0.5488	0.5488	0.4493	0.3679	0.3012	0.0541
自然保护区面积	2.2255	1.8221	1.8221	1.0000	1.0000	1.0000	1.0000	2.7183	1.0000	0.1437
生活垃圾清运量	3.3201	1.4918	1.8221	1.0000	1.0000	0.8187	0.6703	1.4918	0.8187	0.1258
二氧化硫排放量	3.3201	1.8221	1.8221	1.0000	1.2214	1.0000	1.8221	1.4918	2.2255	0.1679
烟（粉）尘排放量	2.7183	1.8221	2.2255	1.0000	1.4918	0.5488	1.0000	1.4918	0.8187	0.1344
废水排放总量	2.2255	2.7183	2.7183	0.3679	0.6703	0.6703	0.6703	1.0000	0.6703	0.1053
工业固体废物产生量	2.7183	1.8221	3.3201	1.0000	1.2214	0.4493	1.2214	1.4918	1.0000	0.1405

注：标度类型：$e^{(0/5)} \sim e^{(8/5)}$；专家权重：$1/15 \approx 0.0067$；约束系统判断矩阵一致性比例：0.0281；对总目标的权重：0.2864。

然后，用同样的方法计算其他 14 位专家的判断矩阵层次指标的权重，并用算术平均法计算 15 位专家相同层次的权重，如矩阵 A 的平均权重为：

$$[0.4949, 0.2353, 0.2698]^{\mathrm{T}}$$

表 4-9　15 位专家集结生态产业系统耦合度权重矩阵

生态产业系统耦合度	发展系统	支撑系统	约束系统	W_i
发展系统	1.0000	2.1452	1.8908	0.4949
支撑系统	0.4958	1.0000	0.8792	0.2353
约束系统	0.5725	1.1476	1.0000	0.2698

注：判断矩阵一致性比例：0.0489；对总目标的权重：1.0000；标度类型：e^（0/5）~e^（8/5）；群决策——专家数据集结方法：各专家判断矩阵加权算术平均。

同样的方法我们可以得出 15 位专家集结生态产业系统耦合度发展子系统、支撑系统及约束系统的权重矩阵。

表 4-10　15 位专家集结后的判断矩阵——发展系统

发展系统	第一产业生产总值	第二产业生产总值	第三产业生产总值	人均GDP	GDP	社会消费品零售总额	货物进出口总额	全社会固定资产投资	旅游总收入	W_i
第一产业生产总值	1.0000	0.8901	1.4017	2.1452	1.1639	1.8105	1.7204	1.5725	1.511	0.1480
第二产业生产总值	1.1639	1.0000	2.7010	2.2553	1.0000	2.3463	2.0111	1.8105	1.810	0.1760
第三产业生产总值	0.7198	0.4149	1.0000	1.1639	0.9069	1.1639	1.3478	1.2214	1.147	0.1003
人均 GDP	0.4958	0.4553	0.8901	1.0000	0.7425	1.0000	1.0738	1.0738	1.000	0.0859
GDP	0.8901	1.0000	1.6666	2.0356	1.0000	1.1476	1.1476	1.3115	1.237	0.1285
社会消费品零售总额	0.6190	0.5291	0.8901	1.0000	0.8792	1.0000	1.0738	1.0000	1.000	0.0905
货物进出口总额	0.6684	0.5967	0.7892	0.9396	0.8792	0.9396	1.0000	1.0000	1.000	0.0893
全社会固定资产投资	0.7065	0.6190	0.8187	0.9396	0.7693	1.0000	1.0000	1.0000	1.000	0.0899
旅游总收入	0.6793	0.6190	0.8792	1.0000	0.8297	1.0000	1.0000	1.0000	1.000	0.0916

注：判断矩阵一致性比例：0.0291；对总目标的权重：0.4949；标度类型：e^（0/5）~e^（8/5）；群决策——专家数据集结方法：各专家判断矩阵加权算术平均。

表4-11 15位专家集结后的判断矩阵——支撑系统

支撑系统	第一产业就业人员	第二产业就业人员	第三产业就业人员	运输线路长度	规模以上企业研发经费	耕地面积	人均水资源量	城镇居民人均可支配收入	农村居民人均纯收入	W_i
第一产业就业人员	1.0000	1.0738	0.8792	0.7397	2.1013	1.0000	1.9813	1.0738	0.679	0.1148
第二产业就业人员	0.9396	1.0000	0.4825	0.6298	1.7120	1.0000	0.6703	1.0000	0.556	0.0874
第三产业就业人员	1.1476	2.0911	1.0000	0.6660	1.7120	1.6019	0.4825	1.4918	0.629	0.1139
运输线路长度	1.4380	1.6019	1.6826	1.0000	1.3279	1.8908	1.5561	2.0111	1.720	0.1639
规模以上企业研发经费	0.5473	0.5893	0.5893	0.7802	1.0000	0.6298	0.6703	0.6298	0.523	0.0686
耕地面积	1.0000	1.0000	0.6298	0.5725	1.6019	1.0000	0.5488	0.4825	0.482	0.0790
人均水资源量	0.6057	1.4918	2.0911	0.6956	1.4918	1.8221	1.0000	2.2255	2.718	0.1485
城镇居民人均可支配收入	0.9396	1.0000	0.6703	0.5967	1.6019	2.0911	0.4493	1.0000	1.073	0.0999
农村居民人均纯收入	1.5118	1.8465	1.6019	0.6684	1.9810	2.0911	0.3679	0.9396	1.000	0.1241

注：判断矩阵一致性比例：0.0521；对总目标的权重：0.2353；标度类型：e^（0/5）~e^（8/5）；群决策——专家数据集结方法：各专家判断矩阵加权算术平均。

表 4-12　15 位专家集结后的判断矩阵——约束系统

约束系统	年末总人口	水资源总量	电力消费量	自然保护区面积	生活垃圾清运量	二氧化硫排放量	烟（粉）尘排放量	废水排放总量	工业固体废物产生量	W_i
年末总人口	1.0000	0.7198	1.4918	0.5230	0.3234	0.3234	0.3679	0.4493	0.3679	0.0549
水资源总量	1.4017	1.0000	1.8465	0.6298	0.6298	0.4825	0.4553	0.4885	0.4282	0.0732
电力消费量	0.6703	0.5562	1.0000	0.6298	0.6793	0.5562	0.4222	0.3679	0.3012	0.0559
自然保护区面积	1.9810	1.6019	1.6019	1.0000	1.0738	1.0000	1.0000	2.3898	1.0000	0.1367
生活垃圾清运量	3.1195	1.6019	1.5118	0.9396	1.0000	0.8187	0.6703	1.4918	0.8187	0.1222
二氧化硫排放量	3.1195	2.0911	1.8465	1.0000	1.2214	1.0000	1.4017	1.5481	1.8908	0.1620
烟（粉）尘排放量	2.7183	2.2553	2.3898	1.0000	1.4918	0.7198	1.0000	1.3115	0.8187	0.1407
废水排放总量	2.2255	2.1208	2.7183	0.4222	0.6703	0.6992	0.7693	1.0000	0.7802	0.1077
工业固体废物产生量	2.7183	2.4196	3.3201	1.0000	1.2214	0.5725	1.2214	1.3279	1.0000	0.1468

注：判断矩阵一致性比例：0.0273；对总目标的权重：0.2698；标度类型：e^（0/5）~e^（8/5）；群决策——专家数据集结方法：各专家判断矩阵加权算术平均。

最后，计算参评指标的最终权重（权重系数）。

$$F = \begin{cases} w_i Z_1 (i = 1\cdots9) \\ w_i Z_2 (i = 10\cdots18) \\ w_i Z_3 (i = 19\cdots27) \end{cases} \qquad 公式（4-10）$$

公式（4-10）中，w_i 表示第三层次因子的权重，Z_1、Z_2、Z_3 表示第二层次因子的权重。

然后，用同样的方法计算其他 14 位专家的判断矩阵层次指标的权重。并用算术平均法计算相同层次的权重，最后得出生态产业系统耦合度评价系统中最终集结权重为：

表4-13 生态产业系统耦合度权重系数

第一层指标	第二层指标	第二层指标权重 W_{Zi}	第三层指标 X_i	第三层指标相对于第二层指标的权重 W_{Zj}	第三层指标的权重 $W = W_{Zi} * W_{Zj}$
生态产业系统耦合度	发展系统 Z_1	0.4949	X_1	0.1480	0.0733
			X_2	0.1760	0.0871
			X_3	0.1003	0.0496
			X_4	0.0859	0.0425
			X_5	0.1285	0.0636
			X_6	0.0905	0.0448
			X_7	0.0893	0.0442
			X_8	0.0899	0.0445
			X_9	0.0916	0.0453
	支撑系统 Z_2	0.2353	X_{10}	0.1148	0.0270
			X_{11}	0.0874	0.0206
			X_{12}	0.1139	0.0268
			X_{13}	0.1639	0.0386
			X_{14}	0.0686	0.0161
			X_{15}	0.0790	0.0186
			X_{16}	0.1485	0.0349
			X_{17}	0.0999	0.0235
			X_{18}	0.1241	0.0292
	约束系统 Z_3	0.2698	X_{19}	0.0549	0.0148
			X_{20}	0.0732	0.0197
			X_{21}	0.0559	0.0151
			X_{22}	0.1367	0.0369

第一层指标	第二层指标	第二层指标权重 W_{Zi}	第三层指标 X_i	第三层指标相对于第二层指标的权重 W_{Zj}	第三层指标的权重 $W = W_{Zi} * W_{Zj}$
生态产业系统耦合度	约束系统 Z_3	0.2698	X_{23}	0.1222	0.0330
			X_{24}	0.1620	0.0437
			X_{25}	0.1407	0.0379
			X_{26}	0.1077	0.0290
			X_{27}	0.1468	0.0396

第二节　评价过程与结果

一、西部民族地区生态产业系统耦合度评价模型的构建

西部民族地区生态产业系统耦合度评价体系由多个因素组成。系统中的每一个因素在必定的时间内都有一个相对清晰的目标，可以用一定数目的数值来量化。依据目标导向的不同，将要素分为两类：一是追求目标的极值，即接近某个值，二是追求最值（也即最大值或最小值）。要素的实际值和目标值之间的变换输出值，是反映系统中要素之间的协调和交互作用，它被称作要素的耦合系数，用 EC_i 表示。[①] 一般要求 EC_i 介于 0 和 1 之间（$i = 1, 2, \cdots, n$），当要素的目标达到最满意时，EC_i 的值取 1，最差时取 0，这种描述 C_i 的关系式称作耦合关系，用 X_i 表示。由于单一因素的耦合系数不能解释西部民族地区生态产业系统耦合发展的现状和状况，因而我们还应将所有耦合系数作为自变量建立一个关系来描述西部民族地区生态产业系统的耦合发展，来反映所有指标的综合功能或作用。一般而言，把该函数称西部民族地区生态产业系统耦合度函数，其值称为耦合度（HD），取值范围也是 $0 \leqslant HD \leqslant 1$，HD 愈大，说明区域经济整

---

① 杨世琦，王国升，高旺盛，等. 区域生态经济系统协调度评价研究——以湖南省益阳市资阳区为例 [J]. 农业现代化研究，2005（4）：298-301.

体的耦合度愈好，反之，则说明区域经济整体的耦合度愈差。[1]

西部民族地区生态产业系统耦合度评价体系要素 X_i（$i = 1, 2, \cdots, n$）的实际表现值为 x_i（$i = 1, 2, \cdots, n$），α_i、β_i 为系统稳定时要素指标变量 X_i 临界点的上下限，β_i 为不允许值，α_i 为满意值，即 $\beta_i \leq x_i \leq \alpha_i$，依据协同论，当系统居于稳定的状态时，状态函数应为线性关系，函数的极值点是系统稳定区域的临界点（黄润荣，1998）。同时，当系统居于稳定状态时，变量也会发生定量变化。这种变化对系统的有序性有两种影响：一种是正效应，即变量地增加了系统的耦合趋势，另一种是负效应，即变量地减少了系统的耦合趋势。[2] 因此耦合函数可以表示为：

若 X_i 具有正功效时，则：

$$EC(X_i) = (x_i - \beta_i)/(\alpha_i - \beta_i)，（\beta_i \leq x \leq \alpha_i）$$

公式（4-11）

若 X_i 具有负功效时，则：

$$EC(X_i) = (\alpha_i - x_i)/(\alpha_i - \beta_i)，（\beta_i \leq x \leq \alpha_i）$$

公式（4-12）

耦合度函数一般采用加权求和进行计算，就是对每个指标的耦合系数 EC_i 乘以相应的最终权重系数 F_i，即：

$$HD = \sum_{i=1}^{n} F_i \times EC(X_i)，其中 \sum_{i=1}^{n} F_i = 1 \qquad 公式（4-13）$$

在不同的发展阶段，西部民族地区生态产业系统耦合度存在差异，因此，反映协调度也不一定相同，某些时候差异，由于条件的变化，可能很大，有时候，不同的情况下，差异变得很小。为了直观反映耦合系统的协调程度，把协调度 0.0000—1.0000 划分成 10 个等级。[3]

---

① 杨世琦，杨正礼，高旺盛. 不同协调函数对生态—经济—社会复合系统协调度影响分析 [J]. 中国生态农业学报，2007（3）：151-154.
② 杨世琦，王国升，高旺盛，等. 区域生态经济系统协调度评价研究——以湖南省益阳市资阳区为例 [J]. 农业现代化研究，2005（4）：298-301.
③ 杨世琦，王国升，高旺盛，等. 区域生态经济系统协调度评价研究——以湖南省益阳市资阳区为例 [J]. 农业现代化研究，2005（4）：298-301.

表 4-14 西部民族地区生态产业系统耦合度的判断标准①

阶段 耦合度	0≤HD≤0.4				0.4<HD≤0.7			0.7<HD≤1		
阶段	耦合失调阶段				耦合调整阶段			耦合发展阶段		
耦合度	0-0.1	0.1-0.2	0.2-0.3	0.3-0.4	0.4-0.5	0.5-0.6	0.6-0.7	0.7-0.8	0.8-0.9	0.9-1
含义	极度失调	严重失耦	中度失耦	轻度失耦	濒临失耦	勉强耦合	初级耦合	中级耦合	良好耦合	优质耦合

二、基于 DSC 系统进行西部民族地区生态产业系统耦合度评价

(一) 耦合系数的确定

根据西部民族地区经济、产业、环境发展的现状，在评价西部民族地区生态产业系统耦合度时，选择了 2010、2013、2015 和 2017 年 4 个年份的数据。

表 4-15 西部民族地区生态产业系统耦合度指标数据

	指标	2010	2013	2015	2017
发展系统指标	第一产业生产总值（亿元）	10701.31	15700.82	17362.24	19201.94
	第二产业生产总值（亿元）	40693.9	62356.54	64735.9	69428.57
	第三产业生产总值（亿元）	30013.27	47945.42	62920.78	79931.06
	人均 GDP（元）	23458.08	35909.42	40410.25	45576.58
	GDP（亿元）	81408.49	126002.78	145018.92	168561.57
	社会消费品零售总额（亿元）	27374.76	42508.53	55124.1	68098.8
	货物进出口总额（万美元）	12838626	27754795	29089728	31022909
	全社会固定资产投资（亿元）	61892.22	109260.91	140416.6	169715.0
	旅游总收入（亿元）	8267.18	17468.6	26421.41	44440

---

① 宋晓丹，万哨凯．南昌市经济与环境协调发展的耦合关系研究［J］．湖南农机，2011，38（11）：170-171.

续表

	指标	2010	2013	2015	2017
支撑系统指标	第一产业就业人员（万人）	10092.03	9944.4	9698.579	9442.34
	第二产业就业人员（万人）	4179.05	4054.07	4157.41	4204.19
	第三产业就业人员（万人）	6967.37	6518.34	7258.83	7868.49
	运输线路长度（千米）	1636067	1809785	1929165	2029907
	规模以上企业研发经费（万元）	3934352	8779643	10113172	12572270
	耕地面积（千公顷）	50408.3	50419.1	50428.6	50408.8
	人均水资源量（立方米/人）	15963.45	14905.54	12878.24	15063.67
	城镇居民人均可支配收入（元）	15389.19	21878.08	26087.82	30652.38
	农村居民人均纯收入（元）	4392.42	7284.48	8914.12	10618.50
约束系统指标	年末总人口（万人）	36069	36637	37133	37695
	水资源总量（亿立方米）	15329	15079	14552.9	16328.2
	电力消费量（亿千瓦时）	9903	14051.4	15415.4	16839
	自然保护区面积（万公顷）	12278	12048.4	12044.9	12019.7
	生活垃圾清运量（万吨）	3135	3592	4030.4	4308.2
	二氧化硫排放量（万吨）	817	759.3	689.99	369.78
	烟（粉）尘排放量（万吨）	276.8797	421.84	444.24	271.27
	废水排放总量（万吨）	1259892	1395419	1505186	1575423
	工业固体废物产生量（万吨）	73694	109156	112697	118262

资料来源：中国统计局，中国及各省统计年鉴 2011—2018。

由于 α_i、β_i 为系统稳定时要素指标变量 X_i 临界点的上下限，在参考西部民族地区未来发展的基础上，确定指标的上限 α_i，又根据 2010 年西部民族地区的发展历史数据确定了耦合值指标的下限 β_i，并且对数据进行标准化处理，根据上述的权重体系，在此基础上便可计算出参评指标的耦合度。

表 4-16　2010 年西部民族地区生态产业系统耦合度

第三层指标评价指数				第二层评价指数		第一层评价总指数
指标	指标因子值 y_i	指标权重 w	评价指数 $y_i * w$	指标	评价指数 $\sum y_i \times w$	评价指数 $\sum y_i \times w$
X_1	0.2644	0.0733	0.0194			
X_2	0.2376	0.0871	0.0207			
X_3	0.2145	0.0496	0.0106			
X_4	0.2417	0.0425	0.0103			
X_5	0.2094	0.0636	0.0133	Z_1	0.102746	
X_6	0.1928	0.0448	0.0086			
X_7	0.2162	0.0442	0.0096			
X_8	0.1564	0.0445	0.0070			
X_9	0.0726	0.0453	0.0033			
X_{10}	0.6360	0.0270	0.0172			
X_{11}	0.5968	0.0206	0.0123			
X_{12}	0.4837	0.0268	0.0130			
X_{13}	0.5301	0.0386	0.0205			
X_{14}	0.1682	0.0161	0.0027	Z_2	0.1055504	0.3623127
X_{15}	0.2166	0.0186	0.0040			
X_{16}	0.7091	0.0349	0.0247			
X_{17}	0.1784	0.0235	0.0042			
X_{18}	0.2392	0.0292	0.0070			
X_{19}	0.5445	0.0148	0.0081			
X_{20}	0.5316	0.0197	0.0105			
X_{21}	0.2639	0.0151	0.0040			
X_{22}	0.2407	0.0369	0.0089			
X_{23}	0.8029	0.0330	0.0265	Z_3	0.1540163	
X_{24}	0.2614	0.0437	0.0114			
X_{25}	0.7437	0.0379	0.0282			
X_{26}	0.8503	0.0290	0.0247			
X_{27}	0.8044	0.0396	0.0319			

表4-17 2013年西部民族地区生态产业系统耦合度

第三层指标评价指数			第二层评价指数		第一层评价总指数
指标	指标因子值 y_i	指标权重 w	评价指数 $y_i * w$	指标	评价指数 $\sum y_i \times w$	评价指数 $\sum y_i \times w$
X_1	0.6215	0.0733	0.0456			
X_2	0.7190	0.0871	0.0626			
X_3	0.4706	0.0496	0.0233			
X_4	0.5974	0.0425	0.0254			
X_5	0.5067	0.0636	0.0322	Z_1	0.277814	
X_6	0.4493	0.0448	0.0201			
X_7	0.7687	0.0442	0.0340			
X_8	0.4947	0.0445	0.0220			
X_9	0.2771	0.0453	0.0126			
X_{10}	0.6852	0.0270	0.0185			
X_{11}	0.1802	0.0206	0.0037			
X_{12}	0.2592	0.0268	0.0069			
X_{13}	0.6748	0.0386	0.0260			
X_{14}	0.5895	0.0161	0.0095	Z_2	0.1162493	0.503371
X_{15}	0.2382	0.0186	0.0044			
X_{16}	0.5579	0.0349	0.0195			
X_{17}	0.5199	0.0235	0.0122			
X_{18}	0.5284	0.0292	0.0154			
X_{19}	0.6939	0.0148	0.0103			
X_{20}	0.4316	0.0197	0.0085			
X_{21}	0.6410	0.0151	0.0097			
X_{22}	0.3172	0.0369	0.0117			
X_{23}	0.5341	0.0330	0.0176	Z_3	0.1093078	
X_{24}	0.3439	0.0437	0.0150			
X_{25}	0.2605	0.0379	0.0099			
X_{26}	0.5115	0.0290	0.0148			
X_{27}	0.2978	0.0396	0.0118			

表 4-18　2015 年西部民族地区生态产业系统耦合度

第三层指标评价指数				第二层评价指数		第一层评价总指数
指标	指标因子值 y_i	指标权重 w	评价指数 $y_i * w$	指标	评价指数 $\sum y_i \times w$	评价指数 $\sum y_i \times w$
X_1	0.7402	0.0733	0.0543	Z_1	0.345937	0.5793709
X_2	0.7719	0.0871	0.0672			
X_3	0.6846	0.0496	0.0340			
X_4	0.7260	0.0425	0.0309			
X_5	0.6335	0.0636	0.0403			
X_6	0.6631	0.0448	0.0297			
X_7	0.8181	0.0442	0.0362			
X_8	0.7173	0.0445	0.0319			
X_9	0.4760	0.0453	0.0216			
X_{10}	0.7671	0.0270	0.0207	Z_2	0.1413984	
X_{11}	0.5247	0.0206	0.0108			
X_{12}	0.6294	0.0268	0.0169			
X_{13}	0.7743	0.0386	0.0299			
X_{14}	0.7055	0.0161	0.0114			
X_{15}	0.2572	0.0186	0.0048			
X_{16}	0.2683	0.0349	0.0094			
X_{17}	0.7415	0.0235	0.0174			
X_{18}	0.6914	0.0292	0.0202			
X_{19}	0.8245	0.0148	0.0122	Z_3	0.092035	
X_{20}	0.2212	0.0197	0.0044			
X_{21}	0.7650	0.0151	0.0116			
X_{22}	0.3184	0.0369	0.0117			
X_{23}	0.2762	0.0330	0.0091			
X_{24}	0.4429	0.0437	0.0194			
X_{25}	0.1859	0.0379	0.0070			
X_{26}	0.2370	0.0290	0.0069			
X_{27}	0.2472	0.0396	0.0098			

表4-19 2017年西部民族地区生态产业系统耦合度

第三层指标评价指数			第二层评价指数		第一层评价总指数
指标	指标因子值 y_i	指标权重 w	评价指数 $y_i * w$	指标	评价指数 $\sum y_i \times w$	评价指数 $\sum y_i \times w$
X_1	0.8716	0.0733	0.0639			
X_2	0.8762	0.0871	0.0763			
X_3	0.9276	0.0496	0.0460			
X_4	0.8736	0.0425	0.0371			
X_5	0.7904	0.0636	0.0503	Z_1	0.433429	
X_6	0.8830	0.0448	0.0396			
X_7	0.8897	0.0442	0.0393			
X_8	0.9265	0.0445	0.0412			
X_9	0.8764	0.0453	0.0397			
X_{10}	0.8526	0.0270	0.0230			
X_{11}	0.6806	0.0206	0.0140			
X_{12}	0.9342	0.0268	0.0250			
X_{13}	0.8583	0.0386	0.0331			
X_{14}	0.9193	0.0161	0.0148	Z_2	0.1825513	0.754667
X_{15}	0.2176	0.0186	0.0040			
X_{16}	0.5805	0.0349	0.0203			
X_{17}	0.9817	0.0235	0.0231			
X_{18}	0.8619	0.0292	0.0252			
X_{19}	0.9724	0.0148	0.0144			
X_{20}	0.9313	0.0197	0.0183			
X_{21}	0.8945	0.0151	0.0135			
X_{22}	0.3268	0.0369	0.0121			
X_{23}	0.1128	0.0330	0.0037	Z_3	0.1386865	
X_{24}	0.9003	0.0437	0.0393			
X_{25}	0.7624	0.0379	0.0289			
X_{26}	0.0614	0.0290	0.0018			
X_{27}	0.1677	0.0396	0.0066			

（二）耦合度分析

通过以上方法和耦合等级表，可以得出 2010、2013、2015、2017 年的西部民族地区生态产业系统耦合度与等级，如表 4-20 和图 4-1 所示。

表 4-20 西部民族地区生态产业系统耦合度与等级

系统	2010 年	2013 年	2015 年	2017 年
发展系统耦合度	0.102746	0.277814	0.345937	0.433429
支撑系统耦合度	0.1055504	0.1162493	0.1413984	0.1825513
约束系统耦合度	0.1540163	0.1093078	0.092035	0.1386865
总耦合度	0.3623127	0.503371	0.5793709	0.754667
等级	等级 4：轻度失耦	等级 6：勉强耦合	等级 6：勉强耦合	等级 8：中度耦合

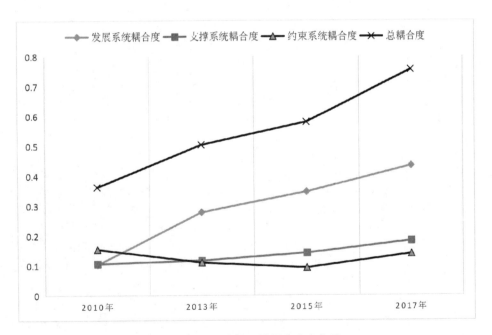

图 4-1 产业发展系统耦合度变化图

从上表、图可以看出，西部民族地区生态产业系统总耦合度呈现出逐年上升的趋势，即由 2010 年的 0.3623127 逐步上升到 2017 年的 0.754667，耦合度等级由 2010 年的等级 4 轻度失耦逐步上升到 2017 年的等级 8 中度耦合，2013 至 2015 年期间，表现得相对稳定。

在生态产业系统耦合度子系统耦合度中，发展系统耦合度与总耦合度呈相同趋势，呈逐年上升趋势，支撑系统耦合度表现比较平稳，逐年略有提高，约束系统耦合度有逐年下降趋势。同时可以看出，西部民族地区的生态产业的耦合度从 2010 年开始在发展系统和支撑系统的发展下，得到了显著的提高，但是还只是中度耦合阶段，要想达到优质耦合阶段，还需要有很大的提升。特别是在约束系统中，进一步合理利用各种资源，减少各种污染和排放，促进西部民族地区生态产业的可持续发展。

第五篇

西部民族地区生态产业系统耦合 SWOT 分析与总体框架

第一节　西部民族地区生态产业发展的 SWOT 分析

一、SWOT 模型

孔茨和韦里克在《管理学》中认为，为了使抉择系统化，建立道斯矩阵，又称 SWOT 或者 TOWS 矩阵，用"T"代表挑战，"O"代表机遇，"W"代表弱势，"S"代表优势。道斯矩阵以挑战开始，因为在很多情况下，由于察觉到危机、问题和挑战，所以要从事策略性计划工作。根据外部环境（挑战和机遇）和内部环境（弱势和优势）的分析，有四种可供选择的策略：1. WT 策略是要把弱势和威胁挑战减至最少；2. WO 策略力图使弱势减少到最小，使机遇与机会增加到最大；3. ST 策略师根据组织的优势，去对付环境中的挑战，目的是扩大组织优势到最大限度，减少威胁与挑战到最低限度；4. SO 策略是最理想的局面，能够运用优点去利用机会与机遇。①

---

① 哈罗德·孔茨，海因茨·韦里克. 管理学：第9版［M］. 郝国华，等译. 北京：经济科学出版社，1993：131-132.

表 5-1　道斯矩阵的策略方程式

内部环境　　　　外部环境	内部优势（S）：例如在管理、经营、财政、营销、研究与发展等方面的优点	内部弱势（W）例如在"内部优点"这个格子里列举方面的弱点
外部机遇机会（O）考虑风险例如，目前和将来政治经济条件、社会变化，新产品、服务和技术	SO 策略：极大—极大可能将来最成功的策略，运用组织的优势，去利用机会	WO 策略：极小—极大为了利用机会，采取克服弱势的开发策略
外界挑战与威胁（T）例如，缺少能源竞争，类似在"外部良机"格子里列举的范围	ST 策略：极大—极小使用优势去克服威胁与挑战，或者避免威胁与挑战	WT 策略：极小—极小紧缩开支，清理或者重组相关资产

资料来源：哈罗德·孔茨，海因茨·韦里克．管理学：第 9 版 [M]．郝国华，等译．北京：经济科学出版社，1993：131-132.

　　由于外部和内部环境是动态的，有些因素随着时间的变化而变化，而其他因素几乎没有变化，所以策略设计者需要准备几种不同时点上的道斯矩阵，设将来不同的时间为 T_1 和 T_2 等，如图 5-1。可以看出，随着时间的变化，矩阵组合的策略会逐步增强或减弱，一个成功的策略会使内部优势或者外部机遇逐步增强，而使内部弱势和外界挑战逐步减弱，最终形成企业或者区域的核心竞争力。

　　韦里克的道斯矩阵主要是在研究企业的策略选择上进行的分析，那么也可以进行一下扩展，把这种分析方法扩展到区域，把一个区域当成一个竞争主体作为研究对象进行分析。由此，对西部民族地区生态产业系统耦合的 SWOT 分析，进一步明确西部民族地区的内部优势劣势，外部机遇与挑战，达到选择其生态产业发展的正确策略。

二、西部民族地区生态产业发展的 SWOT 分析

（一）优势分析（strength）

1. 西部民族地区自然资源和能源丰富

在矿产资源方面，西部民族地区是我国资源丰富的地区。矿产资源、土地、水等资源十分丰富，旅游业十分兴盛，开发潜力巨大。这是西部民族地区形成

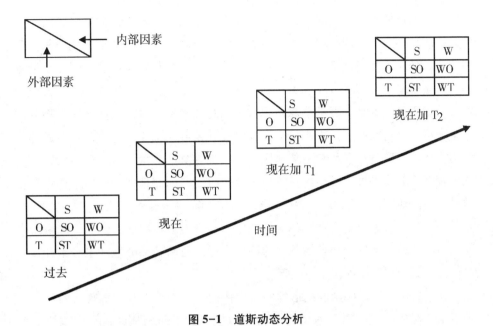

图 5-1　道斯动态分析

资料来源：哈罗德·孔茨，海因茨·韦里克．管理学：第 9 版［M］．郝国华，等译．北京：经济科学出版社，1993：133．

特色经济和优势产业的重要基础和有利条件。首先，西部地区矿产资源优势明显。虽然一些矿产资源开发成本较高，但矿业开发已变成西部地区重要的支柱产业。西部地区能源资源丰富，特别是天然气和煤炭储量，分别占全国的87.6% 和 39.4%。依据有关专家对 48 种矿产资源潜在价值的计算，西部各省区的人均矿产资源基本都处于全国前列。在我国已探明的 156 种矿产资源中，西部地区发现有 138 种。在 45 个重要矿产资源中，西部 24 个占全国储量的 50% 以上，西部 11 个占 33%~50%。西部地区各类矿产储量潜在总价值 61.9 万亿元，占全国储量的 66.1%。21 世纪初，塔里木、黄河中游、柴达木、东天山北祁连山、西南三江、中秦岭和西秦岭、攀西、贵州中部、四川盆地、红河右江、西藏"一江两河"等已形成了 10 个矿产资源集中区。成都、重庆、西安、乌鲁木齐、兰州、拉萨、昆明、呼和浩特、银川、南宁、贵阳、桂林、攀枝花、六盘水、金昌、克拉玛依等已变成区域经济发展中心，推进了区域工业化和城镇化进程。① 除此以外，西部地区成矿地质条件卓越，以往地质勘查程度较低，拥有巨大的开发利用潜力。

---

① 范维珍．西部产业发展的潜在条件分析［J］．经济体制改革，2001（6）：120-124．

在土地资源方面，西部民族地区土地资源丰富。西部不只拥有广袤的土地资源，而且拥有较高的人均耕地面积和绝大部分草原面积。西部土地面积占全国的 71.4%，人均耕地 2 亩，是全国平均水平的 1.3 倍。农田贮备资源总量较大，未应用地占全国的 80%。其中，农业用地 5.9 亿亩，农田 1 亿亩，占全国农田贮备资源的 57%。西部草原面积占全国总面积的 62%。西南地区生物资源十分丰富，特色农业、畜牧业和生物资源的开发利用前途十分宽阔。但西部地区的土地资源质量与东部和中部地区有很大的差异。一般来说，西部山区所占比例较高，不具备大规模粮食栽植的优势。西南和西北地区的自然条件也存在差异。西南地区雨水丰富，气候多样，动植物资源丰富；西北地区雨水稀少，日照充足。青藏高原拥有独特的高原自然气候条件,[1] 因而，西部地区应适当发展适应当地土地资源和自然条件的特色农业。西部的部分地区也有生产食粮的优势，如四川和陕西汉中地区等。

在水资源方面，中国的地形类型是由西向东的三级阶梯。西部天然可开发地下水资源丰富，占全国水资源的 80% 以上，其中西南地区占全国水资源的 70%。西南地区水资源丰富，而西北地区缺水。[2] 中国是一个缺水的国家。西南水资源丰富，是西南地区宝贵的财富，为工农业的发展和居民生活提供了必要的条件。西北地区缺水的现状逐渐变成制约西北地区经济发展的瓶颈。西北部分地区缺水严重，甚至影响到该地居民的生存。

2. 西部民族地区文化资源丰富

中国西部民族众多，地域开阔，是中国最集中的民族地区，有 44 个少数民族。西部民族包括："蒙古族、回族、藏族、维吾尔族、苗族、彝族、壮族、布依族、满族、侗族、瑶族、白族、哈尼族、哈萨克族、傣族、傈僳族、佤族、拉祜族、水族、东乡族、纳西族、景颇族、柯尔克孜族、土族、达斡尔族、羌族、布朗族、撒拉族、仡佬族、锡伯族、裕固族、保安族、俄罗斯族、塔塔尔族、乌孜别克族、普米族、怒族、阿昌族、独龙族、基诺族、德昂族、门巴族和珞巴族等。"[3] 灿烂的文化是在长期的历史变迁中孕育出来的。西部民族文化是中国文化的重要组成部分，拥有地域性、多元性和纯天然性的特征。西部大开发战略、一带一路倡议的实施，为西部民族文化的发展提供了宽阔的舞台。抓住机遇，整合西部民族文化资源，对促进西部地区经济社会发展拥有重要意

① 范维珍. 西部产业发展的潜在条件分析 [J]. 经济体制改革，2001 (6)：120-124.
② 范维珍. 西部产业发展的潜在条件分析 [J]. 经济体制改革，2001 (6)：120-124.
③ 范维珍. 西部产业发展的潜在条件分析 [J]. 经济体制改革，2001 (6)：120-124.

义。由于西部地区独特的历史背景和社会生活，形成了独特的西部文化。从地方和文化上看，它至少可以分为几个重要的文化圈：以黄河流域为中心的黄土高原文化圈、西北部的伊斯兰文化圈、北部的草原文化圈、北部的西部文化圈；天山以南，以青藏高原、长江三峡流域和四川省为中心的西藏文化圈；盆地内整合了重庆坝文化圈、四川蜀文化圈、云贵高原和向东延伸的云贵文化圈。这些文化圈分别拥有相对明显的个性或风格。黄土高原文化悠远古朴，伊斯兰文化充满异域特色，北方草原文化热情奔放，西域文化显出家国合璧之美，藏文化凝重神秘，巴蜀文化古色古香，滇黔文化富于人性化的欢乐。这种多元的文化形态与各民族的生活方式、观念、习俗、宗教、艺术以及久远的历史和生活环境休戚相关。它是一个广泛的文化聚集地。西部民族文化拥有鲜明的地域性、民族性和多元性特点。

3. 西部民族地区环境和气候优势

西部民族地区西北气候与西南气候差异显著。首先，西北民族地区深居内陆，距海遥远，再加上高原、山地地形较高，对湿润气流的阻拦较多，导致本区降雨稀少，气候干旱，形成大漠广袤和荒漠沙滩的景观。在西部，东南部唯有小半地区属于温带季风气候，其余大多数地区属于温带大陆性气候和山岳气候。冬季寒冷干燥，夏季高温，降雨稀少。由东向西呈下降趋势。由于气候干旱，气温的日较差和年较差都很大。西北地区大多数属于中温带和暖温带大陆性气候，部分属于山岳气候。[1] 吐鲁番盆地是中国夏季最热的地区，该地区的降雨量最低。西南地区的气候也主要分为三类：四川盆地湿润，属于北亚热带季风气候。由于青藏高原的隆升，该地区的气温和降雨由西北向东南差异较大。东部年平均气温 24 度，西部年平均最低气温 0 度以下，降雨由东南向西北变化数千毫米，时空分布极不均匀。该区气候类型由温暖湿润的海洋气候向四种类型转变。春季高原季风气候、亚热带高原季风气候和青藏高原独特的高原气候形成了独特的植被分布格局。云贵高原低纬高原属于中南亚热带季风气候。低纬高原是生四季如春气候的绝佳温床，四季如春气候的代表城市有昆明、大理等，山地适合发展林牧业，坝区适合发展农业、花卉、烟草等产业。岳寒带气候与立体气候分布区是重要的牧业区。除此以外，本区南侧还分布有少部分热带季雨林气候区，干湿季分明。[2]

---

① 范维珍. 西部产业发展的潜在条件分析 [J]. 经济体制改革, 2001 (6): 120-124.

② 百度百科. 西部地区 [EB/OL]. 百度百科, 2020-08-02.

（二）劣势分析（weakness）

1. 基础设施薄弱

因为地形的限制，西部民族地区人烟稀少，交通比东部地区相对不便，沟域经济系统相对封闭，与平川地区经济社会发展的差距不断扩大，基础设施需要不断完善。沟域交通、通信、供水、供电、安全等建设相对薄弱，需要进一步推进。沟域经济生态产业发展需要进一步增强沟域基础设施建设。①

2. 生态环境相对脆弱

西部民族地区是水源密集区、生态保护区、绿色生态屏障，生态环境相对脆弱，一旦遭受破坏，很难恢复，更多的国家功能区规划设计，大量的西部民族地区在禁止开发的限制性开发区内，二次产业、农业等发展遭到很大限制。水产养殖业和休闲旅游业的发展也必须在沟域承载能力的范围内。②

3. 产业项目雷同

第一，西部民族地区各地区经济开发地区分工不明确，各地产业项目建设存在严重的相似性。有些地区没突出该地的重点和特征。第二，各沟域系统之间的开发主要以行政为基本单位开展，跨行政区沟域很难作为一个整体开展资源整合与统一开发。第三，生态产业项目的投资规模偏小，开发项目档次较低，未能形成竞争力较强的主导品牌。最后，沟域经济产业开发的模式还主要以农业、休闲旅游为主，部分地区的休闲项目还是以吃、住为主，文化内涵挖掘缺失。③

4. 缺乏土地流转方面的长效机制

目前，西部民族地区大力推进林权制度改制，调动农户积极性，鼓励土地以和山地农场合资、股份合作、租借等协作方式经营，吸引社会资金参与。在山区建设中取得了显著的效果。但用地问题仍然是沟域经济的重要制约因素之一，山区存量用地较少，建设用地指标有限，部分用地权属不明晰，在发展空间上遭到很大瓶颈。④

---

① 史亚军，唐衡，黄映晖，等．基于山区产业发展的北京沟域经济模式研究［J］．中国农学通报，2009（18）：500.
② 邵晖．北京山区沟域经济发展动力与对策研究［J］．安徽农业科学，2012（2）1100-1102.
③ 史亚军，唐衡，黄映晖，等．基于山区产业发展的北京沟域经济模式研究［J］．中国农学通报，2009（18）：500.
④ 史亚军，唐衡，黄映晖，等．基于山区产业发展的北京沟域经济模式研究［J］．中国农学通报，2009（18）：500.

5. 资本、人才、管理及科技支撑不足

虽然经过改革开放以后的发展，西部民族地区在资本、人才、管理、技术各方面都得到了很大的改进，但是相对于发达地区来说，还是存在一定差距，在资金方面，招商引资上取得了一定成果，国内很多大集团公司陆续进入西部民族地区，目前资本进入比较多的是房地产、零售、商场及矿产资源开发行业，并且有部分资本追求短期图利，无长远计划，因此，要吸引资金投入的持续性，并且引导资金进入节能环保、教育、医疗卫生等领域，就要继续改善营商环境。人才方面，高端人才缺口较大，特别是能够与国际接轨的高端人才，大部分集中在东部发达地区，西部民族地区相对来说，人才缺失严重。管理和技术方面，相对比较薄弱，有很多本地企业长期处于行政化管理体制下，不利于现代化管理制度的建立，生产技术也存在差距，农业生产方式落后，制造业仍然以提供原材料为主，生态产业的升级和改造有待进一步提升。西部民族地区的农民文化程度相对较低，科技人才贫乏，产业科技含量低，山区绿色生态农业技术不足、山区生态修复技术、休闲农业景观设计技术、沟域特色产品开发技术等，未能支撑沟域经济生态产业的发展。①

6. 体制机制不完善

法律法规体系及监督体系不健全，市场机制不完善，行政干预过多。在环境保护方面的法律法规不健全，标准不统一，监督体系不健全，没有强有力的问责机制，一旦出现问题，容易出现不了了之的现象。市场机制不完善，行政干预过多，政府职能转变不够，行政权力过大，不利于市场的长远有序发展，市场中的不正当竞争，寻租现象比较普遍。行业间及企业间的生态产业发展的步伐不统一，发展生态产业的动力不足。

7. 创新意识与创新能力不强

西部民族地区深处内陆，且生活方式比较封闭，地区开放度相对不高，人们思想相对比较闭塞，具有比较强的小农意识、急功近利、循规蹈矩、逆来顺受等特点，缺少创新意识和创新精神，创新能力不强，一些具有一定闯劲的企业家，明显表现出与外界脱节比较大，经营方式和理念落后，相比东部发达地区，具有一定差距。②

---

① 史亚军，唐衡，黄映晖，等. 基于山区产业发展的北京沟域经济模式研究 [J]. 中国农学通报，2009（18）：500.

② 杨海霞，郑晓红. 成渝城市群经济发展和对策研究 [J]. 财经界，2007（3）：64-65.

8. 部分地区对发展生态产业的重视程度不够

从西部民族地区的发展思路来看，部分地区主要还是集中于以 GDP 为中心的发展之中，对生态环保、节能减排、教育事业的发展上重视不够，有待进一步改进发展思路。没有在生态产业发展上进行相关引导，盲目借鉴和发展其他地区的发展产业与模式，没有根据本地区的特色资源和优势来发展产业。

9. 西部民族地区与外界沟通成本相对较高

然而和外省市尤其是沿海地区相比，显得交通运力不足，现阶段主要依靠铁路作为主要的运输工具，但铁路路线少、复线少，运力不足，不能满足西部民族地区经济社会发展的需要。西部民族地区位于西部内陆，与沿海优越的区位条件和便利的交通条件相比，存在一定差距，不具备沿海开放的思想意识。因此在市场经济环境下，经济发展一般选择位置有利的区域发展，所以沿海地区优先得到了发展，而位于西部内陆的西部民族地区在改革开放后自然不能吸引资本的流入，以致在改革开放后 40 年里大大落后于东部沿海地区。

（三）机遇分析（opportunity）

1. 党中央国务院高度重视西部民族地区的发展

自 20 世纪末以来，中央政府对西部民族地区制定了西部大开发、精准扶贫、一带一路、乡村振兴等一系列战略规划。明确了加速西部民族地区发展的总体思路、基本思路和目标任务，极大地促进了西部民族地区的发展和提高了各种动力，促进民族摆脱贫困致富的积极性和创造性。特别是实施"一带一路"倡议，丝绸之路经济区划定范围：新疆、重庆、陕西、甘肃、宁夏、青海、内蒙古、黑龙江、吉林、辽宁等 13 个省（市）。大部分区域是西部民族地区，丝绸之路经济带的建设有益于西部民族地区生态工业的发展。[①]

2. 乡村振兴发展战略助力西部民族地区发展

国家"乡村振兴"明确提出以科学发展为主题，以加速转变经济发展方式为主线，大力推进区域生产力布局调整和优化升级产业结构，[②] 为西部民族地区发展乡村振兴相关产业，促进优势明显特色鲜明的产业发展。

---

① 卢平. 武陵山片区区域发展与扶贫攻坚规划 [J]. 今日中国论坛，2012（12）：105，107.

② 卢平. 武陵山片区区域发展与扶贫攻坚规划 [J]. 今日中国论坛，2012（12）：105，107.

3. 精准扶贫政策推动西部民族地区发展

在国家"精准扶贫"的多年发展实践中，① 西部民族地区各级政府和群众形成了区域合作发展的共同意愿，开展了相关探索，累积了一些经验，而且为加速区域发展奠定了基础。随着综合国力的显著加强，国家有能力和条件加大对困难地区的扶持力度。

4. 国家加大投入西部民族地区基础设施建设

国家大力投资基础设施建设，使得西部民族地区的基础设施得到了很大改善，高铁、动车、高速公路与通信设施各方面取得了阶段性成果，为西部民族地区的发展提供了基础。同时，国家提高了最低工资，从而增加工人收入，刺激国内消费。

5. 部分东部地区产业转移。沿海制造成本的上升，导致产业由沿海向内地转移。经过改革开放 40 年的发展，沿海地区发展迅速，而且生产资料和劳动力成本逐步提高，相比之下，西部民族地区的厂房等生产资料和劳动力成本相对较低，而且还有大量优惠的招商引资政策。由于劳动密集型企业利润率有限，对成本上升的敏感度比较高，从而沿海劳动力密集型产业有向中西部转移的趋势，也为西部民族地区的发展提供了资本和劳动力方面的支持。

（四）挑战分析（challenge）

1. 环境保护的挑战。西部民族地区大部分地区被划分到限制开发区及禁止开发区，在一定程度上限制了西部民族地区的经济的发展。根据中国的环境保护措施及节能减排目标，各地区也会提出相应的目标，西部民族地区也不例外，因此，要在保证完成目标的同时，促进经济社会环境的协调发展，是一个新的挑战。

2. 社会生态环保意识不强。从社会个人生活习惯来看，还是存在随地吐痰、乱扔垃圾等不文明现象，并且很少有人形成垃圾分类的习惯。对于生产企业来说，企业在生态产业的发展中势必增加生产成本，大型企业在成本的控制上要求高一些，而且执行力强一些，而一些中小企业对生态产业发展的动力不足，存在为了追求利润而污染环境的现象，企业的社会责任意识没有充分体现。

3. 以 GDP 为纲的发展模式和思路在一定范围内存在。部分地区 GDP 成为考核政绩的主要指标，而且地方财政收入也是随 GDP 的增长而增长，导致部分地方政府发展房地产项目，不惜重金建设面子工程，建设大项目，而忽视了解

---

① 卢平. 武陵山片区区域发展与扶贫攻坚规划 [J]. 今日中国论坛，2012（12）：105, 107.

决民生问题和环保问题。另外，某些城市严重地依赖于土地财政，依靠卖地来维持财政收入的增加，这样的发展模式和评价模式，是不可持续的。虽然，部分地方政府也开始意识到了不能以经济增长为终极目标，应该更加重视社会平等和环境保护，但是动力和执行力显得不足。西部民族地区在解决民生，减小城乡差距和保护环境方面做了很多努力，需要进一步深化和持续。

4. "孔雀东南飞"的现象没有根本改变。资本、人才、管理和技术虽然有一定程度上的回流到西部民族地区，但是没有从根本上改变资本和劳动力更青睐于北上广的现象，大量的资金、人才还是会争先恐后地进入发达地区，只是在发达地区成本上升，或者市场受到限制时，才有向中西部转移的趋势，但高端人才和资源还是在发达地区。因此，要吸引更优质的资本、人才、管理和技术进入西部民族地区，需要进一步加快西部民族地区各方面的建设。

5. 企业营商环境有待改善。部分民营企业资金链紧张，税负较重，在出口受挫、内需外买、工人工资上升等因素影响下，经营环境进一步恶化，部分资金进入房地产、资本市场，而退出了实体经济，这样的发展会给西部民族地区经济长远健康发展带来负面影响。

6. 金融、物流等服务体系的相对薄弱。相对于上海、深圳等东部地区，西部民族地区的金融体系和物流体系相对较弱，融资渠道和融资方式少，并且银行为了控制风险，中小企业有融资难的现象，民间金融和地下金融处于非法状态，而且利息高，为实体经济和制造业的发展带来障碍，另外，西部民族地区物流体系相对薄弱，运输的时间成本和储存成本要高于东部沿海地区，因此，鲜活性产品、及时性产品等需要快速反应市场需求的产品的生产受到一定程度的影响。

7. 地区间竞争加剧，重复建设严重，导致资源浪费。西部民族地区在部分地区资源分布具有一定的雷同性，导致各地区为了发展本地区的经济，而采取的发展方式上趋于雷同，重复建设严重，存在资源浪费，比如矿产资源的开发、旅游资源的竞争、水利资源的竞争等。

8. 面临自然资源储量逐步减少的威胁。经过以前的大规模地开发开采，天然气、石油、矿产资源的储量急剧下降，西部民族地区的发展将会面临一个瓶颈，为了应对不可再生资源逐步减少的趋势，应该逐步利用和研发新能源和可再生资源，发展第三产业。

9. 部分地区的环境压力增大。由于长期直接消耗资源和能源的发展方式，以传统产业为主的发展模式，导致了部分地区的绿化和生态环境进一步恶化，工业污染进一步加重，给人口、资源、环境的协调发展带来很多问题，生态保护问题更加突出。

10. 对沟域经济生态产业耦合发展的认识不够。目前沟域经济发展的现状往往会使人们误认为只是一种简单的经济发展模式或经济现象，而忽视了沟域经济生态产业发展的整体性原则，偏离生态产业耦合发展的理念，致使在沟域开发的过程中造成对生态系统的破坏，从而影响沟域经济发展系统耦合功能的有效发挥。而西部民族地区产业结构、文化水平、交通条件以及政策落实情况也成为制约沟域经济发展的重要障碍。

三、西部民族地区生态产业发展 SWOT 策略分析

上面通过利用 SWOT 分析法，对西部民族地区的优劣势、机遇与挑战进行了全面的分析，分析的内容也包括了西部民族地区的政治、经济、文化、生活、人口、环境各个方面。西部民族地区可以充分利用国家对西部地区采取的一系列优惠政策，合理推动东部人才、技术、资金向西部转移，做好东部产业转移的承接，有效、合理地吸引和利用内外资源发展，以生态农业、新型工业、旅游业为代表的绿色产业。国家一带一路、乡村振兴等一系列战略部署，为西部民族地区的可持续发展提供了新的机遇。

综上所述，西部民族地区的主要优势和机遇体现在：西部民族地区自然资源和能源丰富，西部民族地区文化资源丰富，西部民族地区有环境和气候优势，党中央国务院高度重视西部民族地区的发展，乡村振兴发展战略助力西部民族地区发展，精准扶贫政策推动西部民族地区发展，国家加大投入西部民族地区基础设施建设，西部民族地区间政治经济文化上联系紧密，互补性强，具有地缘优势，交通体系得到一定程度上的改善，劳动力资源比较丰富，沿海制造成本的上升，导致部分产业由沿海向内地转移，国家还为西部民族地区的发展提供了良好的政治社会环境等机遇，西部民族地区具有一定的后发优势。

西部民族地区的劣势与挑战主要体现在：基础设施薄弱，生态环境相对脆弱，产业项目雷同，缺乏土地流转方面的长效机制，资本、人才、管理及科技支撑不足，体制机制不完善，创新意识与创新能力不强，部分地区对发展生态产业的重视程度不够，西部民族地区与外界沟通成本相对较高，环境保护的挑战，社会生态环保意识不强，以 GDP 为纲的发展模式和思路在一定范围内存在，"孔雀东南飞"的现象没有根本改变，企业营商环境有待改善，金融、物流等服务体系相对薄弱，地区间竞争加剧，重复建设严重，导致资源浪费，面临自然资源储量逐步减少的威胁，部分地区的环境压力增大，对沟域经济生态产业耦合发展的认识不够。

从各种情况看，在深化改革的背景下，西部民族地区可以促进区域经济进程的整合与协作。西部民族地区的发展可以适应经济发展的趋势，密切增强地区间、国内外的经济联系，延伸其生态产业链。可以起到拉动西部经济社会发展的作用，促进西部民族地区综合实力及人民生活水平的提升，并且可以在更宽范围及更高层次上参与国内外产业分工和经济合作等方面发挥作用，促进西部民族地区的可持续发展。

第二节 西部民族地区生态产业系统耦合模式总体框架

西部民族地区生态产业系统耦合作为一个"发展—支撑—约束"系统的耦合体，该系统包含了资本、技术、信息、市场、劳动力等因素的耦合潜力。[①] 特别是在人为调控、管理和催化的手段下，不同的系统可以实现系统耦合的组合，形成不同生态工业系统的集聚，产生资本、技术、信息、市场和劳力流的循环，形成一个新的高级耦合系统。[②] 从生态产业系统的角度分析，西部民族地区生态产业系统具有不同的耦合形式和耦合途径。

在西部民族地区的生态产业系统中，生态、空间、时间的耦合以及不同的耦合类型并不独立存在。比如，生态产业系统的空间耦合可以分为水平耦合和垂直耦合。空间耦合的区域范围取决于物质、能量和信息在系统间的变换和循环的可达到的空间范围。一般情况下，河流的空间范围是不均匀的。交通道路是物质、能量和信息在不同空间系统之间循环和流通的基本条件。对于西部民族地区生态产业系统耦合的空间耦合不会自动产生，即系统之间的物质、能量和信息的循环不会自动有序发生，还需要通过人为调控空间耦合。如西部民族地区垂直耦合，在小尺度异质性空间的"沟顶林业栽植—沟腰农业畜牧—沟谷农业"复合生态产业系统[③]，充分利用不同空间生态产业系统间的物质、能量和信息循环和变换。在西部民族地区，丘陵、盆地、洼地、高原等非均匀空间的垂直耦合现象较为普遍。另外，从水平耦合角度，在西部民族地区的农区、

---

① 刘志颐. 内蒙古农牧交错带化德县生态经济模式研究 [D]. 北京：中央民族大学，2013.

② 任继周，万长贵. 系统耦合与荒漠——绿洲草地农业系统：以祁连山—临泽剖面为例 [N]. 草业学报，1994（3）：1-8.

③ 樊胜岳，王曲元，包海华. 生态经济学原理与应用 [M]. 北京：中国社会科学出版社，2010：112.

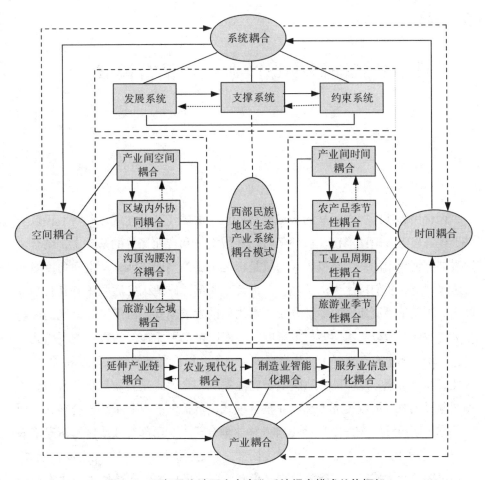

图 5-2　西部民族地区生态产业系统耦合模式总体框架

工业区、旅游区以及城乡区域之间可开展产业之间的耦合。实际上，在系统耦合过程中，既有可能拥有产业耦合特性，又有可能拥有空间耦合特性，或同时拥有时间耦合特性，三者之间有时候是相互交织作用在一起的。本研究从产业、空间、时间三种不同的耦合方式，分析了西部民族地区生态工业系统之间的相互关系，揭示了西部民族地区生态产业系统中物质、能量、信息的运动和转化规律。本文分析的目的是从三种不同的耦合方式：生态产业、空间和时间来探索西部民族地区生态产业的发展模式。①

---

① 刘志颐．内蒙古农牧交错带化德县生态经济模式研究［D］．北京：中央民族大学，2013．

第六篇

西部民族地区生态产业系统耦合模式

西部民族地区拥有明显的沟域经济特点。沟域经济是在区域经济、民族经济、生态经济、国民经济、循环经济、县域经济和产业经济的基础上，结合山区发展特征提出的一个新概念。沟域是山区重要的空间单元，从空间角度对其开展了研究，我们称之为沟域经济。因此，西部民族地区发展应该有其自身的特点，不同于平原地区的要素分布相对均质的发展模式，西部民族地区的经济发展受空间要素分布不均的严重影响，不能以东部平原地区的农业发展模式为参考，也不能走东部地区工业化发展模式，需要根据自身的特点发展相关产业。由此，经过研究，西部民族地区生态产业系统耦合模式是其发展重要模式，一是西部民族地区沟域经济生态产业耦合模式，包括生态农业系统耦合模式、西部民族地区沟域经济畜牧业+种植业+林业耦合模式、西部民族地区沟域经济农林业+畜牧养殖业+深加工耦合模式、西部民族地区沟域经济水电旅游耦合模式、西部民族地区沟域经济峡谷旅游耦合模式、西部民族地区沟域经济原生态康养度假耦合模式等；二是西部民族地区生态产业耦合模式，包括西部民族地区三次产业耦合模式、西部民族地区生态农业耦合模式、西部民族地区休闲农业耦合模式、西部民族地区特色农产品加工耦合模式、西部民族地区农业与新能源耦合模式、西部民族地区水电旅游耦合模式、西部民族地区水电渔业耦合模式、西部民族地区民族手工旅游耦合模式、西部民族地区民族文化旅游耦合模式、西部民族地区各产业发展与物流业耦合模式；三是西部民族地区生态产业链耦合模式，包括西部民族地区生态农业价值链耦合模式、西部民族地区畜牧业+种植业+果蔬业生态产业链模式、西部民族地区养殖业+观光体验农业+旅游业产业链耦合模式、西部民族地区生态旅游业产业链耦合模式、西部民族地区水电产业链耦合模式、西部民族地区民族手工艺品加工产业链耦合模式、西部民族地区民族文化产业链耦合模式、西部民族地区民族医药产业链耦合模式、西部民族地区新能源产业链耦合模式。① 其中，西部民族地区沟域经济生态产业耦合模式是西部民族地区的重要选择和发展方向，依据这些模式的发展，可以促进西部民族地区生态产业的可持续发展。

第一节　西部民族地区沟域经济生态产业耦合模式

依据沟域经济特征，将沟域划分为沟顶、沟腰和沟谷。又依据西部民族地区最为典型的喀斯特地形特点，地表水系统相对稀缺，沟顶和沟腰水资源稀缺，不易保留。沟谷多为小溪流或河流，水资源较丰富，地形较平坦。我们提出了"沟顶、沟腰和沟谷"的系统耦合模式。河流系统和道路交通是三个分系统的连接点，即连接沟顶、沟腰和沟谷的三个分系统，他们负责三个分系统之间的劳动力、资源、材料、产品、资本和信息的输导和交换。②

一、西部民族地区沟域经济生态农业系统耦合模式

图6-1为西部民族地区农业系统的沟域耦合模式，根据发展趋势，农民将会逐步职业化，变成新型职业农民，另外，实践证明城镇化趋势不可逆转，对于现在分散而居的山区农户来说，未来可能需要集中居住，以前分散而居，主要是为了便于耕作和收割，每家的耕地都在农户周围，现在，交通条件和交通工具得到了根本性改变，新型职业农民可以集中居住在沟谷，然后，乘坐公交车或者自备车前往农场进行耕作，发展特色农产品生产，进行农、林、牧、渔业作业。根据当地条件，沟谷水源充足的情况下，可以重点发展水产种植业和渔业；沟腰重点发展种植业和养殖业；沟顶发展高山种植业和林业。并且养殖业的排泄物可以成为种植业的有机肥，还可以成为沼气清洁能源，真正做到了沟域农业系统的耦合。

---

① 覃朝晖，张祎. 武陵民族地区产业发展系统耦合模式研究 [J]. 商，2012（21）：192-193.
② 覃朝晖，张祎. 武陵民族地区产业发展系统耦合模式研究 [J]. 商，2012（21）：192-193.

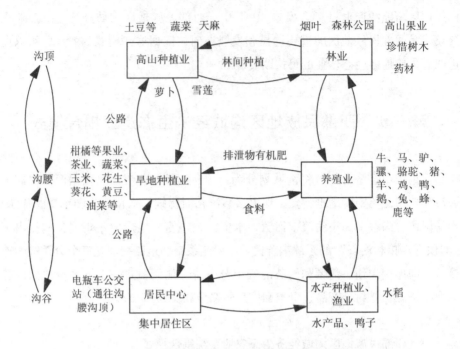

图6-1 西部民族地区沟域经济生态农业系统耦合模式

二、西部民族地区沟域经济畜牧业+种植业+林业耦合模式

图6-2为西部民族地区畜牧业、种植业、林业的沟域经济耦合模式，属于大农业系统中的一个子系统，适用于主导农业产业为畜牧业的沟域。其中沟顶为畜牧业繁育基地，配套有牧场、林业、高山种植业；沟腰为畜牧业养育，配套有牧场、林业与旱地种植业；沟底为畜牧业或者水产养殖业育肥，配套有牧场和水产种植业。在这个系统中，牧场、种植业、林业为畜牧业提供牧场和食料，而畜牧业产生的排泄物成了天然的有机肥。

三、西部民族地区沟域经济农林业+畜牧养殖业+深加工耦合模式

图6-3为西部民族地区农林业、畜牧养殖业、农林畜产品深加工系统耦合模式，这个系统需要根据沟域的大小和承载力进行选择，可以只选择农产品种植，或者水果种植，或者选择畜牧养殖，从而达到一定的规模效应后，加工企业才有足够加工的原材料来保证规模经济。这种模式不仅是大农业内部的耦合，而且也是农业与工业的耦合，这已经成为增加农产品附加值的经典模式，在这个

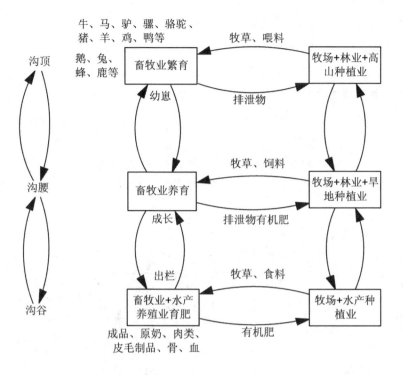

图6-2 西部民族地区沟域经济畜牧业+种植业+林业耦合模式

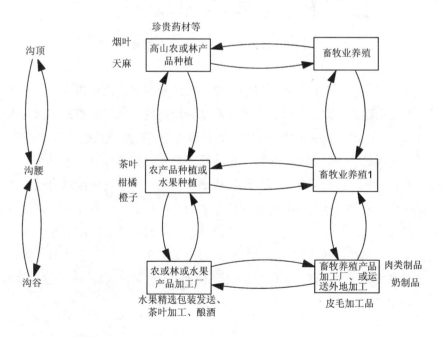

图6-3 西部民族地区沟域经济农林业+畜牧养殖业+农林或畜产品深加工耦合模式

模式中，沟顶为高山农林产品种植与畜牧业养殖，沟腰为农产品、水果等种植与畜牧养殖，沟谷为农林场加工与畜牧产品加工、深加工。

四、西部民族地区沟域经济水电旅游耦合模式

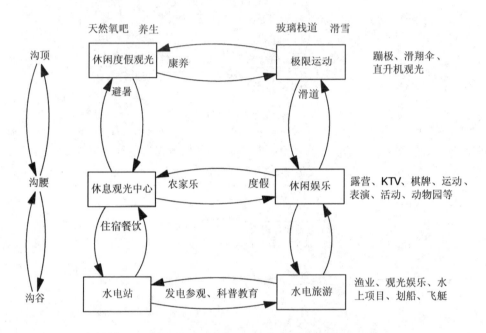

图 6-4 西部民族地区沟域经济水电旅游耦合模式

图 6-4 是西部民族地区沟域经济水电旅游耦合模式，这种模式是第二产业与第三产业的融合，构建出只有在沟域系统内出现的独特耦合模式，因为水电站的建设需要落差，只有沟域系统内才有这种落差。西部民族地区沟域系统中，水域充足的沟谷，可以建设水电站，水电站的功能具有多样性，包括发电、渔业、参观科普等，也就可以构建西部民族地区沟域经济水电旅游耦合模式，在这个模式中，沟谷是水电站和与水电站相关的水电旅游，水库还可以拓展水上项目和渔业；沟腰是休闲观光中心，可以开展各种娱乐活动，沟顶是度假观光区或极限运动区域。湖北省三峡大坝—屈原故里旅游区、长阳清江画廊景区等就是这种模式的典型代表，它们既是大型水电站，也是国家级 5A 景区，同时，也充分利用了沟域系统内的水资源。

五、西部民族地区沟域经济峡谷旅游耦合模式

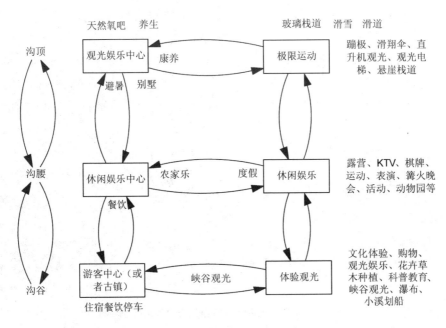

图6-5　西部民族地区沟域经济峡谷旅游耦合模式

图6-5是西部民族地区沟域经济峡谷旅游耦合模式,这种模式是基于沟域系统中独特的峡谷风光而产生的。沟谷为游客中心或者古镇,体验观光的内容包括瀑布、小溪划船、科普教育、文化体验等,沟腰为各种休闲娱乐项目,沟顶为观光娱乐中心或者极限运动中心。其中,湖南张家界武陵源—天门山旅游区、内蒙古阿尔山—柴河旅游景区、重庆武隆喀斯特旅游区(天生三桥—仙女山—芙蓉洞)、重庆巫山小三峡—小小三峡、四川阿坝藏族羌族自治州九寨沟旅游景区、成都市青城山—都江堰旅游景区、贵州安顺市黄果树大瀑布景区、云南中国科学院西双版纳热带植物园、丽江市玉龙雪山景区、陕西商洛市金丝峡景区、甘肃平凉市崆峒山风景名胜区、宁夏银川市灵武水洞沟旅游区、新疆阿勒泰地区喀纳斯景区、天山天池风景名胜区等都是这种模式的典型代表。

六、西部民族地区沟域经济原生态康养度假耦合模式

图6-6是西部民族地区沟域经济原生态康养度假耦合模式,这种模式适合自驾游或者喜欢自然风光的旅客,给人一种放松和贴近自然的感觉,随着中国

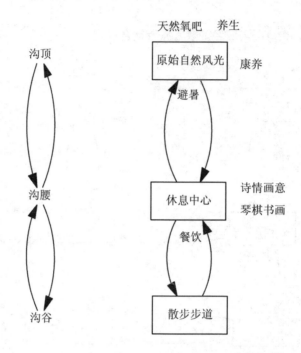

图6-6 西部民族地区沟域经济原生态康养度假耦合模式

人均收入的提高，环保健康意识的增强，自驾游、骑行、跑步、散步等在逐渐成为一种趋势。沟谷为散步步道，沟腰为休闲中心，可以开展一些轻松文雅的活动，沟顶为原始自然风光的观光休闲区。整个系统构建的是天然氧吧、养生、康养、探险、地质考察、避暑等方面的定位。世界（国家）地质公园、国家原始森林公园、国家自然保护区、世界（国家）遗产等属于此类旅游目的地的重要开发区域。

第二节　西部民族地区生态产业耦合模式

一、西部民族地区三次产业耦合模式

西部民族地区产业发展的总体耦合模式是三大产业之间的耦合。同时，它也是各产业内部之间的耦合，最后促进产业升级和调整，形成产业体系的高层耦合模式。其中，第一产业是特色现代生态农业，拥有民族特色、生态保护和

现代化方向的特点。包括种植业、林业、畜牧业、渔业等；第二产业是生态民族加工业，拥有民族特色，低碳产业、节能减排的特点，主要包括民族医药产业、特色农产品加工、民族手工业、水电业、新能源工业等；第三产业是现代生态服务业，以民族为主要特点。包括特色民族服务业、大数据产业、旅游业、批发零售业、交通运输业、民族文化产业、旅游业、餐饮业、房地产、住宿业、娱乐业、物流业、大数据产业与互联网产业，其中旅游业与其他产业的联动是三产耦合的重要方式之一。① 这些产业之间的系统耦合模式如下图。

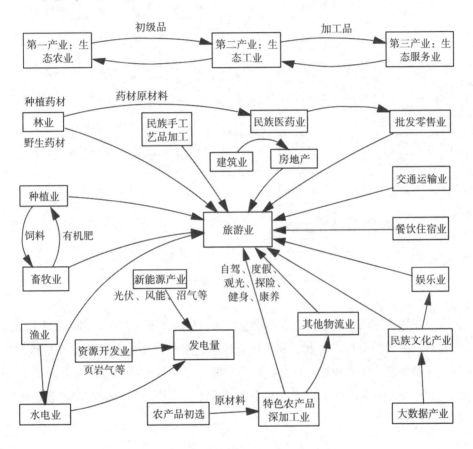

图 6-7　西部民族地区生态产业系统耦合模式

---

① 覃朝晖，张祎．武陵民族地区产业发展系统耦合模式研究［J］．商，2012（21）：192-193.

二、西部民族地区生态农业耦合模式

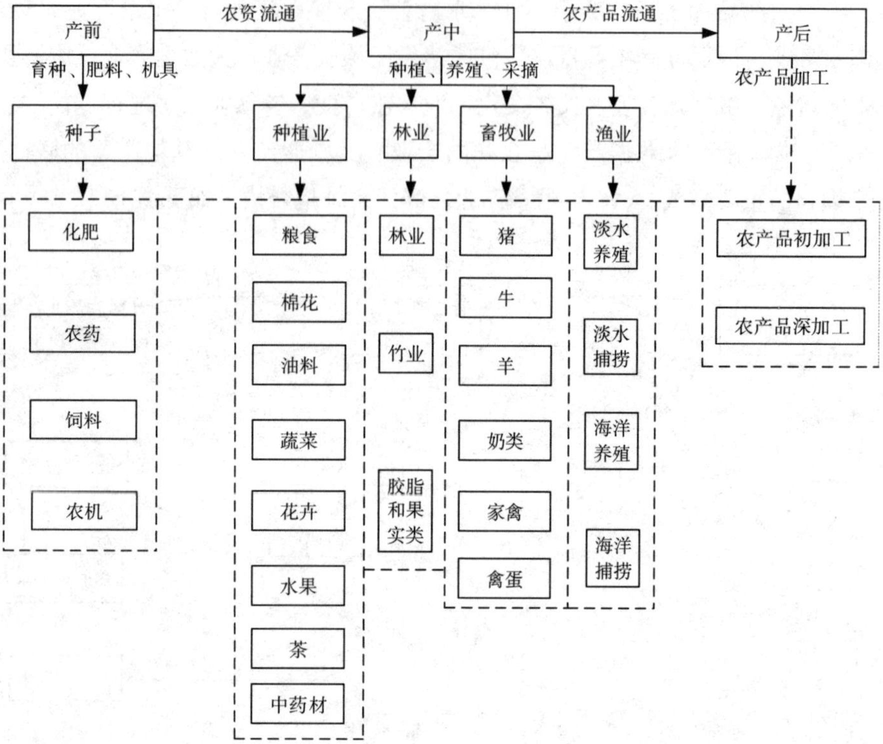

图6-8　西部民族地区生态农业耦合模式

　　下图为西部民族地区生态农业耦合模式，分为产前、产中、产后三个阶段，产前阶段主要是育种、育肥、农机作业环节，产中阶段主要是种植、养殖、采摘、打捞阶段，涉及种植业、林业、畜牧业、渔业各个环节，产后阶段主要是农产品加工，分为农产品初加工和农产品深加工，从而达到生态农业系统的时间上的耦合。

三、西部民族地区休闲农业耦合模式

　　在休闲农业产业耦合模式中，主要是促进生态农业与第二、第三产业的融合，形成独具特色的农业生态旅游产品。其生态旅游产品不仅仅是农业旅游区或风景名胜区的开发，还是在农业旅游的基础上增加了独特的创新，整合了第一、第二、第三产业的发展，形成了特色旅游、休闲旅游、专项旅游、主题旅

游等休闲农业旅游模式。①

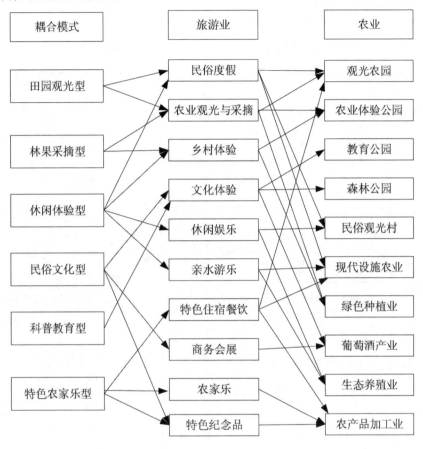

图6-9　西部民族地区休闲农业耦合模式

通过在城市郊区或风景区的附近开辟特色农产品园区,例如果园、菜园、茶园、花圃等,让游客体验园区的采摘,例如,摘果、拔菜、赏花、采茶等,享受田园风光和乐趣。建立农业公园和农业综合体,依照公园和综合体的经营思路,把农业生产场所、农产品消费场所和休闲旅游场所有机地结合为一体,建设科普农园,结合农业生产与科普教育功能的农业经营形态;还有森林公园、民俗农宿观光体验村、农家乐餐饮等的建设,实现农业促进旅游,旅游反哺农业的系统耦合模式。依据游客资源分布、功能定位和游客来源的不同,农业旅

① 覃朝晖,刘佳丽,刘志颐.产业融合视角下澳大利亚生态农业发展模式及借鉴 [J]. 世界农业,2016 (8):147-151.

游系统的耦合模式可分为田园观光、林果采摘、休闲体验型、民族文化型、科普教育、特色农家乐餐饮等多种模式。① 如下表。

表 6-1　西部民族地区休闲农业耦合模式②③

模式	资源	功能	客源
田园观光型	桃花源、梨花园、生态农园等	观光、休闲、度假	游客、城市居民
林果采摘型	柑橘采摘园、李子采摘园、板栗采摘园、桃子采摘园等	度假、观光、体验	城市居民、游客
休闲体验型	特色民族村寨、特色民族手工艺、特色种植、特色餐饮、农产品加工等	观光、体验、休闲、度假、会展	城市居民、游客、会务人员
民俗文化型	民族艺术欣赏、民族村落、民俗体验、特色节日	观光、体验、休闲	城市居民、游客
科普教育型	现代农业科普知识、农业知识宣传与教育	体验、学习、会展	城乡居民、游客、学生、会务人员
特色农家乐餐饮型	垂钓、狩猎；合渣、腊肉、野味、山菌、土鸡、茶叶等	体验、休闲、娱乐	城乡居民、游客

四、西部民族地区特色农产品加工耦合模式

西部民族地区的生态农业包括种植业、林业、畜牧业、渔业等。这些产业的发展为特色农产品加工业的发展提供了原料，故而促进了特色农产品加工业、食物加工业和饮料加工业的发展，包括食品加工、茶叶加工、丝麻加工、油茶加工、烟叶加工、国药加工、林产加工、竹木成品加工、蚕茧加工、蔬菜加工、水果加工、畜禽产品加工、饮料加工、农特产加工业、酒类加工业等，形成了拥有农业特色的农产品加工业耦合模式。④ 如下表。

---

① 覃朝晖，张祎. 武陵民族地区产业发展系统耦合模式研究［J］. 商，2012（21）：192-193.

② 赵国如. 休闲农业的发展模式与模式选择［J］. 中国发展，2009（4）：63-71.

③ 张义丰，谭杰. 北京沟域经济发展的理论与实践［M］. 北京：气象出版社，2009.10：257.

④ 覃朝晖，张祎. 武陵民族地区产业发展系统耦合模式研究［J］. 商，2012（21）：192-193.

表6-2　西部民族地区特色农产品加工耦合模式

农业	特色农产品加工业
种植业	茶叶、丝麻、油茶、烟叶
林业	中药、林产品、竹木
畜牧业	蚕茧、蔬菜、水果
渔业	畜禽产品加工
副业	饮料食品、酒类

五、西部民族地区农业与新能源耦合模式

西部民族地区生态农业生产的草本植物、木本植物和油料作物是生物资源的重要原料，畜禽大粪、作物秸秆、食物废弃物、酒精肥料和废水是沼气能源的重要原料。生物能源和沼气能源属于新能源，是可以循环应用和排放的清洁能源。利用低排放的清洁能源是将来能源应用的重要方向。因而，农业新能源产业的耦合模式也是西部民族地区重要的发展模式之一。① 如下表。

表6-3　西部农业新能源产业系统耦合模式

农业	新能源产业
草本植物、木本植物、油料作物	生物能
禽畜粪便、作物秸秆、食品废物	沼气能
酒精废料、废水	

六、西部民族地区水电旅游耦合模式

水电+旅游业的耦合模式包括两大产业：水电业和旅游业。西部民族地区主要分布在山谷和山沟中，水资源相对丰富。水电产业的发展拥有独特的优势。通过发展水电产业，建设水电工程，促进水电产业、水电配套产业和电力运输业的发展。载电工业、服务业和电气制造业的发展，以及应用水电项目和水库资源发展旅游业，包括水电项目旅游、自然风光旅游、休闲旅游、娱乐和民族文化体验，

---

① 覃朝晖，张祎. 武陵民族地区产业发展系统耦合模式研究 [J]. 商，2012（21）：192-
193.

将促进协调发展水电旅游业，提高沟域人民生活水平。① 如下表。

表 6-4　水电旅游业耦合模式

水电业	旅游业
水电工程	水电工程观光游（水电发电观光、工程建设历史）
水电产业	库区自然风光游
水电配套产业	库区休闲游（餐饮、度假、会展）
载电体工业	库区娱乐（水上项目、游船、游艇、快艇）
电器制造业	库区体验游（游泳、划船、蹦极、烧烤） 民族文化体验（山歌、舞蹈、晚会）

七、西部民族地区水电业渔业耦合模式

水电业的发展是西部民族地区发展的重要选择之一。水电工程建设后，如何应用水库水资源是我们要慎重考虑的一个重要问题。如何应用大量的淡水资源，除去发电以外没其他作用，将是一种巨大的浪费。因而，旅游资源尚待开发，在水电工业发展的基础上，运用水库水资源，在交通相对落后的地区发展渔业相关产业，主要包括水产养殖、渔业、仓储、加工、运输和销售，进一步促进渔船、渔具、捕鱼机械、饲料等相关行业的发展，形成了水电业渔业发展的耦合模式。② 如下表。

表 6-5　水电业渔业系统耦合模式

水电业	渔业
水电工程	库区水产业
水电产业	渔船、渔具、渔用仪器、渔用机械及其他渔用生产
水电配套产业	资料的生产和供应部门
载电体工业	捕捞、养殖、加工
电器制造业	水产品的贮藏、加工、运输和销售等

---

① 覃朝晖，张祎. 武陵民族地区产业发展系统耦合模式研究［J］. 商，2012（21）：192-193.

② 覃朝晖，张祎. 武陵民族地区产业发展系统耦合模式研究［J］. 商，2012（21）：192-193.

八、西部民族地区民族手工旅游耦合模式

旅游业是西部民族地区将来发展的重点产业。旅游业在购物过程中为民族手工业提供了宽阔的市场。一方面，游人购置食物、衣装及相关物品。作为纪念物，民族工艺品是主要的选择，包括旅游纪念物和旅游观光成品。旅游体验、蜡染、制银、织锦、刺绣、根雕、石雕、民间剪纸、西兰卡普、油纸伞、傩戏面具、柚子龟、阳戏面具等，形成了旅游民族手工业发展的耦合模式。① 如下表。

表 6-6　西部民族地区民族手工旅游耦合模式

旅游业	民族手工业
交通、游览、住宿、餐饮、购物、文娱 民俗度假、旅游观光、文化体验、休闲娱乐、亲水游乐、住宿餐饮、商务会展、科考探险、体育健身	旅游纪念品、旅游观光品、旅游体验品： 蜡染、制银、织锦、刺绣、 根雕、石雕、民间剪纸、 西兰卡普、油纸伞、 傩戏面具、柚子龟、阳戏面具

九、西部民族地区民族文化旅游耦合模式

西部民族地区旅游业的发展，不只可以促进民族手工业在购物环节的发展，而且可以促进整个民族文化产业在娱乐旅游中的发展，主要包括民族文化史、民族文化古迹、民族文化博物馆、民族事迹纪念堂、民族文化节日、民族工艺、美术、书籍、杂志、绘画、民族音乐、舞蹈、游戏、软件、民族影视、广播、民族网络文化、民族创意设计、民族典故等，不只继承了民族文化，保护了民族文化，而且促进了文化的融合。民族文化产业的发展也促进了旅游业的发展，形成了旅游业与民族文化产业的耦合模式。② 如下表。

---

① 覃朝晖，张祎 . 武陵民族地区产业发展系统耦合模式研究［J］. 商，2012（21）：192-193.

② 覃朝晖，张祎 . 武陵民族地区产业发展系统耦合模式研究［J］. 商，2012（21）：192-193.

表6-7 西部民族地区民族文化旅游耦合模式

旅游业	民族文化产业
交通、游览、住宿、餐饮、购物、文娱 民俗度假、旅游观光、文化体验、休闲娱乐、亲水游乐、住宿餐饮、商务会展、科考探险、体育健身	文化旅游（民族文化历史、民族文化古迹、民族文化节日） 民族工艺、美术、书籍、杂志、绘画 民族音乐、舞蹈、游戏、软件、大数据 民族影视、广播 民族网络文化、民族创意设计、民族典故

十、西部民族地区各产业发展与物流业耦合模式

西部民族地区各产业的发展离不开物流业的发展，所有原材料和成品都需要通过物流系统运输到全国乃至世界各地。因而，有必要促进各产业与物流业的耦合发展。物流业包括运输业、汽车租赁公司和第三方物流、第四方物流、最后一公里派送等。① 如下表。

表6-8 西部民族地区各产业发展与物流业耦合模式

各产业发展	物流业
农业 工业 建筑业 服务业（旅游业）	交通运输业 物流公司 汽车租赁公司 劳动力、物资、资源、信息传输

第三节 西部民族地区生态产业链耦合模式

施振荣（1992）提出了微笑曲线（Smiling Curve）理论，理论的提出源于国际分工模式由产品分工向要素分工的转变，微笑曲线两端朝上，意为在产业链中，附加值更多地体现在两端，研发、设计和品牌、销售，处于中间环节的

---

① 覃朝晖，张祎. 武陵民族地区产业发展系统耦合模式研究［J］. 商，2012（21）：192-193.

生产制造附加值最低。① 西部民族地区生态产业链耦合模式，强调的是产业链前后时间和空间上的耦合，还强调了整个产业链条价值（附加值）的提升。根据西部民族地区沟域经济生态产业发展的方向，探索西部民族地区生态产业链的耦合模式，是西部民族地区生态产业发展的重要内容，② 包括西部民族地区生态农业价值链耦合模式、西部民族地区畜牧业+种植业+果蔬业生态产业链模式、西部民族地区养殖业+观光体验农业+旅游业产业链耦合模式、西部民族地区生态旅游业产业链耦合模式、西部民族地区水电产业链耦合模式、西部民族地区民族手工艺品加工产业链耦合模式、西部民族地区民族文化产业链耦合模式、西部民族地区民族医药产业链耦合模式、西部民族地区新能源产业链耦合模式。

一、西部民族地区生态农业价值链耦合模式

扩大西部民族地区农产品产业价值链势在必行。建立产业战略联盟、延伸产业价值链、降低流通成本、增加产品附加值、增加利润、进一步发展加工农产品、收集采购、原材料生产、仓储运输、农产品生产、深加工、订单加工、仓储（冷藏）、运输（冷链）、批发、零售、品牌建设等资源整合环节，③ 延伸农产品产业的价值链。④ 如图 6-10。

上图为西部民族地区农产品产业链耦合模式，此产业链中包括种植环节、加工环节、流通环节、消费环节，每一个环节的参与对象都对应了相应的分工，每个环节不可或缺，通过前面的微笑曲线也可以知道每个环节的附加值，由此，西部民族地区在发展生态农业时，不仅要生产出有民族特色的产品，还要重视新产品研发和品牌打造，提高农业生产的附加值。

二、西部民族地区畜牧业+种植业+果蔬业生态产业链模式

该模式主要围绕畜牧、栽植、果蔬产业价值链的研发投入，农产品的生产、加工和深加工、流通和营销，关系到生态农业生产基地的投入和发展。包括农

---

① 陈查某. 微笑曲线与上游攻略——对中国手机产业的冷思考 [J]. 企业管理，2003（5）：85–89.

② 覃朝晖. 成渝老工业基地可持续发展研究 [D]. 北京：中央民族大学，2011.

③ 郎咸平. 产业链阴谋2：一场没有硝烟的战争 [M]. 上海：东方出版社，2008：2–10.

④ 覃朝晖，刘佳丽，刘志颐. 产业融合视角下澳大利亚生态农业发展模式及借鉴 [J]. 世界农业，2016（8）：147–151.

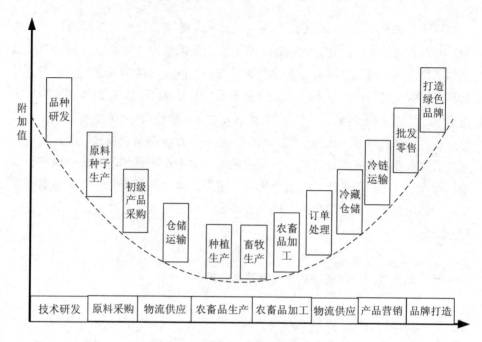

图 6-10　西部民族地区农业价值链耦合模式

业产业体系、农产品栽植加工、废品排放与回收、农产品流通与销售等。从有机肥料加工到有机绿色蔬菜栽植、加工、销售为一体，与畜牧业相结合，实现了育种、养殖、加工的互补产业链模式，形成了包括物流、能量流、信息流、劳力流和资本流在内的时间序列耦合模式。①（见图 6-12）

三、西部民族地区养殖业+观光体验农业+旅游业生态产业链耦合模式

下图为西部民族地区养殖业+观光体验农业+旅游业生态产业链耦合模式，西部民族地区有生态旅游发展为主导产业的基础条件和资源，可以考虑发展由生态农业、观光体验农业和特色民族旅游业三大产业系统的耦合模式，围绕生态旅游的发展，广泛应用农牧区的农村空间、农牧业自然资源和民族文化民俗，结合观光、采摘特色果蔬、体验农业等特色，实现农业栽植、畜牧业、自然景观、人文景观与现代旅游相结合的生态经济产业链耦合模式，促进生态农业与

---

① 刘志颐. 内蒙古农牧交错带化德县生态经济模式研究［D］. 北京：中央民族大学，2013.

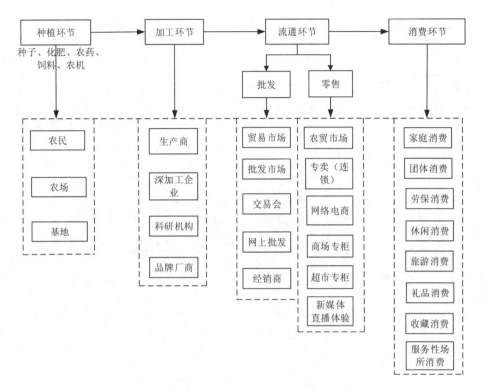

图6-11 西部民族地区农产品产业链耦合模式

旅游业的深度耦合。①

四、西部民族地区生态旅游业产业链耦合模式

西部民族地区的生态旅游产业链包括六大板块：交通、旅游、住宿、餐饮、购物、娱乐。包括金融业、商业、餐饮服务业、酒店业、民航、铁路、公路、邮电、日用轻工、工艺美术、园林等行业的发展，以及旅游目的地包装开发，包括自然观光、民俗度假、商务会展、体育健身、科考探险、文化体验等。②

五、西部民族地区水电产业链耦合模式

水电作为一种清洁能源，是将来发展的重要产业之一。西部民族地区拥有

---

① 刘志颐. 内蒙古农牧交错带化德县生态经济模式研究［D］. 北京：中央民族大学，
  2013.

② 覃朝晖. 成渝老工业基地可持续发展研究［D］. 北京：中央民族大学，2011.

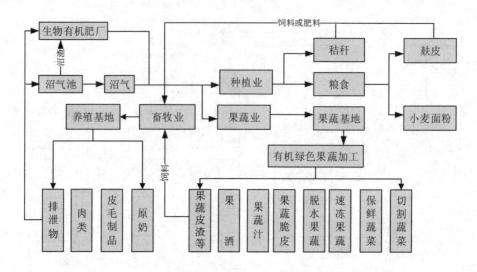

图6-12　西部民族地区畜牧业+种植业+果蔬业生态产业链耦合模式

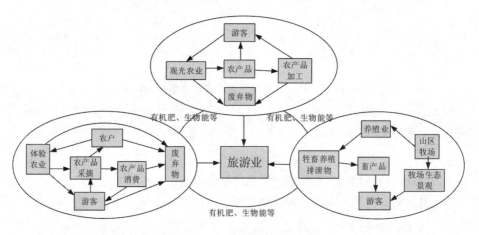

图6-13　西部民族地区养殖业+观光体验农业+旅游业生态产业链耦合模式

丰富的水能资源，水电产业是将来发展的重要方向之一。水电工业是应用水利工程技术，集工程勘察、规划、设计、动工、发电、科研、管理于一体的综合性线路。在水泥、钢材、动力机械、电气设备、爆破技术等各种新型建筑材料、设备和技术发明运用的背景下，水电行业的开发利用有了较好的技术保障。当然，也应该评估水电工业对生态环境的影响。①

———————————

① 覃朝晖. 成渝老工业基地可持续发展研究 [D]. 北京：中央民族大学，2011.

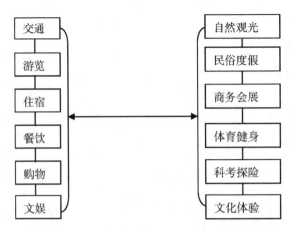

图6-14　西部民族地区生态旅游业产业链耦合模式

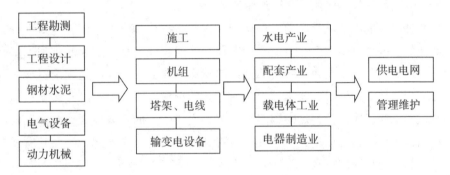

图6-15　西部民族地区水电产业链耦合模式

六、西部民族地区民族手工艺品加工产业链耦合模式

民族手工艺品是传统的文化，是西部地区民族丰富多彩的生产、生活方式、民俗、民风及优美的自然风光的体现方式之一，形成了西部民族独具特色的手工艺品，它们曾经满足了西部民族地区人们的物质需要，[1]当今，也带给其他人美的享受，是西部民族璀璨文化的典型代表。蜡染、制银、织锦、刺绣、根雕、石雕、民间剪纸、西兰卡普、油纸伞、傩戏面具、柚子龟、阳戏面具等民族工艺品的发展不仅传承了文化，而且为旅游业纪念品市场提供了特色手工艺产品。[2]

---

[1] 覃朝晖．成渝老工业基地可持续发展研究［D］．北京：中央民族大学，2011．

[2] 孙志国，等．武陵山片区国家扶贫龙头企业与产业扶贫［J］．陕西农业科学，2012（6）：198-202.

（见图 6-16）

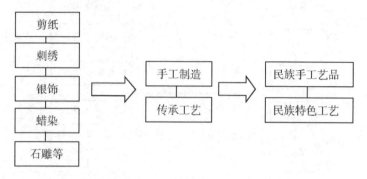

图 6-16　西部民族地区民族手工艺品加工产业链耦合模式

七、西部民族地区民族文化产业链耦合模式

西部民族地区文化产业的发展有利于进一步深化和发展中国文化产业。文化产业的发展也是遵从产业演进理论发展的一般规律的，在产业演进理论基础上，根据文化产业发展和西部民族地区的特点发展文化产业，是理论指导实践的体现，也是实践发展的要求。中华文化博大精深，中国少数民族文化作为中华文化的重要组成部分，是中国多元一体的文化体系的重要体现。西部民族地区民族文化璀璨，文化产业的发展应该有其独特的特点和模式，研究其发展有其重要的理论与现实意义。（见图 6-17）

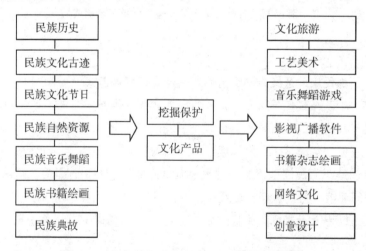

图 6-17　西部民族地区民族文化产业链耦合模式

八、西部民族地区民族医药产业链耦合模式

西部民族地区民族医药分布广品种多，民族医药是中国少数民族的传统医药，有维吾尔药、彝药、佤族药、傣药、壮族药、朝鲜族药、畲族药、哈尼族药、白族药、苗族药、拉祜族药、藏药、蒙药、土家族药、苗族药、侗族药等，如德江的天麻，酉阳的青蒿素，松桃、思南与隆回的金（山）银花，松桃和龙山的百合，张家界和五峰的五倍子，慈利的杜仲，石柱和恩施的鸡爪黄连，恩施的紫油厚朴，利川的香莲，宣恩的竹节参，咸丰的鸡腿白术，巴东的独活、玄参，长阳资丘的木瓜等以区域优势药材资源为基础的民族医药产业。首先是民族医药的标准化，接着运用现代生物提取技术，构建中药饮片及药品中间体的提取工艺，并走上生产线批量生产，积极推进新药研发。大力推进医药保健品综合开发，支持特色的民族医药的生产。[①]（见图6-18）

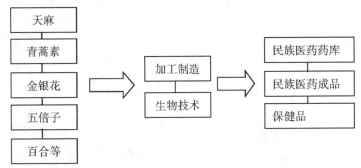

图6-18　西部民族地区民族医药产业链耦合模式

九、西部民族地区新能源产业链耦合模式

西部民族地区新能源资源丰富。新能源产业应用于太阳能、风能、生物质能、地热能、核能等非碳能源的发展，关系到农业、工业和消费、生产等多个环节，工艺技术复杂。由于新能源产量大，产业链长而宽，附加值高。新能源产业作为一个大产业分类，有上、中、下三个环节，上游主要是原材料的开采加工，中游主要是设备制作，下游主要是输电和消费。其中，光伏发电和风力发电在西部民族地区拥有重要的发展前景。西北地区雨水少，日照强，时间长，是发展光伏产业的重要场所。在发展光伏产业的同时，还可以探索光伏板下栽植养殖业的发展，实现产业间的系统耦合。[②]

---

① 孙志国，等. 武陵山片区国家扶贫龙头企业与产业扶贫 [J]. 陕西农业科学，2012（6）：198-202.

② 覃朝晖. 成渝老工业基地可持续发展研究 [D]. 北京：中央民族大学，2011.

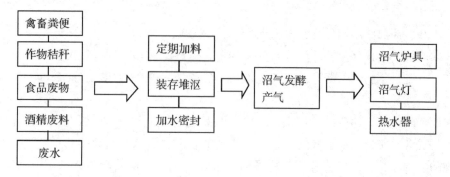

图6-19 西部民族地区沼气能产业链耦合模式

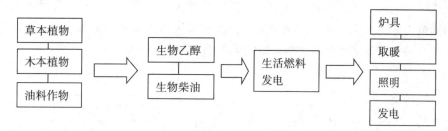

图6-20 西部民族地区生物能源产业链耦合模式

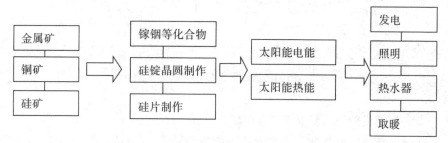

图6-21 西部民族地区光伏产业链耦合模式

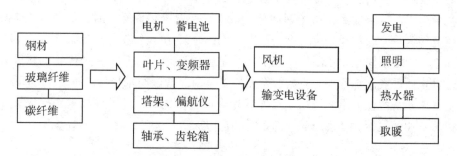

图6-22 西部民族地区风能产业链耦合模式

第七篇

西部民族地区生态产业系统耦合模式空间分析

第一节　基于空间计量分析产业结构升级对区域经济发展的影响

一、问题的提出与研究综述

自19世纪以来，西方工业化和城市化的发展，西方学者从区位、空间结构、地租和地价等方面，对土地利用的空间结构开展了实证和理论分析，发展成了区位理论和空间理论。包括：农业区位理论[①]、工业区位理论[②]、中心区理论、区位经济理论、增长极理论、梯度转移理论[③]、现代空间理论。[④] 依据这些理论，常用的测量区域空间发展和变化的方法有洛伦兹曲线、基尼系数、地理信息系统[⑤]、泰尔系数、标准差、变异系数、加权变异系数、平均偏差、离均差系数和加权偏差系数等。[⑥]

关于我国区域经济发展的空间差异，有三种看法：一种是区域间经济发展的空间差异正在扩大，如魏厚凯等（1994）认为中西部地区发展滞后，中西部

①　约翰·冯，杜能：孤立国同农业和国民经济的关系［M］. 北京：商务印书馆，1986：2−10.

②　陈秀山，张可云. 区域经济理论［M］. 北京：商务印书馆，2005：78.

③　陈秀山，张可云. 区域经济理论［M］. 北京：商务印书馆，2005：333.

④　陈柳钦. 产业集群竞争力理论的演变［J］. 南通大学学报（社会科学版），2006（7）：116−123.

⑤　何必. 地理信息系统原理教程［M］. 北京：清华大学出版社，2010：1.

⑥　覃成林. 中国区域经济差异研究［M］. 北京：中国经济出版社，1997.

地区与东部地区差距扩大;① 林毅夫等（1998）分析表明，1978 年至 1995 年，各地区经济发展的空间差异不断扩大，东中西三个地区之间的差异在总体差异的影响中起着主导作用;② 宋德勇（1998）的分析表明，1990 年以前中国地区收入差异有所下降，1990 年以后逐渐扩大;③ 杨开忠（1994）分析各省区人均 GNP 的加权变异系数，发现省际差异的变化从 1978 年后变大;④ 李小建等（2001）的分析表明，沿海与内陆的差异在扩大;⑤ 贺灿飞等（2004）利用 Theil 系数分析证明地区间的差异在逐步扩大。⑥ 王志刚（2004）以为中国区域经济增长不存在缩小现象;马栓友等（2003）进一步认为为中国区域经济增长在呈高速拉大趋势;周亚虹等（2009）认为中国区域经济差距居于加快增长的扩大状态。

第二种看法认为，区域经济空间差异正在缩小，如杨伟民（1992）利用基尼系数分析，认为 20 世纪 80 年代以来，三大区域收入水平总体差异没扩大，而是缩小;覃成林（2004）研究显示我国区域间经济差异存在缓慢收窄的趋势;林毅夫和刘明兴（2003）认为，在一定条件下，省与省之间的差异存在收窄的趋势;许召元（2006）以为，我国区域差异在一定程度上正在缩小;李冀（2010）认为中国的区域经济差距正在缩小。⑦

第三种看法认为中国区域差异存在波动性和阶段性，如刘强（2001）认为中国区域经济增长的收敛性存在明显的阶段性和地区性;⑧ 关于分析区域内的经济发展空间差异问题方面，樊杰经分析显示在 1982—1990 年，广东省内县际差异显著提高，而浙江、安徽以及湖南则呈下降趋势;⑨ 杨大利（1995）分析了 1985 年和 1990 年 28 个省区内县级单位的人均生产产值的变异系数,⑩ 发现

① 魏后凯，刘楷.我国地区差异变动趋势分析与预测［J］.中国工业经济，1994（4）：28-36.
② 林毅夫.中国经济转型时期的地区差距分析［J］.经济研究，1998（6）：3-10.
③ 宋德勇.改革以来中国经济发展的地区差距状况［J］.数量经济技术经济研究，1998（3）：15-18.
④ 杨开忠.中国区域经济差异变动研究［J］.经济研究，1994（2）：51-54.
⑤ 李小建.20 世纪 90 年代中国县际经济差异的空间分析［J］.地理学报，2001，56（2）：136-145.
⑥ 贺灿飞.中国区域经济差异的时空变化：市场化、全球化与城市化［J］.管理世界，2004（8）：8-1.
⑦ 李冀.中国区域经济差异演进趋势分析［J］.经济问题，2010（12）：14-18.
⑧ 刘强.中国经济增长的收敛性分析［J］.经济研究，2001（6）：70-77.
⑨ 樊杰.近期我国省域经济增长的基本态势分析［J］.地理科学进展，1997（3）：16.
⑩ 杨大利.改革以来中国省内地区差异的变迁.中国工业经济［J］.1995（1）：62-67.

县级经济差异与人均农村总产值的平均值之间没显著的关系。[①]

二、数据的来源与空间计量模型的构建

产业结构的调整和升级有利于促进区域经济的发展。前面我们分析过，每个地区有自己的资源禀赋条件，产业结构的调整和升级应该利用好这些要素禀赋条件，充分发挥各种资源的作用，促进产业的调整和升级，有利于经济增长和人民生活水平的提高。下面，我们就产业结构升级对区域经济发展的影响进行空间计量分析，深入分析其内在的规律。

（一）样本数据说明

本研究选取的变量为中国 31 个省区市 2010—2017 年的面板数据，包括西部民族地区 12 省，东部 10 省，中部地区 6 省，东北 3 省。数据全部来源于中国统计年鉴以及各省的统计年鉴。各变量解释如下：（1）被解释变量 H。各省历年人均 GDP，来自中国统计年鉴及各省统计年鉴。（2）解释变量 O。各省市历年产业结构升级度，数据基于徐德云（2008）的方法计算所得[②]，该指标已被广泛使用。（3）控制变量 S，D。参考国内学者已有的研究和实际发展情况，本研究选取运输线路长度 S、互联网接入端口数 D 作为控制变量。产业结构升级度指标公式如下：

$$O = \sum_{i=1}^{3} i \times l_i = 1 \times l_1 + 2 \times l_2 + 3 \times l_3 \qquad 公式（7-1）$$

其中，O 表示产业结构升级度指标；l_i 表示第 i 产业的增加值占地区生产总值的比重大小。O 的取值范围为 1~3，指标越接近于 3 表示该地区产业结构层次越高；相反，指标越接近于 1 表示该地区产业结构层次越低。[③]

（二）研究方法

1. 空间自相关

由于某一区域内的某种经济现象不是独立成立的，众多研究发现，它与其相邻省市的经济现象相关，这就是空间上所说的相关性特征，我们称之为：空间自相关性。常用来度量全局空间自相关的统计指标为莫兰指数（Moran's I），

---

① 李文艳. 内蒙古自治区县域经济差异与原因分析［D］. 北京：中央民族大学，2009：1-11.

② 徐德云. 产业结构升级形态决定、测度的一个理论解释及验证［J］. 财政研究，2008（1）：46-49.

③ 马骏，胡博文. 东部沿海地区环境污染与产业结构升级的关系——基于环境库兹涅茨曲线假说的检验［J］. 资源与产业，2019（1）：39-44.

对任一年份，① 莫兰指数的计算公式为：

$$I = \frac{\sum\limits_{i=1}^{n}\sum\limits_{j=1}^{n} w_{ij}(x_i - \bar{x})(x_j - \bar{x})}{S^2 \sum\limits_{i=1}^{n}\sum\limits_{j=1}^{n} w_{ij}}$$ 公式（7-2）

公式中，S^2 为：样本方差；w_{ij} 为：二进制的相邻的空间权值矩阵，用于定义研究对象空间相关的相邻关系；Moran's I 指数的取值介于-1 和 1 之间，取值如果大于 0 则表示存在正相关关系，如果取值小于 0 则表示存在负相关关系，若取值接近于 0 则表示不存在相关关系。以产业结构升级度的莫兰指数为例，若 Moran's I 取值大于 0，则表明在所研究的区域内，产业结构升级度高的省份之间相邻，产业结构升级度低的省份之间相邻；若 Moran's I 取值小于 0，则表明在所研究的区域内，产业结构升级度高的省份与产业结构升级度低的省份之间相邻。②

2. 空间面板数据模型

空间面板数据模型可以从面板数据模型中发展而来，在经典面板数据模型的基础上来确立空间面板数据模型，如下：

$$\ln H_{it} = \beta_0 + \beta_1 \ln O_{it} + \sum_{j=1}^{2} \beta_j \ln X_{jit} + \mu_i + \lambda_t + \varepsilon_{it}$$ 公式（7-3）

经典面板数据模型式（7-3）中，H_{it} 为人均 GDP，O_{it} 为产业结构升级度，X_{it} 为 2 个对经济增长有影响的控制变量，本研究选取的运输线路长度 S、互联网接入端口数 D，$i=1, 2, \cdots, 31$ 表示中国的 31 个省、自治区、直辖市，$t=2010$，2011，……，2017 表示时间维度，μ_i、λ_t 和 ε_{it} 是干扰项。③

从中国的经济发展实际来看，东南沿海地区的经济增长与产业结构升级度大多都高于中部及西部民族地区省份，这表明经济增长与产业结构升级度可能存在一定程度上的空间上的相关性。因此，我们需要在经典面板数据模型中考虑空间相关因素，扩展为空间面板数据模型，以解决变量的空间相关和依赖问题。空间面板数据模型的三种主要类型包括：空间自回归模型（SAR）、空间误

① 谭本艳，黄婧，向古月．房企融资杠杆对房价影响的实证分析［J］．统计与决策，2018（6）：173-176.

② 谭本艳，黄婧，向古月．房企融资杠杆对房价影响的实证分析［J］．统计与决策，2018（6）：173-176.

③ 谭本艳，黄婧，向古月．房企融资杠杆对房价影响的实证分析［J］．统计与决策，2018（6）：173-176.

差模型（SEM）、空间杜宾模型（SDM）①。

（1）空间自回归模型（SAR）。该模型主要分析被解释变量在所研究区域内的空间相关性，即经济增长与产业结构升级度在所考察的地区之间的空间相关性，探讨某一地区是否有溢出效应，或者扩散现象，模型表达式如下：

$$\ln H_{it} = \delta W \ln H_{it} + \beta_1 \ln O_{it} + \sum_{j=1}^{2} \beta_j \ln X_{jit} + \varepsilon_{it} \qquad 公式（7-4）$$

式（7-4）中，δ 表示空间自回归系数，矩阵 W 表示空间权值矩阵，本分析采用二阶邻近矩阵对空间权值矩阵 W 做出界定，如果两个空间单元相邻且有共同边界时，那么认为这两个单元是相邻接的，从而，对应的空间权重矩阵的要素 w_{ij} 赋值为 1，反之，则取 0。例如西藏和新疆空间上相邻，w_{ij} 的赋值为 1，广西和新疆空间上不相邻，w_{ij} 则取值为 0，海南省与各省都没有公共边界，所有取零。②

（2）空间误差模型（SEM）。该模型分析误差扰动项是否存在空间相关作用，研究的是邻近省区观测值变量的空间相关强度，以及由邻近地区产生的变量误差，对本地区的影响大小。③ 模型表达式如下：

$$\ln H_{it} = \beta_1 \ln O_{it} + \sum_{j=1}^{2} \beta_j \ln X_{jit} + \varepsilon_{it} \qquad 公式（7-5）$$

$$\varepsilon_{it} = \gamma W \varepsilon_{it} + \mu_{it} \qquad 公式（7-6）$$

式（7-6）中，ε_{it} 是空间误差项，γ 是空间误差自相关系数。于是，空间误差模型为：

$$\ln H_{it} = \beta_1 \ln O_{it} + \sum_{j=1}^{2} \beta_j \ln X_{jit} + \gamma W \varepsilon_{it} + \mu_{it} \qquad 公式（7-7）$$

（3）空间杜宾模型（SDM）。空间杜宾模型（Durbin）拥有更广泛的分析范围。对于模型中的变量，分析了因变量的空间相关性和残差项的空间自相关。同时，自变量与因变量之间的空间相互作用也纳入了分析范围。一般来说，对空间变量之间的关系的解释力会更好。④ 模型如下：

---

① 谭本艳，黄婧，向古月. 房企融资杠杆对房价影响的实证分析［J］. 统计与决策，2018（6）：173-176.

② 谭本艳，黄婧，向古月. 房企融资杠杆对房价影响的实证分析［J］. 统计与决策，2018（6）：173-176.

③ 谭本艳，黄婧，向古月. 房企融资杠杆对房价影响的实证分析［J］. 统计与决策，2018（6）：173-176.

④ 谭本艳，黄婧，向古月. 房企融资杠杆对房价影响的实证分析［J］. 统计与决策，2018（6）：173-176.

$$\ln H_{it} = \delta W \ln H_{it} + \beta_1 \ln O_{it} + \sum_{j=1}^{2} \beta_j \ln X_{jit} + \gamma_1 W \ln O_{it} + \sum_{j=1}^{2} \gamma_2 W \ln X_{jit} + \varepsilon_{it}$$

公式（7-8）

式（7-8）β 和 γ 表示未知系数。在满足一定条件下，可将上述模型简化为：空间自回归面板模型（7-4）或者空间误差面板模型（7-7）。

三、实证结果分析

（一）空间自相关检验

本研究对模型使用的变量进行了全域空间自相关性 Moran's I 检验，限于篇幅，本研究仅列出被解释变量人均 GDP（$\ln H$）和产业结构升级度（$\ln O$）的空间自相关检验结果（见表7-1）。

表7-1　空间自相关全域 Moran's I 检验

年份	$\ln H$	$\ln O$
	Moran's I（P-value）	Moran's I（P-value）
2010	0.297（0.001）	0.107（0.076）
2011	0.292（0.001）	0.109（0.072）
2012	0.278（0.002）	0.116（0.064）
2013	0.267（0.002）	0.119（0.061）
2014	0.250（0.004）	0.109（0.072）
2015	0.248（0.004）	0.118（0.061）
2016	0.253（0.003）	0.129（0.050）
2017	0.279（0.001）	0.136（0.042）

通过 Moran's I 检验可知，对于样本期间的各个年份，人均 GDP（$\ln H$）全域的 Moran's I 都在 0.24 以上，且历年都表现得很显著；产业结构升级度（$\ln O$）全域的 Moran's I 都在 0.10 以上，且显著度逐年提高。这表明人均 GDP（$\ln H$）和产业结构升级度（$\ln O$）均存在着空间自相关。

（二）模型的估计

本研究讨论的模型估计工作基于上述数据进行估计。平常面板数据模型有两种估计方法：固定效应和随机效应。因此，我们首先用了 Hausman 检验来断定使用哪种模型估计。Hausman 检验表明，应该利用固定效应估计。估计结果

如下:

表7-2　模型估计结果

		经典模型		SAR 模型		SEM 模型		SDM 模型	
		回归(1)	回归(2)	回归(1)	回归(2)	回归(1)	回归(2)	回归(1)	回归(2)
变量参数	lnO	6.961 *** (14.62)	2.422 *** (5.09)	0.9709 *** (3.22)	2.010 *** (5.89)	0.6104 *** (3.57)	1.6859 *** (4.82)	0.7645 (3.18)	1.765 *** (5.48)
	lnS		0.458 *** (16.70)		0.2577 *** (8.65)		0.3036 *** (9.21)		.2349 *** (8.79)
	lnD		0.0141 (0.08)		0.0909 (0.78)		0.1015 (1.13)		0.2082 * (1.98)
	W∗lnO							2.5055 *** (5.83)	1.228 * (2.47)
	W∗lnS								−0.0522 ** (−2.34)
	W∗lnD								−0.7212 *** (−3.12)
	δ			0.8380 ***	0.4969 ***			0.8127 ***	0.7083 ***
	γ					0.9217 ***	0.8428 ***		
拟合检验	Adj. R²	0.4972	0.8621	0.6741	0.8871	0.4972	0.8613	0.6850	0.8806
	F	27.96	56.16						
	Log-likelihood			151.1304	226.7215	196.0405	247.2485	314.6484	375.8501

由上表的估计结果可以看出:

1. 从调整的拟合优度 R^2 来看,四种模型的 R^2,除了 2 个值接近 0.5 以外,其他都超过了 0.67,从数据样本的容量上有限的角度考虑,根据国际惯例,从常用的标准来看,超过 0.4 即可解释模型拟合效果比较理想,从而,也说明可以用产业结构升级度解释人均 GDP。另外,考虑空间相关性的 SAR 模型、SEM 模型以及 SDM 模型的 R^2 几乎高于不考虑空间相关性的经典面板模型。可见,在探讨产业结构升级度对经济增长影响时,如果忽略空间相关性,则很可能出现模型估计偏差。

2. SAR 模型的分析结果显示,人均 GDP 的空间滞后项回归系数 δ 估计值的符号为正,且在 1% 的程度上显著,说明人均 GDP 在空间上的相关性,即相邻省的人均 GDP 升高对本省(市、区)的人均 GDP 有正向影响的效应。因此,对于经典模型来说,由于没考虑空间相关性,回归求得的产业结构升级度对人均 GDP 影响的估计值就是有偏差的。

3. SEM 模型的结果显示，空间误差自相关系数 γ 估计值的符号为正，而且在 1% 的水平上显著，说明误差项存在空间上的相关性。由此，对于 SAR 模型来说，由于没有考虑误差项的空间相关性，回归求得的产业结构升级度对人均 GDP 影响的估计值也是有偏差的。

4. SDM 模型的结果显示，解释变量产业结构升级度 O 空间交互项的回归系数估计值符号为负，且在 5% 水平下显著，说明产业结构升级度对人均 GDP 的影响也存在空间交互作用。为此，对于 SAR 模型和 SEM 模型而言，由于没有考虑产业结构升级度对人均 GDP 影响的空间交互作用，回归求得的产业结构升级度对人均 GDP 影响的估计值就是有偏差的。相反，由于 SDM 模型既考虑了人均 GDP 的空间相关性，又考虑了产业结构升级度和误差项的空间相关性，其对于产业结构升级度对人均 GDP 影响的估计值是无偏差且一致的。

5. 本研究最终选择的 SDM 模型估计结果，产业结构升级度（lnO）的系数 β_1 估计值为 1.765，并且在 1% 的水平下显著，表明产业结构升级度对人均 GDP 有显著的正向影响，且产业结构升级度对人均 GDP 的弹性约为 1.765，具体地，产业结构升级度每上升 1%，人均 GDP 平均而言将上涨 0.765%。另外，所选取的控制变量 S、D 的参数估计值均至少在 5% 的水平下显著，表明运输和互联网的发展对人均 GDP 有显著影响。[①]

四、研究结论

本研究通过对产业结构升级对经济增长影响的理论和实证分析，认为产业结构升级对经济增长有显著的正向影响，说明产业结构的调整与升级促进了区域经济和人民收入的快速发展，但是考虑到近年来中国面临严峻的国际国内形势，我们认为产业结构调整的步伐不能停止。

本研究得出的主要结论如下：（1）经济增长具有一定的区域性，表现为各省经济的增长的差异性。同时，不同区域之间的经济增长，也存在空间联动，特别是相邻的区域；（2）产业结构升级在中国范围内有较强的空间差异，也存在一定的空间相关性；（3）由分析结果可知，人均 GDP、产业结构升级度存在较强的空间自相关；（4）产业结构升级对经济增长具有显著正影响；（5）加入运输线路长度 S、互联网接入端口数 D 等控制变量后，没有明显地改变结果，说明了结果的稳健性。

---

① 谭本艳，黄婧，向古月 . 房企融资杠杆对房价影响的实证分析 [J]. 统计与决策，2018 (6)：173-176.

第二节 基于 Theil 系数分析西部民族地区 经济发展的空间差异

一、Theil 系数评测模型

为测量区域空间发展的变化以及空间差异，采取洛伦兹曲线、基尼系数、泰尔系数、标准差、变异系数、加权变异系数、离均差系数和加权离均差系数等进行评测。洛伦兹曲线能比较直观地显示人均收入指标在区域间分布的均衡或不均衡程度，洛伦兹曲线越接近平等线，表示各区域间的人均收入越趋向于等同。[1] 洛伦兹曲线的优点是直观，缺陷是它只看到样本总体绝对差异和相对差异的程度和趋势，而不能分析每个区域在整体变化过程中的作用和贡献，在分析中，只关注不同时期整体经济差异的大大小小变化，没进一步分析单个区域或一组区域在整体变化中的作用。基尼系数是一种与洛伦兹曲线相关的人均收入状况的测量方法，计算了各地区人均收入的相对差异。基尼系数越小，差异越小，反之亦然。标准差主要用于计算地区间人均收入的绝对差异。值越大，地区间人均收入的绝对差异越大。利用变异系数、加权变异系数来计算不同地区人均收入的相对差异。他们的价值越小，不同地区的人均收入相对差异就越小，反之亦然。[2]

Theil 系数又称锡尔系数或者泰尔系数，最早是由 Theil 于 1967 年在分析国家之间的收入差距时提出来的。[3] Theil 系数表示的区域之间的收入差距总水平等于逐一区域收入份额与人数份额之比的对数的加权总和，权数为各区域的收入份额。而且 Theil 系数可以直接将区域间的总差异分解为组间差异和组内差异两部分，故而为观察和揭示组间差异和组内差异分别的变动方向和大小，以及分析各自在总差异中重要性及其影响提供了方便，同时，也补救了洛伦兹曲线的缺点。[4]

Theil 系数的算法有两种，包括两个 Theil 系数指标，即：Theil 系数 T 和 Theil 系数 L，两者的不同之处在于 Theil 系数 T 以 GDP 加权测算，而 Theil 系数

① 覃成林. 中国区域经济差异研究 [M]. 北京：中国经济出版社，1997：9.
② 覃朝晖. 成渝老工业基地可持续发展研究 [D]. 北京：中央民族大学，2011.
③ THEIL H. Economics and Information Theory [M]. Amsterdam：North·Holland，1967.
④ 覃朝晖. 成渝老工业基地可持续发展研究 [D]. 北京：中央民族大学，2011.

L 则以人数比重加权测算。Theil 系数越大，表示各个区域间经济发展水平差异越大；Theil 系数越小，表示各个区域间经济发展水平差异越小。[①]

下面利用 Theil 系数，以 GDP 比重加权为例，一般以行政区域为单位，计算地区的空间差异，从而可以考察区域经济空间结构的演变过程。Theil 系数 T 的计算公式为：

$$T = \sum_{n=1}^{n} Y_i \ln \frac{Y_i}{P_i} \qquad\qquad 公式 （7-9）$$

上式中，n 为区域个数，Y_i 为 i 区域 GDP 的份额，P_i 为 i 地区的人口数的份额。如果区域内再分区域单元，则对 Theil 系数 T 做一阶分解，Theil 系数可以表示为：

$$T = T_a + T_b$$
$$= \sum_{i=1}^{n} Y_i \ln \frac{Y_i}{P_i} + \sum_{i=1}^{n} Y_i \left[\sum_{j}^{m} \left(\frac{Y_{ij}}{Y_i} \right) \ln \left(\frac{Y_{ij}/Y_i}{P_{ij}/P_i} \right) \right] \qquad 公式 （7-10）$$

上式中，T_a 为一级区域之间的差异，T_b 为二级内部之间的差异，n 为一级区域个数，m 为二级区域的个数，并且随着 n 的变化，m 也随之变化，Y_i 为 i 区域 GDP 占全部 GDP 的份额，Y_{ij} 为 j 区域 GDP 占 i 区域的份额，P_i 为 i 区域人口占全部区域人口的份额，P_{ij} 为 j 区域人口占 i 区域人口的份额，依次类推，再下一级区域单元，则对 Theil 系数作二阶嵌套分解，Theil 系数可以表示为：

$$T = T_a + T_b + T_c$$
$$= \sum_{i=1}^{n} Y_i \ln \frac{Y_i}{P_i} + \sum_{i=1}^{n} Y_i \left[\sum_{j}^{m} \left(\frac{Y_{ij}}{Y_i} \right) \ln \left(\frac{Y_{ij}/Y_i}{P_{ij}/P_i} \right) \right]$$
$$+ \sum_{i=1}^{n} Y_i \left[\sum_{j}^{m} \left(\frac{Y_{ij}}{Y_i} \right) \ln \left(\frac{Y_{ij}/Y_i}{P_{ij}/P_i} \right) \right] \left[\sum_{k=1}^{l} \left(\frac{Y_{ijk}}{Y_{ij}} \right) \ln \left(\frac{Y_{ijk}/Y_{ij}}{P_{ijk}/P_{ij}} \right) \right]$$

$$公式 （7-11）$$

上式中，T_a 为一级区域之间的差异，T_b 为二级区域内部的差异，T_c 为三级区域内部的差异，n 为一级区域个数，m 为二级区域在 n 区域内个数，l 为三级区域在 m 区域内的个数，并且随着 n 的变化，根据实际指标的选取原则，m 随之变化，l 也随之变化。Y_i 为 i 区域 GDP 占全部 GDP 的份额，Y_{ij} 为 j 区域 GDP 占 i 区域的份额，Y_{ijk} 为 k 区域 GDP 占 Y_{ij} 区域 GDP 的份额，P_i、P_{ij}、P_{ijk} 表示人口的份

[①] 覃朝晖. 成渝老工业基地可持续发展研究 [D]. 北京：中央民族大学，2011.

额，解释与 Y_i、Y_{ij}、Y_{ijk} 的解释相同。①同理，可以推到 X 级区域，X 为大于或者等于零的整数。②

二、数据的来源与实证结果分析

下面根据中国省级行政单位 GDP 及人口数据，以东部、中部、西部、东北部四个区域为基本单元，进行一阶分解分析，对中国区域经济发展差异进行考察。根据国家统计局的区域划分标准和本研究对西部民族地区的界定，现分区域如下。

一级区域 4 个为：

东部、中部、西部、东北。

二级区域为：

西部民族地区包括：内蒙古自治区、新疆维吾尔自治区、宁夏回族自治区、陕西省、甘肃省、青海省、重庆市、四川省、西藏自治区、广西壮族自治区、贵州省、云南省 12 省、自治区。

东部地区包括：北京市、天津市、上海市、河北省、山东省、江苏省、浙江省、福建省、广东省、海南省 10 省、直辖市、自治区。

中部地区包括：山西省、河南省、湖北省、安徽省、湖南省、江西省6 省。③

东北地区包括：黑龙江省、吉林省、辽宁省 3 省。

因此，我们要用到的公式是公式（7-10），对上述区域的锡尔系数进行评价。根据各省统计年鉴中的数据进行计算，得出各地区 2010—2017 年的 Theil 系数表，包含了 4 大片区之间及内部差异等 6 个种类的 Theil 系数表。

① 鲁凤，徐建华．基于二阶段嵌套锡尔系数分解方法的中国区域经济差异研究［J］．地理科学，2005（4）：401-407.

② 覃朝晖．成渝老工业基地可持续发展研究［D］．北京：中央民族大学，2011.

③ 林长云，衣保中．我国政府卫生资金投入空间分布及公平性研究［J］．中国卫生经济，2019（5）：23-26.

表7-3 全国各省 Theil 系数

地区	2010年	2011年	2012年	2013年	2014年	2015年	2016年	2017年
北 京	0.0415	0.0359	0.0342	0.0332	0.0324	0.0320	0.0319	0.0321
天 津	0.0293	0.0345	0.0247	0.0223	0.0208	0.0203	0.0201	0.0201
河 北	0.0271	0.0291	0.0270	0.0906	0.0857	0.0835	0.0817	0.0799
山 西	0.0273	0.0277	0.0238	0.1128	0.1063	0.1042	0.1010	0.0982
内蒙古	0.0149	0.0135	0.0124	0.1073	0.1026	0.1009	0.0991	0.0970
辽 宁	0.0277	0.0265	0.0271	0.0772	0.0747	0.0732	0.0718	0.0712
吉 林	0.0168	0.0143	0.0141	0.0673	0.0648	0.0675	0.0662	0.0654
黑龙江	0.0176	0.0176	0.0139	0.0673	0.0624	0.0629	0.0620	0.0613
上 海	0.0323	0.0309	0.0322	0.0212	0.0206	0.0240	0.0231	0.0232
江 苏	0.0248	0.0259	0.0240	0.0657	0.0619	0.0595	0.0575	0.0557
浙 江	0.0346	0.0311	0.0265	0.0534	0.0504	0.0485	0.0470	0.0452
安 徽	0.0185	0.0167	0.0148	0.1029	0.0961	0.0935	0.0917	0.0893
福 建	0.0231	0.0202	0.0209	0.0786	0.0745	0.0724	0.0702	0.0676
江 西	0.0120	0.0115	0.0124	0.0910	0.0874	0.0842	0.0814	0.0793
山 东	0.0154	0.0132	0.0130	0.0915	0.0860	0.0820	0.0791	0.0766
河 南	0.0131	0.0115	0.0114	0.0942	0.0893	0.0867	0.0832	0.0814
湖 北	0.0129	0.0123	0.0126	0.0782	0.0736	0.0718	0.0721	0.0706
湖 南	0.0133	0.0146	0.0142	0.1120	0.1062	0.1029	0.1003	0.0977
广 东	0.0335	0.0313	0.0281	0.0766	0.0741	0.0715	0.0703	0.0690
广 西	0.0199	0.0187	0.0170	0.1323	0.1254	0.1202	0.1147	0.1102
海 南	0.0293	0.0242	0.0222	0.0950	0.0883	0.0837	0.0798	0.0774
重 庆	0.0240	0.0215	0.0216	0.0974	0.0912	0.0855	0.0810	0.0775
四 川	0.0170	0.0149	0.0147	0.1119	0.1058	0.1017	0.0979	0.0950
贵 州	0.0206	0.0188	0.0179	0.1858	0.1746	0.1677	0.1626	0.1574
云 南	0.0262	0.0244	0.0240	0.1710	0.1630	0.1562	0.1515	0.1466
陕 西	0.0156	0.0160	0.0147	0.1384	0.1307	0.1260	0.1222	0.1176
甘 肃	0.0127	0.0140	0.0123	0.1878	0.1791	0.1731	0.1716	0.1676
青 海	0.0154	0.0133	0.0133	0.1439	0.1356	0.1365	0.1337	0.1305
宁 夏	0.0260	0.0244	0.0176	0.1155	0.1090	0.1058	0.1036	0.1000
新 疆	0.0196	0.0156	0.0174	0.1152	0.1114	0.1197	0.1188	0.1167

表 7-4　全国分区域 Theil 系数

	四大区域之间	东部内部	中部内部	东北内部	西部民族地区内部	总 Theil系数
2010	0. 1201	0. 0195343	0. 001005349	0. 001737352	0. 011027812	0. 1534
2011	0. 1209	0. 017519	0. 000399483	0. 001683022	0. 011524855	0. 152
2012	0. 1167	0. 0167546	0. 001050219	0. 00184469	0. 010989841	0. 1474
2013	0. 0979	0. 0218487	0. 001090203	0. 002069963	0. 009737524	0. 1327
2014	0. 1086	0. 0176922	0. 001341927	0. 002084109	0. 009124004	0. 1388
2015	0. 0938	0. 0191916	0. 00165746	0. 001903212	0. 008036791	0. 1246
2016	0. 0963	0. 0208929	0. 00193203	0. 000499305	0. 007323592	0. 127
2017	0. 0698	0. 0216046	0. 00154896	0. 000458179	0. 005558636	0. 099

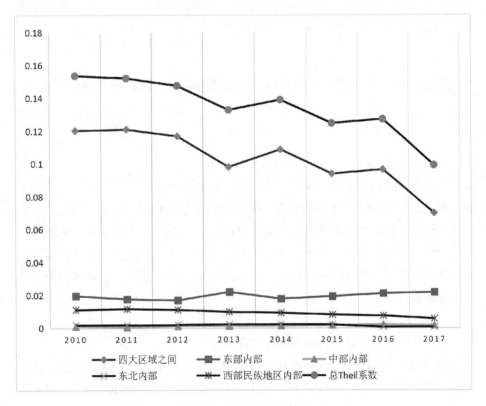

图 7-1　Theil 系数趋势图

　　在测算 Theil 系数的过程中采用了 GDP 和人口两个指标,利用公式(7-10)进行计算,从而所反映出其相对差异变化的趋势。根据表 7-4 与图 7-1 可以看出 2010—2017 年中国及西部民族地区内外的演变趋势,从总的 Theil 系数的变迁和趋势图来看,从 2010 到 2017 年间,呈下降趋势,说明在这段时间的经济发展空间差异在缩小,在这个过程中还表现出了一些波动,比如 2014 年相对于 2013 年的上升,但没有改变总体下降的趋势。从四大区域之间的 Theil 系数的走势可以看出,呈总体下降趋势,说明它们之间的差异在缩小,也体现了国家在明确中国经济主要矛盾以后,进行的改革措施的有效性。从各个区域内部的 Theil 系数的走势可以看出,西部民族地区的空间差异在逐步缩小,但是缩小的幅度相对于全国缩小的幅度而言,相对有限。东部内部的空间差异表现比较平稳,略有上升的趋势。中部内部的空间差异比较小,而且趋势比较平稳,略有波动,呈微小上升趋势。东北内部的空间差异较小,且有略微下降趋势。

　　综上分析可以看出,中国空间总体差异以及东、中、西、东北区域之间差异呈下降趋势,同时,西部民族地区总体差异呈下降趋势,东、中、西、东北片区内部差距没有明显剧烈波动,表现得都比较平稳。

第三节　基于 GIS 分析西部民族地区经济发展的空间差异

一、各地区 GDP 分布空间差异分析

　　从 2010 年到 2013 年,GDP 主要集中在东部沿海地区,2015 年时,中部湖北、湖南、河南地区 GDP 提升迅速,西部民族地区的四川、重庆、内蒙古、新疆发展较快,但是到 2017 年时,GDP 又有进一步向东部沿海地区集聚的趋势。

　　GDP 增长比较快的地区有广东、浙江、江苏、山东等地区,处在第二梯队的有湖北、湖南、四川、河南等省,西部民族地区总的来说,GDP 的总量和增速都比较靠后。

二、各地区三产增加值分布空间差异分析

　　2010 年,除了上海、北京等地区外,第三产业增加值普遍低于第二产业增加值,第二产业增加值在 GDP 的构成中占有主导地位。从 2013 年开始,就陆续有广州等地区的第三产业增加值超过了第二产业,经过 2015 年,到 2017 年,东部地区大部分地区的第三产业增加值超过了第二产业,在 GDP 构成中占有主导

地位。在西部民族地区，虽然部分地区第三产业增加值超过了第二产业，但是GDP 的规模太小，且发展速度相对较慢，即使部分地区的发展速度较快，但是基数太小，增值的绝对值和东部地区比显得微不足道。

三、各地区人均 GDP 分布空间差异分析

从 2010 年开始，东部沿海地区的人均 GDP 一直位于全国的前列，而且，到2017 年时，这种趋势不但没有减弱，还有进一步向中西部地区扩大的趋势，特别是北京、上海、深圳、江苏、广东、浙江等地，人均 GDP 远远高于全国平均水平，相反，西部民族地区的人均 GDP 一直处于低位，且增长的幅度有限。

东部地区人均 GDP 增长快于中部地区，而中部地区的人均 GDP 快于西部民族地区和东北地区，西部民族个别地区的人均 GDP 还出现了下降，说明了西部民族地区的经济发展与人们的生产水平相对比较落后，有待进一步通过各种方式促进西部民族地区的发展。

四、各地区人口分布空间差异分析

从 2010 年开始，人口比较多的省份有四川、山东、河南、江苏、广州等，人口集聚的原因有经济原因，也有历史原因，一直到 2017 年，全国各地区人口变化较小，包括西部民族地区，西藏、青海、宁夏等地人口规模相对较小。

人口规模相对比较稳定，相对而言，东部地区人口增长的速度要快一些，这其中包括了西部民族地区，以及东北部地区人口向东部的迁移。这在很大程度上与东部地区经济发展水平有关。

第八篇

西部民族地区生态产业系统耦合 发展预测仿真与优化

第一节 仿真模型的构建与运行

一、系统动力学的原理与方法

系统动力学是麻省理工学院 Forrest 教授 1961 年提出的将结构、功能和历史相结合的系统模拟方法。依据实际观测数据建立了系统的结构模型，并开展了计算机实验。为得到将来行为规律的知识，开展预测和模拟。[①] 系统动力学模型（SD）是一种动态反馈模型，它有四个重要变量：（1）存量，也叫作状态变量：累计输入和输出变量的变量是代表系统累计效应的变量；（2）流量，也称作速度变量（速率）：在 t 中，状态变量方程、表输入和表输出的生成变量称作速度变量，表示累积效应的变化；（3）辅助变量，也称作转换器，是状态变量和速度变量之间的信息通途中的变量集，是分析反馈结果的合理手段；（4）常量，也称作外部变量。生成变量：在模拟运转期间其值保持不变或略有变化的变量。系统动力学首先要描述系统的状态。对于每个系统的状态，或每个物质流流经的状态实体，在系统动力学模型流程图中，表现为一种"水箱"结构。[②]

"水箱"结构图说明，系统的状态是由输入流和输出流决定的，其本质是通过设置速度变量方程对系统的一系列因果反馈回路开展动态模拟，故而定量出

[①] 覃朝晖. 成渝老工业基地可持续发展研究 [D]. 北京：中央民族大学，2011.

[②] 李旭. 社会系统动力学 [M]. 上海：复旦大学出版社，2009：13.

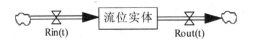

图 8-1 "水箱" 结构图

系统的整体行为，其方程表达式为①：

$$L(t_i) = L(t_{i-1}) + DT \times t_i \qquad 公式（8-1）$$

上式中，$L(t_i)$ 表示时间 t_i 的数目，$L(t_{i-1})$ 表示时间 t_{i-1} 的数目，DT 表示从时间 t_{i-1} 到时间 t_i 的变化速度，t_i 表示时间间隔。一个速度方程表示为系统动力学的一个基本单元，由这些基本单元串联起来就构成了拥有反馈因果关系的系统动力学模型。②

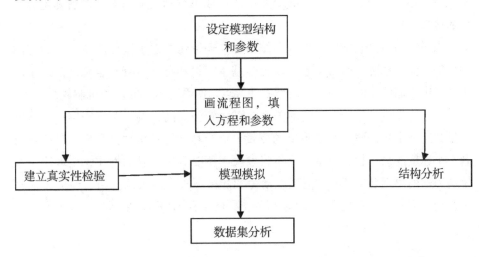

图 8-2 系统动力学模型流程框架图③

从系统动力学模型的流程框架图可以发觉，在系统动力学模型建构之前，就确定了分析目标，分析了系统的因果关系，划定了系统的范围和边界。④ 只

① 覃朝晖. 基于 SD 模型评测区域低碳经济发展研究——以成渝经济区为例 [J]. 资源开发与市场，2012（11）：990-993.
② 李旭. 社会系统动力学 [M]. 上海：复旦大学出版社，2009：41-43.
③ 何有世. 区域社会经济系统发展动态仿真与政策调控 [M]. 合肥：中国科学技术大学出版社，2008：18.
④ 覃朝晖. 基于 SD 模型评测区域低碳经济发展研究——以成渝经济区为例 [J]. 资源开发与市场，2012（11）：990-993.

有建立了系统动力学模型，才能开展计算机仿真、结果分析、模型修正和重复仿真。①

二、西部民族地区生态产业系统耦合系统动力学 SD 模型

西部民族地区多属典型山区，拥有沟域分布特点。沟域经济生态产业发展的目标是以可持续发展为出发点，依据区域资源和民族特征，发展生态经济、共享经济，构建和谐社会。建立系统动力学模型不只需要开发系统、支持系统和约束系统之间的关系，还需要考察与其他系统之间的关系。针对需要分析的西部民族地区问题，确定它们变量之间的关系，也就是系统中包含了与生态产业发展密切相关的变量。相关性较小的变量在系统外部设立。在明确系统的变量之后，还需要确定每个系统或分系统的构成单位和影响因素，然后确定分系统的接口。②

当系统的边界确定后，选取系统指标，经过建立系统流程图使所分析的问题越加具体。系统流程图是系统动力学基本变量和符号的有机组合，描述了因果关系中不能反映的不同变量的性质和特点，使系统内部的作用机制越加清晰。然后，进一步量化流程图之间的关系，以达到仿真的目的。在流程图中，状态变量和速度变量是两个非常重要的变量。对于复杂的系统动力学模型，应该有若干个速度变量和状态变量，这不只取决于所要分析问题的性质，也取决于系统动力学的原理要求。③ 依据系统动力学建模原理和前人的分析，建立了西部民族地区生态产业系统耦合 SD 模型的指标体系和 SD 模型图。④

① 覃朝晖. 成渝老工业基地可持续发展研究 [D]. 北京：中央民族大学，2011.
② 李旭. 社会系统动力学 [M]. 上海：复旦大学出版社，2009：19-25.
③ 覃朝晖. 成渝老工业基地可持续发展研究 [D]. 北京：中央民族大学，2011.
④ 李旭. 社会系统动力学 [M]. 上海：复旦大学出版社，2009：41-43.

表 8-1　西部民族地区生态产业系统耦合 SD 模型指标体系

第一层次	第二层次	第三层次	
西部民族地区生态产业系统耦合 SD 模型	发展系统 Z_1 Development System	X_1	第一产业增加值（亿元）
		X_2	第二产业增加值（亿元）
		X_3	第三产业增加值（亿元）
		X_4	人均 GDP（元）
		X_5	GDP（亿元）
		X_6	社会消费品零售总额（亿元）
		X_7	货物进出口总额（万美元）
		X_8	全社会固定资产投资（亿元）
		X_9	旅游总收入（亿元）
	支撑系统 Z_2 Support system	X_{10}	第一产业就业人员（万人）
		X_{11}	第二产业就业人员（万人）
		X_{12}	第三产业就业人员（万人）
		X_{13}	运输线路长度（千米）
		X_{14}	规模以上企业研发经费（元）
		X_{15}	耕地面积（千公顷）
		X_{16}	人均水资源量（立方米/人）
		X_{17}	城镇居民人均可支配收入（元）
		X_{18}	农村居民人均纯收入（元）
	约束系统 Z_3 Constraint system	X_{19}	年末总人口（万人）
		X_{20}	水资源总量（亿立方米）
		X_{21}	电力消费量（亿千瓦时）
		X_{22}	自然保护区面积（万公顷）
		X_{23}	生活垃圾清运量（万吨）
		X_{24}	二氧化硫排放量（万吨）
		X_{25}	烟（粉）尘排放量（万吨）
		X_{26}	废水排放总量（万吨）
		X_{27}	工业固体废物产生量（万吨）

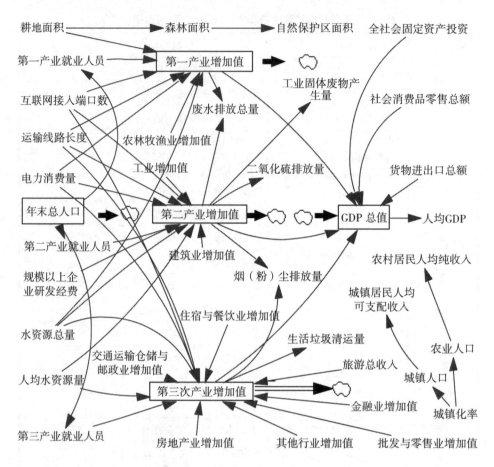

图 8-3　西部民族地区生态产业系统耦合 SD 模型

第二节　西部民族地区生态产业系统耦合仿真模拟

采用相关 SD 软件，将所建立的西部民族地区生态产业系统耦合的系统动力学方程，输入程序进行仿真模拟，并对模型的信度和效度进行检验，符合 SD 系统动力学的建模要求。模拟中的参数主要来源于中国统计年鉴、各省统计年鉴以及相关官方公开数据。

表 8-2　西部民族地区生态产业系统耦合度指标数据

	指标	2010	2013	2015	2017
发展系统指标	第一产业增加值（亿元）	10701.31	15700.82	17362.24	19201.94
	第二产业增加值（亿元）	40693.9	62356.54	64735.9	69428.57
	第三产业增加值（亿元）	30013.27	47945.42	62920.78	79931.06
	人均 GDP（元）	23458.08	35909.42	40410.25	45576.58
	GDP（亿元）	81408.49	126002.78	145018.92	168561.57
	社会消费品零售总额（亿元）	27374.76	42508.53	55124.1	68098.8
	货物进出口总额（万美元）	12838626	27754795	29089728	31022909
	全社会固定资产投资（亿元）	61892.22	109260.91	140416.6	169715.0
	旅游总收入（亿元）	8267.18	17468.6	26421.41	44440
支撑系统指标	第一产业就业人员（万人）	10092.03	9944.4	9698.579	9442.34
	第二产业就业人员（万人）	4179.05	4054.07	4157.41	4204.19
	第三产业就业人员（万人）	6967.37	6518.34	7258.83	7868.49
	运输线路长度（千米）	1636067	1809785	1929165	2029907
	规模以上企业研发经费（万元）	3934352	8779643	10113172	12572270
	耕地面积（千公顷）	50408.3	50419.1	50428.6	50408.8
	人均水资源量（立方米/人）	15963.45	14905.54	12878.24	15063.67
	城镇居民人均可支配收入（元）	15389.19	21878.08	26087.82	30652.38
	农村居民人均纯收入（元）	4392.42	7284.48	8914.12	10618.50
约束系统指标	年末总人口（万人）	36069	36637	37133	37695
	水资源总量（亿立方米）	15329	15079	14552.9	16328.2
	电力消费量（亿千瓦时）	9903	14051.4	15415.4	16839
	自然保护区面积（万公顷）	12278	12048.4	12044.9	12019.7
	生活垃圾清运量（万吨）	3135	3592	4030.4	4308.2
	二氧化硫排放量（万吨）	817	759.3	689.99	369.78
	烟（粉）尘排放量（万吨）	276.8797	421.84	444.24	271.27
	废水排放总量（万吨）	1259892	1395419	1505186	1575423
	工业固体废物产生量（万吨）	73694	109156	112697	118262

资料来源：中国统计局，中国及各省统计年鉴 2011—2018。

一、西部民族地区发展系统仿真

西部民族地区发展系统主要选择了 X_1 第一产业增加值（亿元）、X_2 第二产业增加值（亿元）、X_3 第三产业增加值（亿元）、X_4 人均 GDP（元）、X_5 GDP（亿元）、X_6 社会消费品零售总额（亿元）、X_7 货物进出口总额（万美元）、X_8 全社会固定资产投资（亿元）、X_9 旅游总收入（亿元）等指标进行模拟。

（一）三次产业增加值

按照西部民族地区产业现在的增长趋势，第一产业增加值由 2013 年的 15701 亿元，增长到 2045 年的 43680 亿元，总体呈上升趋势，但是上升的幅度有限。第二产业增加值由 2013 年的 62357 亿元，增长到 2045 年的 118547 亿元，跟第一产业一样，总体呈上升趋势，但是上升的幅度有限。第三产业增加值由 2013 年的 47945 亿元，增长到 2045 年的 303491 亿元，总体呈大幅上升趋势。这也说明了第三产业是西部民族地区重点发展方向。

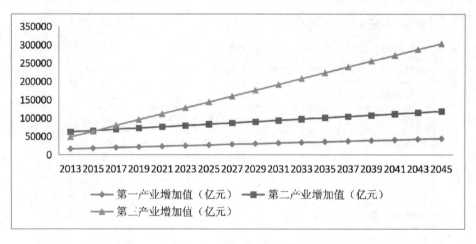

图 8-4 三次产业增加值

（二）人均 GDP

按照发展趋势，西部民族地区人均 GDP 由 2013 年的 35909 元，到 2045 年，上升到 113135 元，可见，人均 GDP 呈逐年上升趋势，但与东部发达地区还存在一定差距。

（三）GDP 总值

按照发展趋势，西部民族地区 GDP 总值由 2013 年的 126002 亿元，上升到

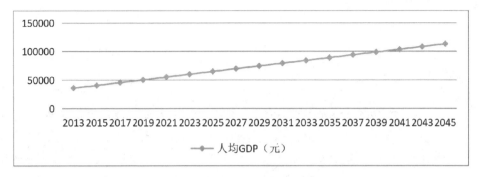

图 8-5　人均 GDP

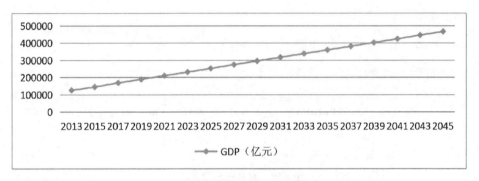

图 8-6　GDP 总值

2045 年的 465718 亿元。可见，GDP 总值及构成呈逐年上升趋势，并且，GDP 的增长主要由第三产业的增长贡献。

（四）社会消费品零售总额

按照发展趋势，西部民族地区社会消费品零售总额由 2013 年的 42508 亿元，上升到 2045 年的 247170 亿元，可见，社会消费品零售总额呈逐年上升趋势，上升幅度高于 GDP 的上升幅度。

（五）货物进出口总额

按照发展趋势，西部民族地区货物出口总额由 2013 年的 27754795 万美元，上升到 2045 年的 53799999 万美元，可见，外贸出口总额呈逐年上升趋势，但上升的规模与幅度有限。

（六）全社会固定资产投资总额

按照发展趋势，西部民族地区全社会固定资产投资总额由 2013 年的 109260

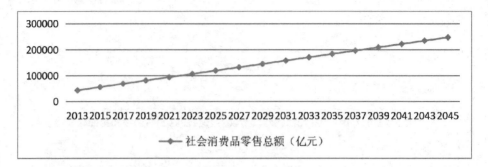

图 8-7　社会消费品零售总额

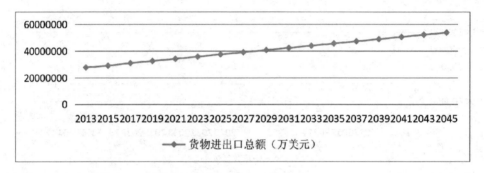

图 8-8　货物进出口总额

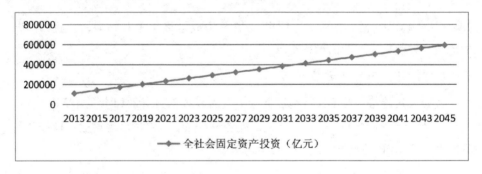

图 8-9　全社会固定资产投资总额

亿元，上升到 2045 年的 593203 亿元，可见，全社会固定资产投资总额呈逐年上升趋势，且上升的速度较快。

（七）旅游总收入

按照发展趋势，西部民族地区旅游总收入由 2013 年的 17468 亿元，上升到

2045 年的 231728 亿元，可见，旅游总收入呈逐年上升趋势，且上升的速度很快，按照这个趋势，西部民族地区旅游业发展的前景可观。

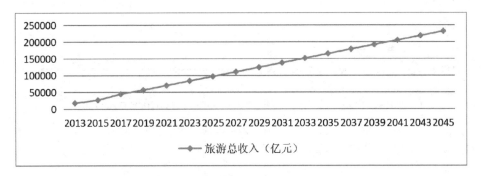

图 8-10　旅游总收入

二、西部民族地区支撑系统仿真

西部民族地区支撑系统选择 X_{10} 第一产业就业人员（万人）、X_{11} 第二产业就业人员（万人）、X_{12} 第三产业就业人员（万人）、X_{13} 运输线路长度（千米）、X_{14} 规模以上企业研发经费（元）、X_{15} 耕地面积（千公顷）、X_{16} 人均水资源量（立方米/人）、X_{17} 城镇居民人均可支配收入（元）、X_{18} 农村居民人均纯收入（元）等指标进行仿真。

（一）三次产业就业人员

按照发展趋势，西部民族地区第一产业就业人员由 2013 年的 9944 万人，下降到 2045 年的 5929 万人，第二产业就业人员由 2013 年的 4054 万人，上升到 2045 年的 5264 万人，第三产业就业人员由 2013 年的 6518 万人，上升到 2045 年的 17341 万人，可见，西部民族地区第一产业的就业人数将逐步转移到第三产业，第二产业的就业人员比较稳定。

（二）运输线路长度

按照发展趋势，西部民族地区运输线路长度由 2013 年的 1809785 千米，上升到 2045 年的 3573867 千米，可见，运输线路长度呈逐年上升趋势，但上升的幅度有限。

（三）规模以上企业研发经费

按照发展趋势，西部民族地区规模以上企业研发经费由 2013 年的 8779643 万元，上升到 2045 年的 38933064 万元，可见，规模以上企业研发经费呈逐年上升趋势。

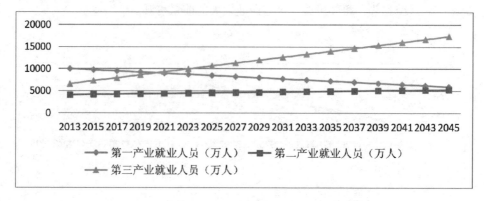

图 8-11　三次产业就业人员

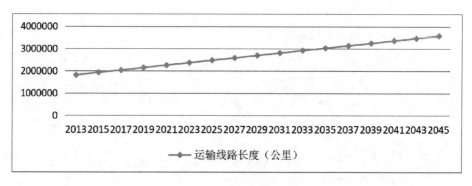

图 8-12　运输线路长度

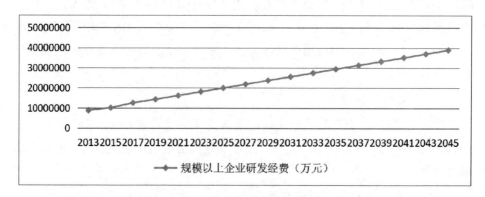

图 8-13　规模以上企业研发经费

（四）年末耕地面积（千公顷）

按照发展趋势，西部民族地区人均耕地面积由 2013 年的 50419 千公顷，下降到 2045 年的 50341 千公顷，可见，耕地面积一直处于下降趋势。

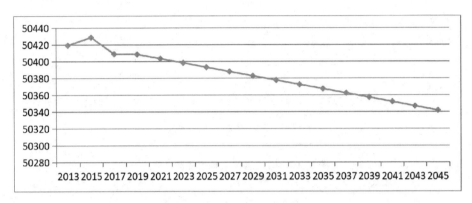

图 8-14　年末耕地面积（千公顷）

（五）人均水资源量

按照发展趋势，西部民族地区人均水资源量由 2013 年的 14905 立方米/人，上升到 2045 年的 15468 立方米/人，可见，西部民族地区水资源丰富，而且比较稳定。

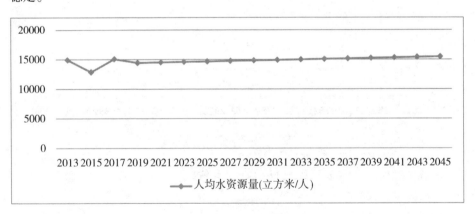

图 8-15　人均水资源量

（六）城镇居民人均可支配收入

按照发展趋势，西部民族地区城镇居民人均可支配收入由 2013 年的 21878 元，上升到 2045 年的 92013 元，可见，西部民族地区城镇居民人均支配收入稳定增长。

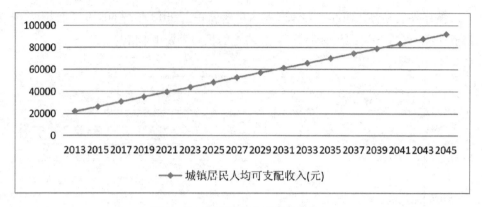

图 8-16　城镇居民人均可支配收入

（七）农村居民人均纯收入

按照发展趋势，西部民族地区农村居民人均纯收入由 2013 年的 7284 元，上升到 2045 年的 33944 元，可见，西部民族地区农村居民人均纯收入稳定增长。但是与城镇相比，存在较大差距，且绝对量的差距越来越大。

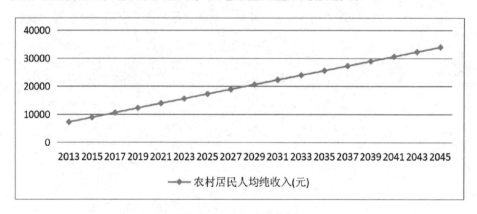

图 8-17　农民人均纯收入

三、西部民族地区约束系统仿真

约束系统仿真选择：X_{19}年末总人口（万人）、X_{20}水资源总量（亿立方米）、X_{21}电力消费量（亿千瓦时）、X_{22}自然保护区面积（万公顷）、X_{23}生活垃圾清运量（万吨）、X_{24}二氧化硫排放量（万吨）、X_{25}烟（粉）尘排放量（万吨）、X_{26}

废水排放总量（万吨）、X_{27}工业固体废物产生量（万吨）等指标进行分析。

（一）年末总人口

按照发展趋势，西部民族地区年末总人口由 2013 年的 36637 万人，上升到 2045 年的 45090 万人，可见，西部民族地区总人口呈稳定增长趋势。

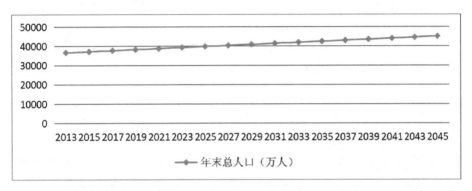

图 8-18　年末总人口

（二）水资源总量

按照发展趋势，西部民族地区水资源总量由 2013 年的 15079 亿立方米，上升到 2045 年的 24689 亿立方米，可见，西部民族地区水资源总量呈稳定增长趋势。

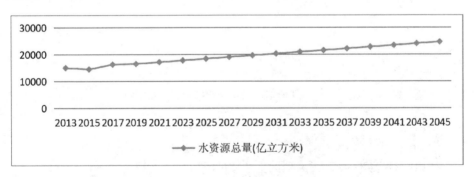

图 8-19　水资源总量

（三）电力消费量

按照发展趋势，西部民族地区电力消费量由 2013 年的 14051 亿千瓦时，上升到 2045 年的 36342 亿千瓦时，可见，西部民族地区电力消费量呈稳定增长趋势。

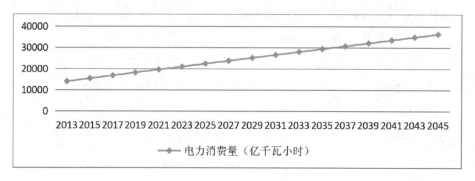

图 8-20 电力消费量

（四）自然保护区面积

按照发展趋势，西部民族地区自然保护区面积由 2013 年的 12048 万公顷，下降到 2045 年的 11822 万公顷，可见，西部民族地区自然保护区面积呈逐年下降趋势。

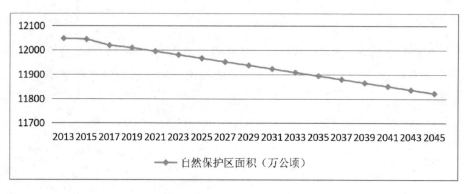

图 8-21 自然保护区面积

（五）生活垃圾清运量

按照发展趋势，西部民族地区生活垃圾清运量由 2013 年的 3592 万吨，上升到 2045 年的 9348 万吨，可见，西部民族地区生活垃圾清运量呈稳定增长趋势。

（六）二氧化硫排放总量

按照发展趋势，西部民族地区二氧化硫排放量由 2013 年的 759.3 万吨，下降到 2045 年的 0 万吨，可见，依据模拟结果，西部民族地区二氧化硫排放量呈下降趋势。

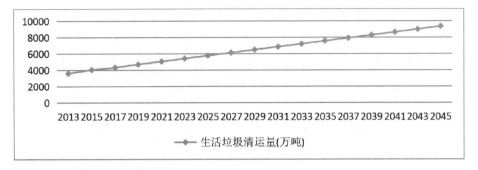

图 8-22　生活垃圾清运量

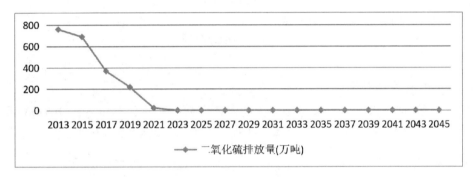

图 8-23　二氧化硫排放量

（七）烟（粉）尘排放量

按照发展趋势，西部民族地区烟（粉）尘排放量由 2013 年的 421 万吨，下降到 2045 年的 0 万吨，可见，西部民族地区烟（粉）尘排放量呈逐步下降趋势。

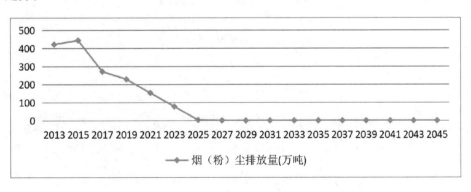

图 8-24　烟（粉）尘排放量

（八）废水排放总量

按照发展趋势，西部民族地区废水排放总量由 2013 年的 1395419 万吨，上升到 2045 年的 2822039 万吨，可见，西部民族地区废水排放总量呈稳定增长趋势。

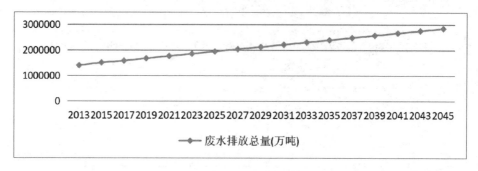

图 8-25　废水排放总量

（九）工业固体废物产生量

按照发展趋势，西部民族地区工业固体废物产生量由 2013 年的 109156 万吨，上升到 2045 年的 181666 万吨，可见，西部民族地区工业固体废物产生量呈增长趋势。

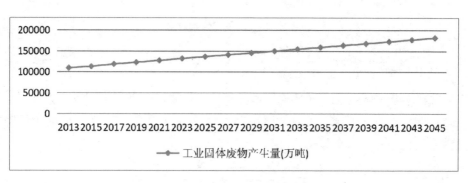

图 8-26　工业固体废物产生量

第三节　西部民族地区生态产业系统耦合优化效果预测

根据路径优化的内容，以生态文明建设为指导，做到生态建设、经济建设、社会建设、政治建设与文化建设的统一，确立其发展方向。由于从 2017 年起，

西部民族地区的经济发展已经进入了中度协调发展的阶段，其发展系统的指标
及支撑系统的指标表现良好，部分指标经过优化后，趋势没有发生根本性的变
化，只是数据相应有所调整。部分指标发生了根本性变化，具体变化表现如下。

一、西部民族地区发展系统优化

（一）三次产业增加值

考虑到西部民族地区的后发优势，调整了增长速度，使之快于调整前的增
长速度。三次产业增加值经过优化以后，到 2045 年，第一产业增加值由 43680
亿元调整为 51419 亿元，第二产业增加值由 118547 亿元调整为 145816 亿元，第
三产业增加值由 303491 亿元调整为 326491 亿元，均高于优化前的结果。

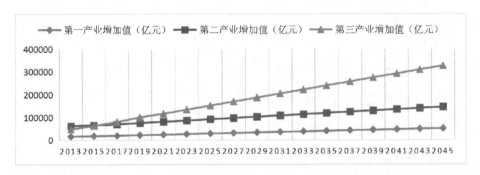

图 8-27　三次产业增加值

（二）人均 GDP

根据三次产业增加值的优化结果，西部民族地区人均 GDP 也要进行相应的
优化，到 2045 年，由 113135 元调整为 117905 元，高于优化前的结果。

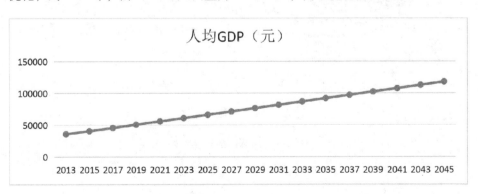

图 8-28　人均 GDP

（三）GDP 总值

根据优化结果，西部民族地区 GDP 总值同样也要进行相应的优化，到 2045 年，由 465718 亿元调整为 498158 亿元，高于优化前的结果。

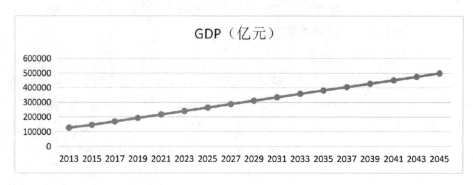

图 8-29　GDP 总值

二、西部民族地区支撑系统优化

（一）三次产业就业人员

根据优化结果，西部民族地区三次产业就业人员也进行了相应的优化，到 2045 年，第一产业就业人员由 5929 万人调整为 4552 万人，第二产业就业人员由 5264 万人调整为 8187 万人，第三产业就业人员由 17341 万人调整为 20424 万人。第一产业就业人数下降，二、三产业就业人员上升。

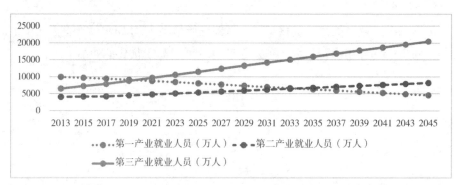

图 8-30　三次产业就业人员

（二）年末耕地面积

根据优化结果，西部民族地区耕地面积同样也要进行相应的优化，到 2045

年，由 50341 千公顷调整为 50407 千公顷，高于优化前的结果。

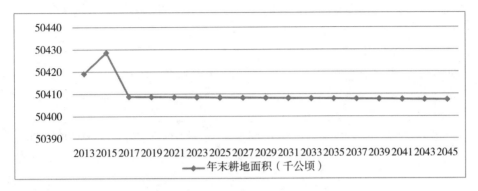

图 8-31 年末耕地面积（千公顷）

（三）农村居民年人均纯收入

为了大幅提高农民的收入，根据优化结果，西部民族地区农村居民年人均纯收入同样进行了相应的优化，到 2045 年，由 33944 元调整为 73680 元，高于优化前的结果，且缩小了与城镇居民的差距。

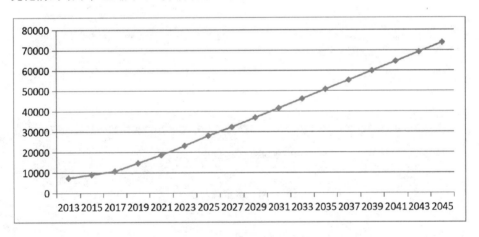

图 8-32 农村居民年人均纯收入

三、西部民族地区约束系统优化

（一）年末总人口

根据优化方案，西部民族地区年末总人口同样也要进行相应的优化，到 2045 年，由 45090 万人调整为 37390 万人，低于优化前的结果。

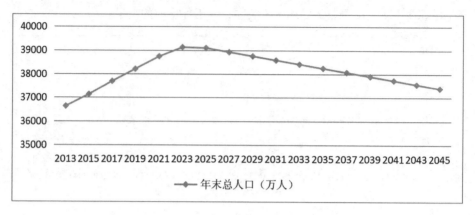

图 8-33　年末总人口

（二）水资源总量

考虑到水资源的有限性和承载力，根据优化方案，西部民族地区年水资源总量同样也要进行相应的优化，到 2045 年，由 24689 亿立方米调整为 16622 亿立方米，低于优化前的结果。

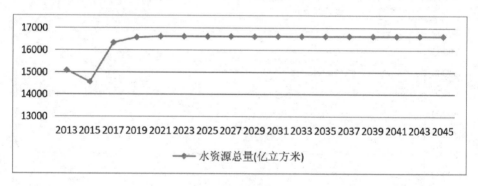

图 8-34　水资源总量

（三）电力消费量

按照节能减排的要求，根据优化方案，对西部民族地区年电力消费量进行了相应的优化，到 2045 年，由 36342 亿千瓦时调整为 20052 亿千瓦时，低于优化前的结果。

（四）自然保护区面积

根据优化方案，对西部民族地区年自然保护区面积进行了相应的优化，到 2045 年，由 11822 万公顷调整为 12133 万公顷，高于优化前的结果。

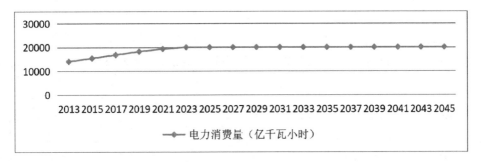

图 8-35 电力消费量

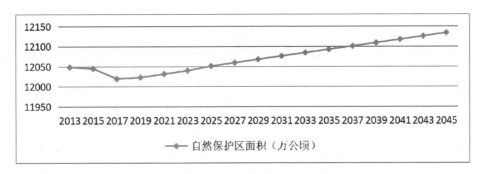

图 8-36 自然保护区面积

（五）生活垃圾清运量

根据优化方案，对西部民族地区年生活垃圾清运量进行了相应的优化，到 2045 年，由 9348 万吨调整为 4707 万吨，低于优化前的结果。

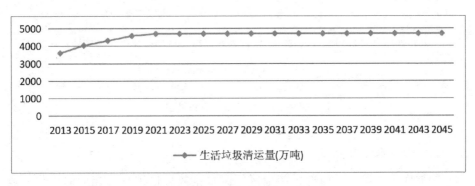

图 8-37 生活垃圾清运量

（六）二氧化硫排放总量

考虑到不可能消除全部二氧化硫排放，根据优化方案，对西部民族地区二氧化硫排放总量进行了相应的优化，到 2045 年，由 0 万吨调整为 100 万吨，高于优化前的结果。

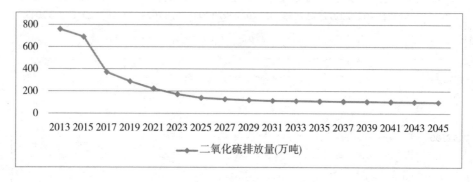

图 8-38　二氧化硫排放总量

（七）烟（粉）尘排放量

考虑到不可能消除全部烟（粉）尘的排放，根据优化方案，对西部民族地区年烟（粉）尘排放量进行了相应的优化，到 2045 年，由 0 万吨调整为 68 万吨，高于优化前的结果。

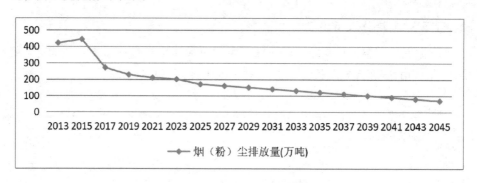

图 8-39　烟（粉）尘排放量

（八）废水排放总量

根据优化方案，对西部民族地区年废水排放总量进行了相应的优化，到 2045 年，由 2842039 万吨调整为 1842039 万吨，低于优化前的结果。

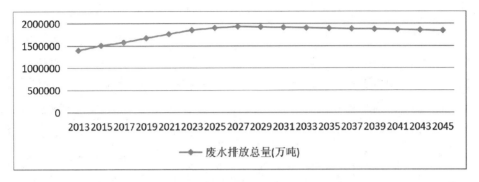

图 8-40　废水排放总量

（九）工业固体废物产生量

根据优化方案，对西部民族地区年工业固体废物产出量进行了相应的优化，到 2045 年，由 181666 万吨调整为 126667 万吨，低于优化前的结果。

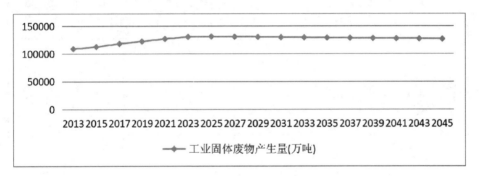

图 8-41　工业固体废物产生量

综上所述，分别对西部民族地区生态产业耦合发展的发展系统、支撑系统、约束系统进行了仿真模拟与优化。从仿真的结果来看，经济指标都有所增长，支撑系统指标平稳，约束系统指标部分下降，符合生态产业系统耦合长期发展的方向。

表 8-3 原始方案条件下的预测仿真结果

系统	指标	2025	2035	2045
发展系统指标	第一产业增加值（亿元）	26174.47	34927.27	43680.07
	第二产业增加值（亿元）	83187.08	100867.15	118547.23
	第三产业增加值（亿元）	143563.19	223527.29	303491.39
	人均 GDP（元）	64799.98	88967.88	113135.78
	GDP（亿元）	252924.73	359321.71	465718.68
	社会消费品零售总额（亿元）	119219.49	183195.16	247170.84
	货物进出口总额（万美元）	37459429	45629714	53799999
	全社会固定资产投资（亿元）	290932.73	442067.95	593203.18
	旅游总收入（亿元）	96871.84	164300.34	231728.84
支撑系统指标	第一产业就业人员（万人）	8439.96	7184.81	5929.66
	第二产业就业人员（万人）	4513.86	4889.16	5264.46
	第三产业就业人员（万人）	10590.60	13965.97	17341.35
	运输线路长度（千米）	2473257	3023562	3573867
	规模以上企业研发经费（万元）	19969929	29451497	38933064
	耕地面积（千公顷）	50393	50367	50341.58
	人均水资源量（立方米/人）	14677	15073	15468
	城镇居民人均可支配收入（元）	48141.84	70077	92013
	农村居民人均纯收入（元）	17274.08	25609.13	33944.18
约束系统指标	年末总人口（万人）	39800.00	42445.00	45090.00
	水资源总量（亿立方米）	18443.03	21566.03	24689.03
	电力消费量（亿千瓦时）	22404.27	29373.27	36342.27
	自然保护区面积（万公顷）	11965.92	11894.17	11822.42
	生活垃圾清运量（万吨）	5767.37	7557.87	9348.37
	二氧化硫排放量（万吨）	0	0	0
	烟（粉）尘排放量（万吨）	2.69	0	0
	废水排放总量（万吨）	1942019	2392029	2842039
	工业固体废物产生量（万吨）	136136	158901	181666

表 8-4　优化方案条件下的预测仿真结果

系统	指标	2025	2035	2045
发展系统指标	第一产业增加值（亿元）	28616.749	40018.116	51419.482
	第二产业增加值（亿元）	91600.768	118708.6	145816.43
	第三产业增加值（亿元）	151563.19	239027.29	326491.39
	人均 GDP（元）	66241.9	92073.55	117905.2
	GDP（亿元）	262732.17	380445.42	498158.67
	社会消费品零售总额（亿元）	119219.49	183195.16	247170.84
	货物进出口总额（万美元）	37459429	45629714	53799999
	全社会固定资产投资（亿元）	290932.73	442067.95	593203.18
	旅游总收入（亿元）	96871.837	164300.34	231728.84
支撑系统指标	第一产业就业人员（万人）	8045.1653	6298.697	4552.2287
	第二产业就业人员（万人）	5342.1367	6764.57	8187.0033
	第三产业就业人员（万人）	11456.01	15940.41	20424.81
	运输线路长度（千米）	2473257.33	3023562.33	3573867.33
	规模以上企业研发经费（万元）	19969929.17	29451496.67	38933064.17
	耕地面积（千公顷）	50408.40	50407.90	50407.40
	人均水资源量（立方米/人）	14677.81	15073.13	15468.46
	城镇居民人均可支配收入（元）	48141.84	70077.59	92013.34
	农村居民人均纯收入（元）	28018.57	50699.52	73680.48
约束系统指标	年末总人口（万人）	39100.00	38245.00	37390.00
	水资源总量（亿立方米）	16612.33	16617.50	16622.67
	电力消费量（亿千瓦时）	20014.27	20033.27	20052.27
	自然保护区面积（万公顷）	12051.10	12092.43	12133.77
	生活垃圾清运量（万吨）	4696.37	4701.87	4707.37
	二氧化硫排放量（万吨）	140.00	110.00	100.00
	烟（粉）尘排放量（万吨）	170.47	120.89	68.97
	废水排放总量（万吨）	1901019.33	1892029.33	1842039.33
	工业固体废物产生量（万吨）	131136.67	128901.67	126666.67

第九篇

西部民族地区生态产业系统耦合发展的对策建议与制度设计

第一节 西部民族地区生态产业系统耦合发展的对策建议

一、加强交通、水利、通信等基础设施建设

加速交通运输体系建设。大力推进西部民族地区公路、铁路、航空、水运干线和走廊建设，努力建成东西、南北、内外、安全的综合交通网络，构建西部民族地区与周边地区的重要交通走廊。加速各县城与高速公路的连接线和4A级以上旅游景区、精品旅游线路的旅游公路建设，加大农村公路畅通工程的实施力度。增强水利设施建设。增强西部民族地区小型农田水利设施建设，基本农田、低丘岗地、重点危险水库和重点灌区建设和改造，提高防洪抗旱能力和综合抗旱能力。提高西部民族地区综合农业生产能力。大力发展民生水资源，支持西部民族地区农村畅饮安全工程建设。增强中小河流治理和防洪安全工程建设，提高城市防洪标准。增强西部民族地区水土流失综合防治。增强水资源配置和水生态保护，支持西部民族地区城市饮用水源保护和综合修整工程、供水工程建设。发展山区沟域水电业，综合开发利用绿色水资源产业。加速城乡基础设施建设。增强城乡基础设施建设，提高城乡电力、通信、邮电、网络、广播电视等设施体系建设水平，促进城市公共交通、供水、燃气、污水、垃圾处理向周边地区延伸。推进城乡基础设施共建共享，不断改善农村生活条件。大力实施"宜居村"工程，坚决推进农村危房改造，积极推进少数民族特色村保护发展试点工作，改善农村生活环境。推进西部民族地区城乡社会管理体制创新，加速西部民族地区城乡一体化进程。增强农村市场体系建设，培育农村流通市场主体，增强流通基础设施建设，推进便利超市、物流配送中心和农业

配送连锁店建设。①

二、发展生态农业、生态工业、生态服务业等特色产业

大力发展生态农业。重点扶持优质食粮、畜禽、水产品、蔬菜、森林食物、茶叶、烟叶、油料、药材、水果等特种农（林）成品原料和生产加工基地。培育一批拥有较强动力的国内领先加工企业，培育一批拥有较强影响力和竞争力的知名品牌。增强农业技术推广服务体系建设，支持西部民族地区基层农业技术推广体系改制和示范县建设的实施。发展生态工业。支持食物加工、饮料、现代烟草、清洁能源、绿色食品、新型建材、现代国药、精细化工等支柱产业发展，坚持绿色兴盛、特色发展、可持续发展的新型工业化之路。支持中小企业发展，积极培育一批骨干企业，促进特色产业发展，加大对西部民族地区经济开发区和工业园区的扶持力度，提高西部民族地区的建设水平。配套设施和服务平台建设，促进产业集群发展。加速发展习俗度假旅游业。依托西部地区丰富的旅游资源，支持习俗度假旅游产业建设，加大重点旅游景区开发力度，增强西部民族地区旅游基础设施建设，进一步完善旅游业。加大配套设施建设，加大张家界、恩施大峡谷等知名度高、吸引力强的品牌景区和精品线路。积极支持西部民族地区旅游成品的宣传推广，培育拥有国际国内影响力的文化旅游品牌，扩大西部民族地区旅游的外部影响和吸引力。把西部民族地区的旅游区建设成全国著名的旅游目的地。西部民族地区旅游业的发展促进了区域经济的发展，使西部民族地区的经济发展摆脱了高排放、高能耗、低产出的发展模式，走上了低碳可持续发展的道路。西部地区人均国内生产总值相对低。长期以来，该地区在经济上没优势，基础差，交通运输和信息相对落后。高污染工业发展不是欠发达地区和民族地区的比较优势，而欠发达地区和民族地区的比较优势在于自然资源、文化资源。自然资源可分为矿产资源和环境资源。矿产资源的开发利用也是不可持续的，浪费资源，破坏环境。因而，要应用良好的自然环境、景观资源和文化资源，发展民族地区旅游、娱乐、民族手工艺品、民族舞蹈、民族音乐等特色产业。② 民族医学和国家生态博物馆是西部民族地区可持续发展的重要方向。

---

①　中共湖北省委湖北省人民政府关于推进湖北武陵山少数民族经济社会发展试验区建设的意见［A/OL］．百库文库，2011-08-25.
②　中共湖北省委湖北省人民政府关于推进湖北武陵山少数民族经济社会发展试验区建设的意见［A/OL］．百库文库，2011-08-25.

三、培育多元化产业主体，引领生态产业融合发展

引导企业、组织、合作社、合作伙伴、政府、企业家、牧区、家庭农场等在促进生态产业融合、培育一批多元化经营主体中发挥重要作用。充分利用西部民族地区的优势资源和特色资源，应用政府政策的有利时机，制定适合各地区实际的工业、土地和金融扶持政策，指导西部民族地区的发展、家庭农场发展。促进生态农业、生态工业和生态服务业高度融合。充分发挥新型经营主体的示范和引领作用，鼓励高素质专业人才参与西部民族地区生态产业发展。支持龙头企业和重点企业，重点发展农产品加工物流、电子商务和社会服务，延伸生态产业链，使供应链管理越加完善，故而提高成品附加值。鼓励一些小型企业，特别是农业企业开展产业联盟，可以通过直接投资、控股经营、签订长期合同等方式，建立规范化、规模化的生态工业企业，降低成本，提高效益。通过普通包装物流销售模式实现利润增长。①

四、大力发展产业链关键环节，促进生态产业价值链增值

现代生态产业发展的关键在于促进产业间资源、要素、技术和市场需求的交叉重组和优化配置，填补生态产业链短板与价值链的缺口，促进生态产业的发展。完善生态产品生产、加工、流通、营销、休闲旅游、信息服务为一体的完好产业链和价格体系、价值链。构建产加销、贸工农一体化生态产业体系。依据各地区产业链的情况，有针对性、有重点地开展产业链关键环节的整合，引导第一产业依照市场规律组织第二产业和第三产业的整合，延伸产业链和价值链，促进要素跨境配置和产业联动，实现小生产、大市场、大城市。与农村、现代工农业合用融合；生态产业建设中的区域与产业间融合与发展。产业与生态有机结合，优化产业区域布局，促进产业结构调整，形成优势鲜明的区域品牌。通过大力发展"互联网+"生态产业，实现区域和产业的嫁接，将现代科技采用于生产、经营、管理、服务和成品生产。互联网的网络转型，应用现代科技进步，发展电子商务，完善跨区域物流体系建设，降低成品物流成本。②

---

① 覃朝晖，刘佳丽，刘志颐.产业融合视角下澳大利亚生态农业发展模式及借鉴［J］.世界农业，2016（8）：147-151.
② 覃朝晖，刘佳丽，刘志颐.产业融合视角下澳大利亚生态农业发展模式及借鉴［J］.世界农业，2016（8）：147-151.

五、发展休闲农业和乡村旅游，创新生态产业融合模式

随着国民经济的发展和人民生活水平的提高，人们对休闲农业和乡村旅游的需求逐渐增加，为开发农业的非传统功能，整合和发展经济提供了难得的机会。农业的社会、文化和生态功能得到体现，一是大力发展休闲农业和乡村旅游，创造农业与生态环境、文化休闲相结合的生态农业新形式。充分开发农村绿地、青山和地方文化资源，鼓励多种形式的规划设计，开发相关的乡村旅游休闲新成品，支持有条件的农村形成"一村一特色""一村一品牌"。培育休闲农业与乡村旅游一体化的新产业。二是创新生态农业发展模式。创新田园观光、采果、休闲体验、民俗文化、科普教育、特色农家乐等融合模式，应用新时代休闲农业和乡村旅游新业态的消费能力，发挥传统多媒体和新媒体营销，促进栽植、加工、餐饮和创意农业的发展。①

第二节　西部民族地区生态产业系统耦合发展的制度与机制设计

一、深化体制改革，推进"放管服"

(一) 深化推进"放管服"改革

转变政府职能，简政放权，降低准入门槛，创新监管，促进公平竞争，高效服务，营建便利环境。重点建设政府服务职能，明确企业主体地位，充分发挥市场在资源配置中的基础作用，转变政府主导的发展模式，改善政府过度直接干预经济的状况。把行政管理的重点转移到主要服务于各种市场主体，建立和完善市场。从政策和法律环境等方面完善与区域经济相适应的行政体制。建立公开、公道、透明的行政办事体系和问责机制，简化办事程序，保证办事效率，公开办事条件和办理时限，严格保证办事程序的透明化，提高办事效率，防止行政办事中出现以权谋私，防止私自任性设立办事条件，对办公不利的人员应问责并严格惩罚。规范各种行政性收费，规范各种乱收费。增强发展规划与有关经济、社会、环境发展规划的结合。在规划的指导下，增强生态产业建

---

① 覃朝晖，刘佳丽，刘志颐．产业融合视角下澳大利亚生态农业发展模式及借鉴 [J]．世界农业，2016（8）：147-151．

设，发展循环经济，制定西部民族地区相关产业发展和结构调整规划。在规划的总体指导下，政府为计划的顺利实施做出了规定指导和信息服务，防止无序竞争和低水平重复建设。①

（二）完善法律制度、法规体系及监督体系

完善的法律法规保障生态产业的发展。中国发布了《中华人民共和国环境保护法》《中央生态环境保护督察工作规定》《国家生态环境科普基地管理办法》《国家级文化生态保护区管理办法》《节能法》《固体废弃物污染环境防治法》《清洁生产防治法》《水污染防治法》等法律法规，对促进资源综合利用、环境污染防治、废物循环应用和清洁生产的促进起到了作用。然而，由于西部民族地区法律观念薄弱、执法不严，西部民族地区在发展过程中出现了不遵纪守法、执法不严、不查处等现象。因而，必须完善西部民族地区经济发展的法律法规体系，建立完善的监督制度，严格执法，查处违法行为。另外，要加速制定社会层面的能源综合利用规划法规、废物回收应用法规等，从媒体、个人、政府等多方面开展宣传推广。监督生态保护的实施，确保法律法规的实施效果。②

（三）完善金融投资体制建设

继续完善金融投资体制改制，建立健全投资体系，营建良好的投资发展环境，引导社会和民间投资，拓宽投资领域和渠道，鼓励各类资本主体投资合乎长远规划，鼓励发放小额贷款，促进中小企业发展，带动企业和私营经济的发展。西部民族地区的生态产业需要大量的资金。生态产业方向投资严重不足是制约可持续发展的重要障碍之一。第一，在生态产业发展过程中，要加大国家投资，为生态产业提供必要的资金支持。第二，西部民族地区政府要结合自己的实力，积极投入和引导资金投入到生态产业中去。第三，西部民族地区政府需要创新招商引资机制，不断改善生态产业项目招商软环境，特别是改善法律环境、市场环境、服务环境、冰雪环境和信贷环境的投资，并提供优质高效的服务，吸引国内外资金。③

（四）深化经济体制改革

构建各种经济主体依法平等使用生产要素、公平参与市场竞争、同等受到

---

① 覃朝晖. 成渝老工业基地可持续发展研究［D］. 北京：中央民族大学，2011.
② 覃朝晖. 成渝老工业基地可持续发展研究［D］. 北京：中央民族大学，2011.
③ 覃朝晖. 成渝老工业基地可持续发展研究［D］. 北京：中央民族大学，2011.

法律保护的体制环境。全面落实促进民营经济发展的政策措施,在法律法规未禁止的行业和领域制定公开透明的民间资本准入标准和优惠扶持政策。大力支持微型企业发展。完善有益于促进基本公共服务均等化和主体功能区建设的财政体制,增强县级政府基本公共服务财政保障,完善地方预算制度。鼓励金融创新,积极发展为农业、农村和中小企业服务的中小金融机构和金融成品。深化资源性产品价格和环保改革,加大国有资产盘活力度。

（五）推动户籍制度改革

改制完善城镇化相关户籍制度措施,建立农业人数随就业和居住地变化自然进城的制度。有序引导符合条件的农民工自愿进城,兑现就业、住房、医疗、教育、社会保障等配套政策,确保进城务工人员真正享受城市居民的平等待遇。探索统筹城乡户籍管理制度的具体办法,逐步取消城乡户籍区别,实行统一身份管理。①

（六）深化土地管理制度改革

强化保护农田资源,严格保护基本农田。在承包田、林地登记认证的基础上,增强承包田经营权、林地经营权转让的管理和服务。探索股份合作经营,保障农民土地租金收入和分红收益权。开展宅基地和林地的抵押筹融资试点,完善配套政策。稳步开展农村集体经济组织产权制度改制和团队建设用地流转试点,探索通过市场机制保障农民自愿退耕还林公平合理补偿的具体途径。保护农村集体经济组织及其成员的合法权益,切实改善和保障农民的土地使用权。深化土地改造,创新土地开发模式。

（七）深化企业制度改革

深化企业特别是国有企业改制,依照现代企业制度的要求,改制和完善公司治理结构,规范股东会、董事会、监事会和经理层的行为。完善激励机制。深化劳动制度、人事制度和收入分配制度改制,构建提高企业效益、促进生态工业和提高劳动者福利的新机制。完善现代化产权制度,建立和完善产权市场,促进企业间的产权流动,通过兼并、破产、重组等形式,淘汰落后产能和落后企业,加速对小企业的重组和兼并,对一些小规模无序开发的小企业,开展资源整合,鼓励大型企业开展重组。②

---

① 向胜科. 怀化市小城镇建设问题研究 [D]. 长沙：湖南农业大学, 2012.

② 覃朝晖. 成渝老工业基地可持续发展研究 [D]. 北京：中央民族大学, 2011.

二、完善运行机制，促进创新高效开放

（一）建立领导机制

成立西部民族地区生态产业建设领导小组，设立领导小组办公室。在省发改委负责人的带领下，会同省民宗局委员会、省财政厅、省扶贫办，负责组织指导、协调检查综合治理工作与西部民族地区的具体工作。以西部民族地区县（市、林区）为主体，科学制定西部民族地区县（市、林区）评价指标体系，建立激励约束机制，定期公布评价结果。进一步加强了加速西部民族地区县（市、林区）发展的责任感和迫切性。省委监察室、省政府行政监察室要增强对各省直属部门各项扶持政策执行情况的监督，定期通报各省级部门对西部民族地区的生态产业发展的支持情况。[①]

（二）创新扶贫开发机制

坚持把西部民族地区作为扶贫开发的主战场，防止返贫现象的发生，加大对西部民族地区财政扶贫资金的投入，安排西部民族地区扶贫开发工作的推进。在安排整村推进、连片开发、雨露计划、扶贫搬迁、产业扶贫贴息贷款、贫困村互助资金试点和脱贫奔小康试点等方面试点项目。组织省直部级、大中型企业、高等院校、科研机构和医疗机构帮助西部民族地区的县，兑现对贫困村、贫困户的救助措施。积极引导社会力量参与扶贫，广泛开展城乡互联、定点帮扶、招商扶贫、村企共建活动，努力形成强大的扶贫攻坚合力。[②]

（三）建立完善的生态补偿机制

加大西部民族地区生态补偿资金投入和转移支付力度，完善森林资源保护、矿产资源开发、流域水环境保护等重点领域生态补偿制度，推进西部民族地区生态补偿改制。降低环境补偿价格和提高补偿标准。西部民族地区是我国的水源地，其环境保护对中东地区的可持续应用拥有重要意义。建立可持续合理的生态补偿机制是一项长期战略。生态补偿主要引导商业银行的资金和社会资本投入生态环境保护领域和生态功能区建设。一方面扩大资金来源，一方面保持持续的投资，保证环境的保护不因资金的紧缺而停止。在西部民族地区设立生态保护基金，引导银行、企业和个人投资西部民族地区的生态保护，如阿里巴

---

① 中共湖北省委湖北省人民政府关于推进湖北武陵山少数民族经济社会发展试验区建设的意见 [A/OL]．百库文库，2011-08-25.

② 中共湖北省委湖北省人民政府关于推进湖北武陵山少数民族经济社会发展试验区建设的意见 [A/OL]．百库文库，2011-08-25.

巴在西部的植树活动。①

（四）创新少数民族干部和人才队伍建设机制

加大对西部民族地区人力资源开发的扶持力度，采用多种方式帮助西部民族地区培养急需的英才。定期从西部民族地区选拔一批党政干部和专业技术人员，加入中央和省级政府组织的学习和培训。省委党校及其他培训机构在安排培训计划时向西部民族地区倾斜。加大民族地区干部交流力度，扩大上挂下派范围，增加到中直机关、省直机关和发达地区挂职锻炼的人手数目。依据民族地区产业发展实际，为民族地乡镇分期分批选派科技特派员或博士服务团，协调省属高校、科研单位与民族地区实行结伴帮扶，开展科技和英才协作。②

（五）加大资金扶持，创新投入机制

进一步加大财政转移支付支持力度。调整和完善财政体制，增加新的财政资源，进一步加大对西部民族地区转移支付和县级基本财政支持的倾斜，逐步减轻西部民族负担。加大西部民族地区财政支持和发展转移支付补贴力度。该地区的财政转移将有助于西部民族地区提高基本公共服务保障能力。实施精准扶贫和农村振兴的国家政策，加大对特殊产业、特殊农业、生态环境保护、优质国药、特殊矿产资源应用和建设的投资。完善创新能力和服务体系。加速建立和完善投资促进机制，逐步形成政府主导、企业导向、财政支持、社会援助的投资促进机制。建立西部民族地区项目审批绿色通道，增强项目资金整合创新，充分发挥西部民族地区整合的主动性和创新性。支持金融机构在西部民族地区设立分支机构。以激活民间资本、拓宽直接筹融资渠道、构建多层次资本市场体系为重点，以实现项目、资金、资本的合理对接为目标，支持村镇银行、小额贷款公司和私募股权娱乐业的发展。推进资本市场体制机制创新。在同等条件下，优先在少数民族地区申报新的金融机构，逐步完善对新农村金融机构的扶持政策，加速开发适合民族地区发展的信贷成品。全国少数民族地区领头开展少数民族地区新型信贷模式试点，鼓励金融机构增加县域重点企业。加强农业重点项目和农业龙头中小企业信贷营销工作，推进县域金融机构以地方贷款为主增加存款。选择西部民族地区部分乡镇为统筹城乡金融服务的创新示范点，开展土地出让合同管理权抵押贷款和林权抵押贷款试点。对宅基地使用权抵押贷款和农房所有权开展研讨和试点。支持民间资本参与西部地区基础设施

---

① 覃朝晖. 成渝老工业基地可持续发展研究［D］. 北京：中央民族大学，2011.

② 中共湖北省委湖北省人民政府关于推进湖北武陵山少数民族经济社会发展试验区建设的意见［A/OL］. 百库文库，2011-08-25.

建设、产业发展和社会建设。创新担保机制，为中小企业发展提供合理的筹融资平台。①

（六）创新对外开放机制

坚持把扩大开放作为西部民族地区建设的指导战略。进一步增强对西部民族地区外贸发展的支持，支持西部民族地区外贸出口基地建设，支持西部民族地区产业转移示范园区建设。定期举办西部民族地区农超对接活动。同时，积极探索省际资源开发共谋、设施配置共建、生态环境共治的新机制，共同推进区域协调快速发展。②

三、完善评价保障机制，促进沟域经济可持续发展

（一）加快乡村振兴评价机制建设

坚持农业和农村优先发展，坚持产业兴旺、生态宜居、乡风文明、治理有效、生活富裕的发展要求，整合发展体制和政策体系，促进农村经济建设整体化政治建设、文化建设、社会建设、生态文明建设、党的建设。要加速农村治理体系和能力的现代化，就必须构建新的农村治理体系。加速推进农业农村现代化，振兴中国特色社会主义乡村振兴之路，让农业变成有前景的产业，让农民职业变得有吸引力，使农村变成一个美丽的安居乐业的家园。③

（二）建立绿色 GDP 核算体系

西部民族地区生态产业的可持续发展，应从根本上改变以往以 GDP 为中心的评价标准，建立绿色 GDP 核计体系，以更科学的方法琢磨西部民族地区的经济发展。传统的经济增长方式是社会生活和物质消费水平。可持续发展不只是传统的增长方式，也是生态产业和人民幸福增长的需要。在西部民族地区发展评价中，应在传统 GDP 的基础上增加资源消耗和环境污染的指标体系，增加健康指数、幸福指数、福利指数、社会文明指数、社会平等指数等反映西部民族地区发展状况的指标，提高社会居民生活质量和社会上进水平。通过建立绿色 GDP 核计体系，在经济发展过程中，能够让人们更清晰地看到对资源的消耗及

① 中共湖北省委湖北省人民政府关于推进湖北武陵山少数民族经济社会发展试验区建设的意见 [A/OL]．百库文库，2011-08-25.
② 中共湖北省委湖北省人民政府关于推进湖北武陵山少数民族经济社会发展试验区建设的意见 [A/OL]．百库文库，2011-08-25.
③ 甘文华．南京精准脱贫攻坚与乡村振兴战略耦合机制研究 [J]．中共南京市委党校学报，2019 (1)：106-112.

对环境的破坏。更重要的是，要把绿色 GDP 的实施效果作为地方官员绩效评价的重要指标，从制度层面改变以往的评价标准，确保经济社会环境协调发展。[①]

（三）建立排污产权交易市场

建立排污产权交易市场，包括建立水排放权交易市场，碳排放交易市场等，西部民族地区能源生产量有限，存在能源缺口，工业三废排放量逐年上升，工业废气排放逐年上升，温室气体 CO_2 的排放不符合国际排放标准，而且有继续上升趋势。因而，针对西部民族地区的社会经济环境问题，制定西部民族地区的碳排放总量控制规划，实施西部民族地区统一的排放标准和排放机制，实施西部民族地区的碳排放总量控制，完善任务交易市场配置机制，合理确定排放价格，借助市场解决排放问题。故而，逐步改变高耗能、高排放的现象，鼓励企业利用先进的生态产业技术开展生产，对于主动发展生态产业的企业，可以在市场上出售企业节约的碳排放量，增强西部民族地区的排水交易，应严格执行标准，切实保护西部民族地区和水源的环境保护。

（四）加强生态建设与环境保护

加强生态建设。科学编制生态文明建设长远规划，大力实施天然林保护、生态公益林建设、长江防护林、退耕还林、沙漠化治理、自然保护区建设等生态建设工程，不断提高西部民族地区森林质量与生态功能，巩固退耕还林成果，保护生物多样性，提高生态系统的安全保障能力。加强环境保护，建立健全生态环境保护长效机制，积极推进农村环境综合整治。鼓励和扶持西部民族地区发展绿色产业、环保产业，大力实施清洁生产、生态产业项目，支持产业结构优化升级。加强监察监测能力建设，加快推进流域水环境综合整治，改善流域环境质量。[②]

（五）推进资源节约集约可持续利用

积极探索发展低碳经济与循环经济。推进工业、建筑、交通节能化发展，注重太阳能、生物质能、沼气等清洁能源的开发利用，支持开展绿色能源示范县建设和农村沼气用气奖励试点，提高能源利用效率，依照区别对待和差异化的发展生态产业要求，科学合理规划确定西部民族地区将来重要污染物减排目标。合理开发利用新能源是解决日益严重的环境和能源问题的根本途径。西部

---

①　覃朝晖．成渝老工业基地可持续发展研究 ［D］．北京：中央民族大学，2011.

②　中共湖北省委湖北省人民政府关于推进湖北武陵山少数民族经济社会发展试验区建设的意见 ［A/OL］．百库文库，2011-08-25.

民族地区水资源、太阳能、风能资源丰富。因而，合理开发水资源、太阳能和风能资源是西部民族地区生态产业的重要方向，从而促进积极开发风能、太阳能、生物能、页岩气等新能源。①

（六）加强保障创新体系建设

调动各方积极性，充分发挥企业在技术创新中的主体作用，重视工、学、研多层次、全方位的创新保障体系建设，提高企业自主创新能力。鼓励企业坚持研发的长期性和有计划性，突出企业在科研和技术开发方面的优势，建立技术改造机制，并加以推广。合理流动和配置技术、英才、资金等创新要素，建立和完善技术研发平台，开展关键核心技术研发，引导企业加大投入和创新投资。建立以企业为主体，市场化、产学研相结合的技术创新机制，增强国家、省工程中心、企业技术中心等多层次分析平台建设。完善知识产权保护制度，增强保护，创造有益于自主创新的社会环境。②

（七）保障沟域经济生态产业系统耦合模式可持续发展

沟域经济生态产业体系的耦合模式的发展，需要改变传统的增长模式，转变为可持续的经济增长模式，摆脱资源约束，减少环境污染。制定工业能耗指标体系、能效标准、节能设计标准和重点水工业取水定额标准，重点发展生态产业，全面增强企业生态工作。实现废物的再应用，同时减少废物的排放，提高资源的再利用效率和利用效率等，生产过程中产生的废物获得综合利用，生产后的废物获得回收应用。依据资源的限制和产业发展导向，延长产业链，促进产业间的协作，鼓励回收应用废品的工业企业最大限度实现废品的减量化和零排放，增强政策引导，加大对循环经济发展的政策和资金支持，鼓励以废品回收应用，以及以生态产业和资源综合利用为主的企业开展技术改造，提供呼应的财税政策支持，同时，加大执法力度，对不能做到循环经济的企业进行严惩甚至关闭。③

---

① 中共湖北省委湖北省人民政府关于推进湖北武陵山少数民族经济社会发展试验区建设的意见［A/OL］.百库文库，2011-08-25.
② 覃朝晖.成渝老工业基地可持续发展研究［D］.北京：中央民族大学，2011.
③ 覃朝晖.成渝老工业基地可持续发展研究［D］.北京：中央民族大学，2011.

第十篇

沟域经济视野下西部民族地区生态产业系统耦合模式案例分析

——以恩施土家族苗族自治州沟域旅游业发展为例

第一节 恩施土家族苗族自治州旅游业发展的研究现状

一、研究背景与研究意义

（一）研究背景

旅游业是一个涉及经济、社会和环境的复杂社会现象，其作为一项产业是出现于19世纪中期，并逐渐受到人们的重视。现代旅游在第二次世界大战以后特别是20世纪60年代以来迅速普及于世界各地。随着全球经济的不断发展，人们收入与闲暇时间增多，由于交通的便利，旅游已经成为一种休闲生活方式，成为人们生活的一部分，旅游业也成为了世界上最大并且发展最快的行业之一①。

从国外的旅游业发展状况来看，旅游业在许多国家占据重要的经济地位。在新加坡、泰国、瑞士、奥地利等领土面积较小的国家中，旅游业已成为其支柱产业。南欧的西班牙、希腊，北欧的爱尔兰、冰岛等都是以旅游作为国家的主导产业。2010年希腊陷入经济危机，而其支柱产业之一的旅游业为其经济起到推动作用。美国、德国、日本等工业发达国家，同样重视旅游业的发展，旅游业在其国民经济的发展中产生很大的影响。

从我国的旅游业发展状况来看，自1978年以来，我国旅游业大踏步式发展，随着人民生活水平的提高，旅游业的市场潜力不断得到开发，形成了国内

---

① MA L, CHEN G H, BAO J G. Tourism research in China: Insights from insiders [J]. Annals of Tourism Research, 2014, 45 (3): 167-181.

旅游、入境旅游和出境旅游三足鼎立的局面。随着人们对旅游业的重视，旅游对区域发展的影响研究也逐渐成为热门话题。

旅游业是一个综合性服务产业，具有很强的波及效应。它纵向带动了交通运输业、餐饮业、住宿业、批发零售业等相关行业。王德根在《苏州国际旅游客源市场时空变化特征研究》《基于职业类型的城市居民乡村旅游需求差异分析》中指出旅游业发展会促进区域经济发展、增加就业机会、缩小经济差距、维护社会稳定。徐晗在《旅游业发展的区域经济效应研究——以长白山旅游业为例》指出在国民经济中，旅游业具有促进生产发展、增加政府财税收入、增加就业、增加经济收入、扩大货币回笼等作用。国务院在 2009 年通过的《国务院关于加快发展旅游业的意见》中表明旅游业带动系数大、综合效益好并能提供更多就业机会，并将旅游业作为带动国民经济增长的支柱产业。

（二）研究意义

1. 理论意义

将典型相关分析、灰色关联分析、Theil 系数分析结合起来研究旅游业发展与区域经济发展的关系及这些理论在经济分析中的应用，深化人们对湖北省武陵民族地区旅游业与区域发展关系问题的认识，从而能更加完善对湖北省武陵民族地区旅游业与区域发展关系的研究。通过分析该地区旅游业与区域发展，找出旅游业与区域发展的关系，协调两者的发展。

2. 现实意义

本研究通过相关分析找出恩施州旅游业和区域发展的关系，为协调旅游业与区域发展提供建议。通过定量分析旅游产业与区域发展的关系，对深入挖掘恩施州旅游经济潜力、调整旅游业结构、解决区域旅游产业中的问题、促进恩施州区域发展具有十分重要的现实意义。

二、国内外研究现状

世界大战结束至现在，随着旅游范围的扩散，其经济影响扩展至全球经济体系。旅游业与区域发展的关系问题也越来越受到学者们的关注。

（一）关于旅游经济理论的研究

在国外，早期关于旅游业与区域发展关系的研究主要集中于经济方面。[1]博迪奥（1899）一文指出旅游者的消费对经济起重要作用。德国柏林大学教授

---

[1]　林南枝，陶汉军. 旅游经济学 [M]. 天津：南开大学出版社，2001：11-12.

葛留克斯在《旅游总论（1935）》中，论述了旅游业发展对经济发展的作用，特别强调了旅游发展的经济功能。① 20世纪50年代，意大利经济学家Troisi发表《旅游及旅游收入的经济理论》，研究了旅游的经济影响②。戴蒙德（1997）指出，发展旅游业能增加国家的外汇收入，有些国家发展国际旅游业带来的外汇收入远高于传统行业③。Pizam（1978）和Mathison and Wall（1982）指出旅游业的发展会促进当地经济发展并为地方经济带来巨大经济效应④。随着旅游发展和社会进步，更多的旅游学者开始关注旅游业与社会文化、环境等关系的研究。霍曼斯（1955）提出了社会交换理论。巴特勒（1980）提出旅游目的地生命周期理论，认为旅游目的地居民随着旅游开发进程的深入，其态度的变化趋势是：融洽阶段、冷漠阶段、恼怒阶段、对抗阶段。艾普（1992）全面总结社会交换理论在他分析中的重要指导意义并提出了社会交换过程的模型。20世纪80年代，随着旅游业的发展对环境影响问题的日益突出，部分发达国家日益突显这一问题，澳大利亚是最突出的国家，20世纪90年代，随着世界旅游业的快速发展，旅游环境影响分析在全球范围内伸展。⑤ Shirigi（1993）指出发展旅游的不发达地区会遇到一些问题，比如常会出现传统文化日益衰弱，更有甚者，并逐渐受到外来文化的重要影响。⑥ 该研究展现了涵化理论的内涵。

20世纪80年代起，国内的学者开始关注旅游经济问题。李天元、王连义（1991）出版了《旅游学概论》；随后，陶汉军、林南枝（1994）出版了《旅游经济学》；然后，罗明义（1998）出版了《旅游经济学》；接着，田里（1999）出版了《旅游学概论》，这些都从理论上阐述了旅游对经济的影响。⑦ 楚义芳（1992）在《旅游空间经济分析》中介绍了国外旅游经济效应的研究成果，围绕旅游资源和旅游地评价、旅游环境容量、旅游的经济影响进行了讨论⑧。张吉林（1999）指出旅游业在经济发展中的作用是对需求的拓展和组织，是为产

---

① 齐爽，张清正．国内外旅游业经济效应研究述评［J］．生产力研究，2012（5）：254-256.
② 崔竹青．山东省旅游业经济效应分析［D］．济南：山东财经大学，2013.
③ DANN G. Anomic，Ego-enhancement and Tourism［J］．Annals of tourism Research，1997，4（4）：184-194.
④ PIZAM A，MILMAN A. Social Impacts of Tourism of Central florida［J］．Annals of Tourism Reasearch，1988，15（2）：191-204.
⑤ 巩劼，陆林．旅游环境影响研究进展与启示［J］．自然资源学报，2007（4）：545-556.
⑥ 曾嵘．旅游对目的地社会文化影响的实证研究［D］．乌鲁木齐：新疆师范大学，2006.
⑦ 齐爽，张清正．国内外旅游业经济效应研究述评［J］．生产力研究，2012（5）：254-256.
⑧ 楚义芳．旅游空间经济分析［M］．西安：陕西人民出版社，1992.

业部门搭建跳板①。吴述席（1999）论述了旅游业在我国国民经济中的重要地位和作用并提出应大力发展旅游业②。陈晓红（2003）阐述了旅游经济在国民经济中的地位和作用并指出我国旅游经济的不足和面临的挑战③。宋飞（2010）指出旅游经济影响的研究需要在一定的假设条件上展开，并对稳定市场需求、扩大货币回笼等几个概念进行了修正④。除此以外，国内居民对旅游影响感知分析起步较晚，大量的分析是建立在西方的理论之上并试图对其作出印证与回应，但是原创理论创见不多。李有根以为居民群体拥有感知旅游关系的社会知觉，分析中应注意居民的积极反映和消沉反应，以及二者转变的条件。⑤ 彭兆荣的《旅游人类学》一书中，研究了西方旅游人类学的研究内容、理论、方法等，并进行梳理与评述，提出很多独到见解。刘赵平详细介绍了社会交换理论，总结了发展阶段理论、涵化理论和社会交换理论，并将其理论化的概念模型应用在其对野三坡旅游研究中。⑥ 国内学者对旅游与环境关系的研究也有一定的成果。赵红红（1983）首次评估了苏州古典园林的环境容量，并提出了应对对策⑦。刘振礼和金键（1985）初步探讨旅游容量问题和计算。⑧ 楚义芳（1989）对旅游容量的概念体系、量测及其研究方向做了比较详细的研究。保继刚（1987）也提出了对旅游容量的含义的看法⑨。杨锐（2003）提出 LAC（可接受的改变极限）理论，旨在用于解释资源保护和旅游发展之间的矛盾⑩。

（二）关于旅游业发展的实证研究

国外研究比较活跃，Luomance（1978）指出旅游的作用使传统的社交活动变得越来越少了。Bisitezaruo（1989）通过对奥地利一个乡村的研究考察后，认

① 张吉林. 旅游业一个产业组织化的过程 [J]. 财贸经济, 1999 (2): 61-64.
② 吴述席. 简论旅游业在我国国民经济发展中的地位及作用 [J]. 平原大学学报, 1999, 16 (2): 9-11.
③ 陈晓红. 浅析旅游经济在国民经济中的地位与作用 [J]. 山东省农业管理干部学院学报, 2003, 19 (1): 66-67.
④ 宋飞. 旅游经济影响研究的几个模糊认识 [J]. 甘肃农业, 2010 (4): 42-43.
⑤ 李先锋，何健. 旅游对目的地社会文化影响研究综述 [J]. 边疆经济与文化, 2010 (7): 19-20.
⑥ 李先锋，何健. 旅游对目的地社会文化影响研究综述 [J]. 边疆经济与文化, 2010 (7): 19-20.
⑦ 赵红红. 苏州环境容量问题初探 [J]. 城市规划, 1983 (3): 46-53.
⑧ 王子新，王玉成，邢慧斌. 旅游影响研究进展 [N]. 旅游学刊, 2005-03-18.
⑨ 保继刚. 颐和园环境容量研究 [J]. 中国环境科学, 1987 (1-2): 12-15.
⑩ 杨锐. LAC 理论: 解决风景区资源保护与旅游利用矛盾的新思路 [J]. 中国园林, 2003 (3): 19-21.

为旅游并没有增加休闲游憩设施的实用性。① 金等（1993）通过对斐济的研究，从旅游地居民角度，揭示了旅游一方面给旅游地区带来经济收益，还有就业机会，另一方面，也带来了负面影响②。Wilkinson 与 pratiwi（1995）指出非原始居民由于拥有资本或掌握了相关的专业技能，往往从旅游收入中获得的经济利益比原始居民高③。Borg 等（1996）认为旅游业威胁了当地的经济活动④。Kontogeorgopoulos（1998）指出随着旅游业的发展，饭店的增多虽然一定程度上为当地提供了更多的就业机会，但是其中大多数职务并不需要技能，而管理职位和专业技术职位却很少⑤。Cole，Denise（2004）以加那利群岛为例，研究了对煤炭采掘业进行旅游开发的过程中如何实现可持续旅游⑥。Matheson 和 Bade（2004）研究体育活动的经济影响，讨论了重要体育赛事给发展中国家带来的促进作用。他们以为世界杯和奥运会等重要赛事可以作为东道主的举办者也是在展示经济、政治、文化等综合国力，⑦ 标志着国家在国际舞台上的重要地位。⑧ Dritsakis（2004）分析了希腊 40 年的旅游与经济数据，结果表明旅游业与经济相互促进⑨。JC. C. Leea，C. P. Chang（2008）分析得出旅游业发展与经济增长存在双向因果关系⑩。博恩斯和霍顿更直接地指出，旅游影响存在着带来社会、经济利益的效果，产生、加剧社会差异的两个极端⑪。Joan Carles Cirer-Costa（2013）指出二战前西班牙海滨度假村的建立反映了之前经济发展与已存在运行

① 李先锋，何健 . 旅游对目的地社会文化影响研究综述［J］. 边疆经济与文化，2010（7）：19-20.
② 陈华 . 旅游对泰宁农村社会的影响研究［D］. 福州：福建农林大学，2007.
③ WILKINSON P F, PRATIWI W. Gender and tourism in an Indonesian village［J］. Annals of Tourism Research, 1995, 22（2）：283-299.
④ BORG J V D, COSTA P, GOTTI G. Tourism in European heritage cities［J］. Annals of Tourism Research, 1996, 23（2）：306-321.
⑤ KONTOGEORGOPOULOS N. Accommodation employment patterns and opportunities［J］. Annals of Tourism Research, 1998, 25（2）：314-339.
⑥ COLE D. Exploring the Sustainability of Mining Heritage Tourism［J］. Journal of Sustainable tourism, 2004, 12（6）：480-494.
⑦ 王春雷 . 国外重大事件影响研究述评［J］. 旅游科学，2007, 21（2）：52-58.
⑧ 李祗辉 . 大型节事活动对旅游目的地形象影响的实证研究［J］. 地域研究与开发，2011（2）：110-112.
⑨ DRITSAKIS N. Tourism as a long-run economic growth factor：An emprirical investigation for Greece using a causality analysis［J］. Tourism Economics. 2004, 10（3）：305-316.
⑩ LEEA C C, CHANG C P. Tourism development and economic growth：A closer look at panels. Tourism Management, 2008, 29：180-192.
⑪ 李春茂 . 旅游对目的地社会影响研究——以云南大理、丽江为例［D］. 昆明：云南师范大学，2001.

的产业类型具有一种有趣的关系①。

国内也有众多的研究，王文华（1995）指出旅游活动有一定的负面影响，比如干扰了颐和园昆明湖底泥有机物的正常沉积过程②。李贞和保继刚（1998）通过研究认为，旅游有一定的积极作用，丹霞山旅游开发与保护，有效地保护和稳定了植被群落的生态环境，植被的风景资源和生态功能的有效利用对人类有一定的积极意义③。高彻（2000）指出合理的管理和利用是实现山庄可持续发展的目标和关键④。王子新（2005）认为开展旅游有一定的积极意义，包括有利于保护和修复历史建筑等遗产，改善当地环境，保护野生动物等⑤。李为科、刘金萍、郭跃（2006）全面定量分析了重庆旅游业的产业关联和产业波及效应，并对重庆市未来旅游业的可持续发展提出了可行性建议⑥。宋子千、廉月娟（2007）主要针对旅游业的界定、旅游业对 GDP 的直接贡献、旅游业的产业关联、出境旅游的发展与旅游业产业地位、旅游业产业地位结构体系等进行了探讨⑦。王曼华（2001）⑧、谢佳斌、王斌会（2007）⑨ 运用典型相关分析法，对广东省旅游业收入和第三产业相关行业这两组变量间的相关关系进行了实证分析。王小军、张双双（2012）在研究乡村旅游对农村经济发展的促进作用的基础上，指出了发展乡村旅游过程中存在的难题并提出了相应的对策⑩。此外还有许多研究是关于旅游业与社会关系的，比较有代表性的有申葆嘉（1992）的关于论旅游接待地的社会压力问题的研究，戴凡和保继刚（1996）研究旅游

---

① COSTA J C C. Spain's new coastal destinations. 1883—1936: The mainstay of the development of tourism before the Second World War [J]. Annals of Tourism Research, 2014 (45): 18-29.

② 王文华, 王淑琴, 徐维并. 北京昆明湖底泥中有机物的表证 [J]. 环境科学学报, 1995 (4): 178-185.

③ 李贞, 保继刚. 旅游开发对丹霞山植被的影响研究 [J]. 地理学报, 1998 (6): 554-560.

④ 高彻, 孙伟华. 旅游对避暑山庄土壤和植被的影响 [J]. 植物杂志, 2000 (2): 7-11.

⑤ 王子新, 王玉成, 邢慧斌. 旅游影响研究进展 [J]. 旅游学刊, 2005 (2): 90-95.

⑥ 李为科, 刘金萍, 郭跃. 基于投入产出分析法的重庆旅游业产业波及效应分析 [J]. 南京晓庄学院学报, 2006, (4): 96-100.

⑦ 宋子千, 廉月娟. 旅游业及其产业地位再认识 [J]. 旅游学刊, 2007, 22 (6): 37-42.

⑧ 王曼华. 广东旅游经济与第三产业经济——典型相关分析 [J]. 广东商学院院报, 2001 (3): 47-50.

⑨ 张文建, 阚延磊. 上海市旅游产业关联和产业波及分析 [J]. 社会科学, 2003 (8): 21-27.

⑩ 王小军, 张双双. 乡村旅游对农村经济的影响及发展策略 [J]. 农村经济, 2012 (11): 81-82.

社会效应，并且以大理古城居民学英语为例，郑何敏（1996）研究旅游对风情民俗资源的消极影响及对策，赵刘平（1998）研究再论旅游对接待地的社会文化影响，王宪礼、朴正吉（1999）等研究长白山生物保护区旅游的社会效应分析，王雪华（1999）研究旅游的社会文化效应，李建欣（1999）研究国外旅游社会学管窥，刘纬华、肖洪根（1999）研究西方旅游对社会学研究中新迪尔凯姆学说的分析，2001 年和 2002 年肖洪根研究对旅游社会学理论体系研究的认识等。①

（三）关于旅游业发展的研究方法研究

1. 国外研究方法概述

关于旅游业与区域经济关系的研究方法经历了从简单数学模型到复杂数学模型再到复合数学模型的递进。1932 年英国经济学家卡恩最早提出乘数概念，之后英国经济学家 Archer② 对其理论进行完善并经凯恩斯发展推广。Archer 和 Voughan 研究了乘数效应。凯恩斯在 20 世纪 30 年代提出了"乘数原理"，并运用于旅游研究。Mathieson&Wall 将旅游乘数定义为最初旅游消费和旅游乘数这一数值相乘后，能在一定时期内产生总收入效应③。之后许多学者借助数学模型和定量方法对旅游业区域经济效应进行研究。Smeral （1995）利用投入—产出分析方法研究奥地利旅游业发展对经济的影响④。Archer 和 Fletcher （1996）⑤、Andrew （1997）应用投入产出法分别研究了旅游业对印度洋塞锡尔共和国和英国 Cornwall 城的经济贡献⑥。Schwer 等（2000）运用该方法评估了航空旅游对美国南内华达州的经济影响⑦。Seongseop、Kim Kaye chon、Kyu Yoop Chung （2003）运用投入产出模型，计算了韩国旅游业对经济因素影响情况，包括旅游

---

① 李先锋，何健．旅游对目的地社会文化影响研究综述［J］．边疆经济与文化，2010（7）：19-20.

② AREHER B ．Tourism Multipliers：the state of the Bangor ［A］．OccasionalPapers in Economics （NO. 11）［C］．Bangor：University of Wales press，1980.

③ MATHIESON A，WALL G. Tourism：economic，Physical and Social Impacta ［M］．United Kingdom：Longman Croup Limited，Longman Hourse，1982.

④ SEMERAL E. The economic impact of tourism in Austria ［J］．The Tourism Review，1995，50（3）：18-22.

⑤ ARCHER B，FLETCHER J. The economic impact of tourism in the Seychelles ［J］．Annals of tourism Research，1996，23（1）：32-47.

⑥ ANDREW B P. Tourism and the economic development of Cornwall ［J］．Annals of tourism Research，1997，24（3）：721-735.

⑦ SCHWER P K，GAZEL R，DANESHVARY R. Air - tour impacts：the Grand Canyon Case ［J］．Annals of tourism Research，2000，27（3）：611-623.

业对就业的影响、居民收入的影响、价值增加量的影响、外汇收入的影响等①。Wagner（1997）运用 SAM 方法分析得出旅游业的大量进口商品及外来资本涌入对巴西当地经济的贡献是有限的②。Zhou 等（1997）分别使用投入—产出法和 CGE 模型对比分析游客的消费支出对美国夏威夷州产生的影响③。复合数学模型时期主要包括旅游政策与预测模型和收入流转分析。

关于旅游业与社会关系的研究方法主要有田野调查法和问卷调查法。劳尔和沃尔（1994）采用田野调查法研究了印度尼西亚的努萨利巴干地区旅游业对当地社会文化的影响。森扎（1994）在佛罗里达调研时，选取了系列评价指标，包括居民对旅游带来的拥挤程度，还有使用当地设施的方便程度，以及文化生活、生活质量和犯罪率等有关社会文化的评价指标。

关于旅游业与环境关系的研究主要有 3 类方法：野外调查法、实验法和问卷调查法。Arrowsmith 在调查研究的基础上，运用主成分分析法，评价了受损害环境的恢复力。Leung 在研究中应用两个描述性的空间指标，深入分析了游客影响的空间特性，结果表明这两个指标在一定程度上适用于游径和公园尺度上，影响空间分布形式的定量化分析。④

2. 国内研究方法概述

国内学者关于旅游与经济关系的研究经历了从简单的描述式定性分析，到借用乘数理论、灰色理论到投入产出模型、旅游卫星账户等数学模型的过程。王瑜（2006）从产业发展、经济总量增长、劳动就业、区域发展等方面分析了旅游业的发展对福建经济发展的影响。结果表明旅游业发展促进经济发展、社会进步和生态环境的保护⑤。张颖辉、谭鲁飞（2011）建立湖南省旅游发展指标体系，研究旅游收入与各发展指标之间的灰色联系，分析结果表明影响湖南旅游收入的关键因子依次为经济状况、交通条件、人才资源、文化产业发展状况、基础设施条件、城市环境和信息资源。因此需要从以上这些方面调整旅游

---

① KIM S S, CHON K K, CHUNG K Y. Convention industry in South Korea: an economic impact analysis [J]. Tourism Management, 2003（24）：531-541.

② WANGER J E. Estimating the economic impacts of tourism [J]. Annals of Tourism Research, 1997, 24（3）：592-608.

③ ZHOU D, YANAGIDA J F, CHAKRAVORTY U, et al. Estimating economic impacts from tourism [J]. Annals of Tourism Research, 1997, 24（1）：76-89.

④ 巩劼, 陆林. 旅游环境影响研究进展与启示 [J]. 自然资源学报, 2007（4）：545-556.

⑤ 王瑜. 旅游业对福建经济发展贡献研究 [J]. 北京第二外国语学院学报, 2006（3）：7-11.

产业发展战略，以推进湖南省旅游业又好又快发展①。梁向明（2001）利用投入产出法分析了宁夏的旅游经济影响，指出旅游业会带动该地区的经济发展并促进区域合作②。刘军胜、马耀峰、高军（2012）运用偏离份额法和灰色关联分析法，分析指出各行业的竞争力强弱，以及与旅游业的关联程度③。刘益（2007）评价了旅游卫星账户，探讨了我国旅游卫星账户研究的发展方向④。葛宇菁（2007）概述了旅游卫星账户在国际范围内的发展，讨论了旅游卫星账户运用的主要方法以及旅游卫星账户未来发展中的重要问题⑤。

　　分析我国旅游与社会关系的重要方法有：系统分析法、旅游特性法、时空比较法、发展阶段法——目的地生命周期模型、旅游影响尺度定量模型——TIS模型等。20世纪80年代初，国内旅游环境的关系的研究便已开始，随着国内旅游业的快速发展，旅游业的环境影响日益突出，引起了旅游与环境等相关领域研究者的关注。20世纪80年代，我国旅游与环境关系分析迅速发展。主要对旅游区的环境影响因素和环境质量展开调查分析，并提出保护对策。分析方法多为定性描述。20世纪90年代初和90年代中期，我国旅游环境影响分析稳步发展，并发端注重实证分析。以衡山风景区为例，分析了旅游业造成的空气污染、水污染、资源破坏等问题及其原因，并提出了综合对策。⑥ 姜高明等人分析了旅游业和城市化对避暑山庄土壤和植物的影响。利用实地调查与室内分析相结合的方法，对我国旅游业和其他人为破坏的环境影响开展了初步分析。⑦ 除此以外还有不少学者应用德尔菲法调查了旅游影响的区域环境效应。⑧ 20世纪90年代中后期以来，随着分析的不断深入，从早期的定性描述到定量分析，环境

① 张颖辉，谭鲁飞. 基于灰色关联分析的湖南省旅游产业发展战略研究［J］. 湖南工程学院学报，2011，21（1）：5-10.

② 梁向明. 论旅游业在宁夏国民经济中的地位和作用［J］. 固原师专学报（社会科学版），2001，22（2）：82-86.

③ 刘军胜，马耀峰，高军. 基于偏离份额与灰色关联分析的河南入境旅游产业结构研究［J］. 河南科学，2012，30（5）：648-651.

④ 刘益. 旅游卫星账户（TSA）在旅游统计中的应用［J］. 统计与决策，2007（4）：29-31.

⑤ 葛宇菁. 旅游卫星账户的发展与方法研究［J］. 旅游学刊，2007，22（7）：11-18.

⑥ 刘汉洪，彭旺元. 衡山"旅游公害"及其防治对策［J］. 旅游学刊，1991，6（1）：35-38.

⑦ 蒋高明，黄银晓. 旅游和城市化对避暑山庄土壤、植物的影响［J］. 环境科学，1990，11（1）：35-39.

⑧ 陆林. 旅游的区域环境效应研究——安徽黄山市实证分析［J］. 中国环境科学，1996，16（6）：418-420.

科学、生态学、地理学等学科的一些分析方法被引入到旅游与环境关系的分析中。从实地调查和观测，到定量分析，乃至遥感技术的采用，这些不只深化了旅游研究分析工作，也丰富了旅游研究分析手段。①

（四）关于武陵民族地区旅游业与区域发展的研究

1. 关于武陵民族地区旅游业发展的研究

王兆峰、张海燕（2003）提出武陵山区必须加快与旅游相关的基础设施建设，为旅游业发展提供保障条件②。周运瑜、袁正新、尹华光（2005）分析了武陵山区的民族体育资源赋存，探讨了民族体育旅游资源的开发现状，为民族体育旅游资源的进一步开发提出了几点措施③。王彦喆（2012）基于 GIS 软件，分析了武陵山区的旅游现状与旅游空间结构，发现武陵山区旅游空间结构的特征，在此基础上提出武陵山区旅游空间结构优化措施和优化途径④。蔡俊青（2012）分析了湖北武陵山区旅游业发展现状及其旅游整合的影响因素，并提出相应对策⑤。杨瑾、刘杰书、殷智（2013）提出民族医药旅游产业化对武陵山片区区域经济发展的重要性和必要性并论证其可行性，探讨了加快武陵山民族旅游产业化进行方式⑥。余继平（2012）针对少数民族文化旅游存在的问题，提出相应的对策⑦。潘芬萍，王克喜，曾群华（2012）通过系统分析武陵山片区区域旅游竞合发展的现状与存在的问题，总结其区域旅游竞合的必要性与可行性，提出武陵山片区区域旅游竞合模式，探讨其保障措施，以期对该区域旅游合作产生现实指导作用⑧。李昊（2013）探讨了武陵山民族地区发展文化旅游产业所面临的机遇与挑战，探讨了如何推动产业的发展⑨。吴云超（2013）

① 巩劼，陆林. 旅游环境影响研究进展与启示 [J]. 自然资源学报，2007 (4)：545-556.

② 王兆峰，张海燕. 武陵山区基础设施建设与旅游业发展研究 [J]. 吉首大学学报（社会科学版），2003，24 (4)：103-105.

③ 周运瑜，袁正新，尹华光. 试析武陵山区民族体育旅游资源的开发 [J]. 北京体育大学学报，2005，28 (3)：328-329.

④ 王彦喆. 基于 GIS 的武陵山区旅游空间结构研究 [D]. 长沙：湖南科技大学，2012.

⑤ 蔡俊青. 恩施州旅游整合研究 [D]. 武汉：华中师范大学，2012.

⑥ 杨瑾，刘杰书，殷智. 武陵山民族医药旅游的产业化探析 [J]. 中医中药，2013，11 (28)：472-473.

⑦ 余继平. 武陵山区少数民族文化旅游发展现状及对策研究 [J]. 长江师范学院学报，2012，28 (7)：16-21.

⑧ 潘芬萍，王克喜，曾群华. 武陵山片区旅游竞合发展研究 [J]. 民族论坛，2012 (9)：39-43.

⑨ 李昊. 武陵山民族地区文化旅游产业发展的思考 [J]. 中共铜仁市委党校学报，2013 (1)：68-70.

分析了通道县开发的竞争优势和不利条件，为通道县乡村旅游资源开发提出了建议①。方磊、唐青桃（2013）提出怀化市应该发展休闲体验型旅游产品，并从资源整合、产品提升和完善旅游服务设施三个方面提出了具体的建设对策②。

2. 关于武陵民族地区区域发展的研究

戴楚洲（2010）提出抢抓发展机遇，采取有效措施，统筹武陵山区区域发展，促使武陵山区成为中国西部发展引擎，形成西部开发战略高地③。黄艳珍（2012）重点分析了龙凤协作示范区发展对策，以期对武陵山片区区域整合与发展有新的认识和借鉴，进而为全国连片特困区探索发展之道，最终实现我国区域经济协调持续发展④。王志章（2012）指出武陵山片区区域应加强4省市政府的通力合作，充分利用好国家政策和资源禀赋做好武陵山片区区域发展⑤。肖湘愚（2013）从宏观总体战略和具体实践战略两个方面为武陵山区扶贫攻坚提出建议⑥。张亮（2013）以区域经济协同发展理论为基点，分析和描述了区域经济的理论观点及武陵山片区区域情况，指出了武陵山片区区域经济协同发展所面临的问题、阻碍，分析了武陵山片区协同发展的意义和作用以及其发展的内部基础和面临的机遇与挑战，最后为武陵山片区的协同发展战略给出了相应的建议⑦。兰大贤、白明亮（2013）通过研究指出，要大力推进实质性武陵山片区经济协作，就必须充分利用国家和地方的各种区域政策和民族政策，采取具有可操作性的各种政策措施，谋划片区经济协作的发展路径，从而加强区域经济协作⑧。王志章、刘子立（2014）通过研究认为，要推动武陵山片区的知识扶贫，以及脱贫致富，一方面需要充分利用文化的力量，以及用知识的手

① 吴云超. 武陵山连片地区乡村旅游资源开发研究——以通道侗族自治县为例［J］. 贵州民族研究，2013，34（154）：143-146.

② 方磊，唐青桃. 武陵山经济协作区战略下怀化旅游业发展对策［J］. 资源开发与市场，2013，29（2）：209-211.

③ 戴楚洲. 新时期武陵山区统筹区域发展政策研究［J］. 铜仁学院学报，2010（4）：62-66.

④ 黄艳珍. 带动武陵山片区区域整合发展的龙凤协作区建设平台的研究［D］. 成都：西南交通大学，2012.

⑤ 王志章. 武陵山片区区域发展的协作路径研究［J］. 吉首大学学报（社会科学版），2012，33（4）：134-140.

⑥ 肖湘愚. 湖南推进武陵山片区区域发展与扶贫攻坚战略研究［J］. 吉首大学学报（社会科学版），2013（3）：40-45.

⑦ 张亮. 武陵山片区经济协同发展研究［D］. 吉首：吉首大学，2013.

⑧ 兰大贤，白明亮. 推进渝鄂湘黔武陵山片区经济协作的路径研究［J］. 长江师范学院学报，2013（5）：37-41，138.

段实施知识扶贫工程，另一方面还需要国家各级政府以及贫困地区人民的紧密配合，做到将顶层制度设计和具体操作措施有机结合起来进行推进①。

3. 关于武陵民族地区旅游业与区域发展关系的研究

孙沁（2012）通过研究，认为应该清楚认识旅游扶贫的本质特征，解析片区发展旅游扶贫的特殊优势和特色资源，并且提出当前应该着力解决的突出问题，进行试点，形成合力，推动片区经济社会快速健康发展②。蔡俊青（2012）指出湖北武陵山区旅游业已逐步成为拉动经济增长的支柱产业，为推动区域经济发展作出积极的贡献③。

（五）研究评述

综上所述，我们可以看出国内外关于旅游业与区域发展的研究主要集中于经济、社会、环境三方面。一部分文章仅侧重于其中某一方面的关系研究，另一部分文章研究了旅游业与它们的综合影响。这些文章对研究恩施州旅游业与区域发展的影响很有借鉴意义。

从相关文献可以看出旅游与经济关系的研究经历了从定性研究到定量研究再到两者相结合的过程。国外的旅游经济影响研究起步较早，可分为两个时期。第一个时期是19世纪后期至第二次世界大战，这个时期旅游活动规模不大，对经济影响不是十分明显，但是旅游业引起很多专家学者的重视并展开研究。第二个时期是第二次世界大战结束至现在，这一时期旅游业经济影响研究的参与者从专家学者扩展至企业、旅游行业组织和政府，旅游活动范围扩展至全球，其经济影响扩展至全球经济体系。国外关于旅游业经济影响的研究有很多著作，随着研究的深入，不断引入其他学科的理论，丰富研究方法，为我国相关研究提供指导。我国学者关于旅游业经济影响的研究起步较晚，20世纪70年代后，中国对外开放政策推进了旅游业发展，80年代主要集中于基础理论研究，旅游业经济影响研究始于90年代。国内学者的研究进展速度很快，随着旅游经济的地位日益提升，研究成果也不断涌现。但是我国关于旅游经济影响的研究侧重于定量研究，实证研究中运用的理论与方法都是借鉴国外成果，缺乏理论上的创新研究成果。

相对于旅游业经济影响研究，旅游的社会影响研究起步较晚。国外关于旅游业社会影响研究经历了从定性描述、片面评价阶段到跨学科、多方法相结合

①　王志章，刘子立. 连片特困地区知识扶贫路径研究——以武陵山片区为例 [J]. 西部学刊，2014（1）：24-31.

②　孙沁. 武陵山片区旅游扶贫与区域发展探析 [J]. 民族论坛，2012（7）：55-58.

③　蔡俊青. 湖北武陵山区旅游整合研究 [D]. 武汉：华中师范大学，2012.

的研究历程。在我国类似研究重视借鉴国外研究成果和其他学科的研究方法，例如社会交换理论、发展阶段理论、涵化理论等。虽然能够保证一定的研究水平，但是缺乏理论和研究方法上的突破。

旅游环境影响研究主要围绕影响类型研究、影响区域研究与影响效应大小有关的三个方面研究因素。国外对此研究已有丰富的文献成果，而我国主要侧重研究旅游业对区域环境的影响研究，研究方法集中于调查法，对于实验方法的应用很少。因此学者们应该扩宽研究领域，改进研究方法，创新研究理论，进一步丰富研究成果。

三、研究的理论基础

（一）旅游经济学理论

在世界范围内，旅游正在成为现代人类社会重要的生活方式和社会经济活动。20世纪50年代以来，世界旅游业发展迅速，发展成为继石油产业、汽车产业和房地产业之后的重要的经济支柱性产业。

旅游经济学是一门新兴的综合性经济科学，研究旅游活动及其发展、旅游经济活动过程中的各种经济关系和旅游业发展规律。19世纪后半叶，旅游活动在欧洲兴起，旅游经营业开始繁荣，后来旅游活动向世界范围扩展，如何促进旅游经济发展的研究工作也相应地开展起来，其研究内容不仅包括国际和国内的现状，而且包括旅游统计、旅游业经营等。早期作品包括1889年意大利学者博迪奥发表的《关于意大利外国旅游者的流动及其花费》和20世纪初意大利学者马里奥蒂出版的《旅游学讲义》。二战后，旅游经济学得到迅猛发展，主要著作有德国博尔曼的《旅游学概论》，奥格尔维的《旅游者流动论》，克拉普特的《旅游消费》，乌恩科维奇的《旅游经济学》等。旅游作为一项新兴的事业，引起了美国、英国、联邦德国、意大利、日本等学者专家对旅游业更细化的研究，从经营管理、饭店经营管理、旅游市场、旅游心理、旅游经济等多个领域进行研究，为旅游经济学的建立做了理论准备。本研究涉及旅游经济学理论，主要要求从经济学的角度审视恩施州的旅游业发展，从宏观和微观层面分析旅游业发展与区域发展的关系。

（二）旅游业可持续发展理论

在全世界可持续发展的理论推动下，旅游业在可持续发展中占有重要地位。1987年，世界环境与发展委员会正式提出了可持续发展的概念。其实质就是要实现人口、经济、社会、资源和环境的全面协调发展。在1990年温哥华举办的全球可持续发展旅游组行动策划委员会会议上，与会专家提出了旅游可持续发展行动战略草案，1992 年联合国召开的环境与发展会议发表的《二十一世纪议程》中共有七处直接提到了旅游业。这些都是旅游业可持续发展理论的前提条件。1993 年《可持续旅游》学术刊物在英国问世，标志着旅游可持续发展的理论体系已初步形成。在 1995 年西班牙召开的世界可持续发展会议上又制定和通过了《可持续旅游发展宪章》和《可持续旅游发展行动计划》两个文件，为旅游可持续发展制定了一套行为准则。可持续发展理论对一个地区制定旅游业的发展方针策略具有借鉴意义，因此，恩施州要以此理论为指导，促进区域旅游健康、有序、一体化和永续发展。

（三）灰色系统理论

灰色系统理论是华中理工大学邓巨龙教授于 20 世纪 80 年代首次提出并创立的一门新学科。它是一门以数学理论为前提的系统工程学科，它解决了特殊领域中包含未知因素的一些问题。该理论是分析少数数据不确定性的一种新方法，已在许多学科中获得采用。[①] 中国的旅游业发展时间较短，数据和信息的积累较少，且旅游系统受众多因素影响也表现出明显的灰色性，因而可以利用灰色系统理论研究旅游经济。本研究主要利用灰色系统理论中的灰色关联分析法，以此研究恩施州旅游业与其他产业之间的关联性。

（四）产业演进理论

产业演进是产业结构和内容在发展过程中发生变化的过程。产业不断调整升级，不仅在数量上扩大了经济规模，提高了总量，在质量上提高了经济效益和素质。在时间上的演进，表现为产业结构的不断合理化和高级化；在空间结构上的演进，表现为空间上的横向扩展，包括产业整体规模的不断扩大、产业区域分布的扩展、布局优化与产业转移。产业演进是资源配置结构转型的过程，是连续性与不连续性的统一。[②]

随着时间的推移，恩施州三大产业中第三产业的比重不断提高，旅游业作为第三产业中的重要组成部分，由于其强有力的产业带动能力、清洁低污染的性质，已经越来越受到各级政府的重视。恩施州的 8 县市都是贫困县，生态环境脆弱，经济落后，贫困人口集中，技术性人才缺乏，很多地区都被划归为限制开发区域，不适合走工业化发展道路。该地区具备丰富的旅游资源，集优美

---

① 陈安，李季梅，陈宁. 应急管理中"可减缓性"评价模型及应用 [J]. 科技促进发展，2010（3）：54-59.

② 戴丹. 产业转型升级的影响因素研究 [D]. 广州：广东省社会科学院，2014.

的自然环境与丰富的民族文化于一体，发展旅游业不仅可以充分利用该地区的资源优势，而且还能保护当地脆弱的环境，进一步推进第三产业的比重，实现地区产业结构的调整。

四、研究方法

（一）社会调查法

社会调查法是一种有目的、有计划、有系统地收集分析社会现实或历史情况资料的方法。社会调查法是研究性学习中常用的一种基本分析方法。它综合使用历史分析方法、观察分析方法和对话、问卷、案例分析、测试或实验等科学方法，对相关社会现象开展系统地了解，并开展调查。对大量收集的数据开展了分析、综合、比较和总结，以找出存在的社会问题，探索相关法律的分析方法。本研究重点针对恩施州的数据开展分析，其数据收集是通过各小组的协作开展的。数据来源主要有统计年鉴、万德数据库等。[1]

（二）定性研究与定量研究

定性的分析方法是依据事物的内在规定，依据社会现象或事物的特性和运动中的矛盾变化来分析事物的一种方法或角度。[2] 本研究定性分析方法，主要应用于通过对恩施州旅游业与区域发展的关系进行分析，阐述旅游业与地区发展之间相互影响的关系。此外在对恩施州概念的界定等也用到定性分析方法。定量分析是指收集以数目表示的数据或信息，并对数据开展量化、测试和分析，故而得出有意义的结论的过程。定量是指在数字化符号的基础上开展计算测量。[3] 本研究定量分析方法的应用主要在于，在研究湖北省武陵民族地区旅游业与区域发展的关系时，收集了该地区衡量旅游业发展和区域发展指标的相关数据，接着运用数学分析方法处理并分析有关数据以得到旅游业和地区发展深层次的互动机理。在研究过程中，定性研究和定量研究是一并运用的。

（三）典型相关分析法

典型相关分析是一种多元统计分析方法，它应用综合变量之间的相关性来

---

① 宋继圣. 科学发展观视野下社会管理中的司法创新研究 [D]. 北京：中国石油大学，2014.

② 付学亮. 基于典型相关分析的长三角地区港口群与其腹地经济的互动机理研究 [D]. 青岛：中国海洋大学，2011.

③ 付学亮. 基于典型相关分析的长三角地区港口群与其腹地经济的互动机理研究 [D]. 青岛：中国海洋大学，2011.

反映两组指标之间的整体相关性。其基本原理是：为全面把握两组指标之间的相关性，从两组变量（离别为两组变量的线性组合）中提取两个拥有代表性的综合变量 u1 和 v1；两个综合变量之间的相关性用于反映两组指标之间的整体关系。本研究中主要应用典型相关分析的方法，对恩施州的旅游业与区域发展的若干指标数据进行了分析，探求恩施州旅游业与区域发展的互动机理，为当地的经济发展提供合理化的建议。同时也为我国其他地区协调旅游业和区域发展提供借鉴。①

（四）对比分析法

对比分析法是指经过两组或者多组数据的对比，来找出它们之间的差异，借以了解经济社会活动的问题，寻找解决办法的一种分析方法。本研究通过不同年份相关指标的对比分析，评价旅游业的发展对区域的影响。通过对比恩施州不同县市的相关指标找出各自的优缺点，为寻求区域间的合作提供理论支撑。

第二节　恩施州旅游业与区域发展现状分析

一、恩施州在武陵民族地区中的界定

恩施土家族苗族自治州位于湖北省西部山区，原称鄂西，地理范围为：东经 $108°21'37''$~$110°38'21''$，北纬 $29°07'11''$~$31°24'03''$，在武陵山、巫山和大娄山等山之间。该地区西部为大娄山的北部部分，北部为大巴山，西北部为巫山南边分支，东南部以及中部为武陵山脉北部分支。东边是宜昌市，西边是重庆市，南边是湖南省，南北跨距最长处约为 260 千米，东西最长处约为 320 千米，居住着土家族、苗族、侗族等众多少数民族，其中土家族、苗族居多。②

关于武陵民族地区的范围，2011 年，国务院扶贫开发领导小组办公室、以及国家发展和改革委员会发布了《武陵山片区区域发展与扶贫攻坚规划（2011—2020 年）》，③ 规划中指出，"武陵民族地区的范围包括湖北、湖南、

---

① 董全超，胡峰，马宗文. 基于典型相关分析方法的中国科普投入产出研究 [J]. 科普研究，2019（2）：61-67.

② 王孔敬. 湖北武陵山区新型城镇化发展路径选择研究 [C]. 北京：第二届民族地区新型城镇化建设与发展论坛，2014.

③ 张祎. 湖北武陵民族地区旅游业与区域发展相关分析及空间差异研究 [D]. 宜昌：三峡大学，2015.

重庆、贵州四省市交界地区的 71 个县（市、区），其中，湖北 11 个县市（包括恩施土家族苗族自治州及宜昌市的秭归县、长阳土家族自治县、五峰土家族自治县）、湖南 37 个县市区（包括湘西土家族苗族自治州，怀化市，张家界市及邵阳市的新邵县、邵阳县、隆回县、洞口县、绥宁县、新宁县、城步苗族自治县、武冈市，常德市的石门县，益阳市的安化县，娄底市的新化县、涟源市、冷水江市）、重庆市 7 个县区（包括黔江区、酉阳土家族自治县、秀山土家族苗族自治县、彭水苗族土家族自治县、武隆县、石柱土家族自治县、丰都县）、贵州 16 个县市（包括铜仁地区及遵义市的正安县、道真仡佬族苗族自治县、务川仡佬族苗族自治县、凤冈县、湄潭县、余庆县）。"①

表 10-1　武陵山片区行政区域范围

省（市）	地（市、州）	县（市、区）
湖北省 （11 个）	宜昌市	秭归县、长阳土家族自治县、五峰土家族自治县
	恩施土家族苗族自治州	恩施市、利川市、建始县、巴东县、宣恩县、咸丰县、来凤县、鹤峰县
湖南省 （37 个）	邵阳市	新邵县、邵阳县、隆回县、洞口县、绥宁县、新宁县、城步苗族自治县、武冈市
	常德市	石门县
	张家界市	慈利县、桑植县、武陵源区、永定区
	益阳市	安化县
	怀化市	中方县、沅陵县、辰溪县、溆浦县、会同县、麻阳苗族自治县、新晃侗族自治县、芷江侗族自治县、靖州苗族侗族自治县、通道侗族自治县、鹤城区、洪江市
	娄底市	新化县、涟源市、冷水江市
	湘西土家族苗族自治州	泸溪县、凤凰县、保靖县、古丈县、永顺县、龙山县、花垣县、吉首市

---

① 国务院扶贫开发领导小组. 武陵山片区区域发展与扶贫攻坚规划（2011—2020 年）[N]. 贵州民族报，2012-04-25.

省（市）	地（市、州）	县（市、区）
重庆市 （7个）		丰都县、石柱土家族自治县、秀山土家族苗族自治县、酉阳土家族苗族自治县、彭水苗族土家族自治县、黔江区、武隆县
贵州省 （16个）	遵义市	正安县、道真仡佬族苗族自治县、务川仡佬族苗族自治县、凤冈县、湄潭县、余庆县
	铜仁地区	铜仁市、江口县、玉屏侗族自治县、石阡县、思南县、印江土家族苗族自治县、德江县、沿河土家族自治县、松桃苗族自治县、万山特区

资料来源：武陵山片区区域发展与扶贫攻坚规划（2011—2020）

二、恩施州的地位和作用

恩施州位于武陵山脉的腹地，在鄂西生态文化旅游圈中占有重要地位。包括恩施土家族苗族自治州下面的两市六县，区域内各县市地缘关系紧密，属于喀斯特地貌，它们的自然条件相近、生态环境相近，平均海拔高度在1000米左右，气候呈垂直地方差异。河谷和高山、土地资源、矿产资源、水电资源和旅游资源丰富，是我国重要的生态保护屏障和资源丰富地区。恩施州有土家族、苗族、侗族等少数民族聚居。① 该地区少数民族人数约占总人口的一半以上，其中土家族人数最多，约占总人口的45%，第二是苗族，约占总人口的16%。由于该地区各少数民族之间的文化交流，中原文化、楚文化、巴蜀文化在这里获得了继承和发展。恩施州地理位置优越，是中西部游客的交汇点。其经济发展在鄂西南地区起着决定性作用。依据《促进中部地区崛起高速公路网规划》，预计将来5年，湖北及周边河南、湖南、江西、重庆、四川等省区将建成密度更大的高速公路网，全省高速公路网的通达性将进一步提高。城市交通将获得很大改善。除此以外，恩施州的航空、铁路和高速公路也将到位。随着区域内交通网络的逐步完善，区域内外交通联系将进一步增强，为区域旅游业的发展和区域经济发展提供了新的机会。②

---

① 王孔敬. 湖北武陵山区新型城镇化发展路径选择研究 [C]. 北京：第二届民族地区新型城镇化建设与发展论坛, 2014.

② 张祎. 湖北武陵民族地区旅游业与区域发展相关分析及空间差异研究 [D]. 宜昌：三峡大学, 2015.

三、恩施州旅游业与区域发展现状分析

（一）恩施州旅游业发展现状

恩施州借助其独特的地理位置和优美的自然风光，在政府的大力支持下，旅游业快速发展。恩施州以山区、岩溶地貌和众多溶洞、洼地为特色，自然风光以其强烈、奇特、优美、恬静、险峻的特征而闻名。自然风光包括：星斗山，位于恩施、黎川、咸丰县交界处的国家级自然保护区，位于宣恩、鹤峰、恩施、桑植县交界处的七姊妹山国家级自然保护区。"景区包括坪坝营、唐崖河（黄金洞）、小南海、利川腾龙洞、佛宝山大峡谷、玉龙洞、水莲洞、巴东神农溪、格子河石林、水布垭，恩施的梭步垭石林、恩施大峡谷、龙洞河风景区，建始县野三河和黄鹤桥风景区、来凤的仙佛寺风景区和卯洞风景区，鹤峰的省级自然保护区木林子等。"① 近来，在政府的支持下，恩施州旅游业前景良好，2017年，该地区接待游客总人数和旅游综合收入保持逐年递增的良好趋势，旅游综合收入达到3674575万元，接待人数达5132万人次。②

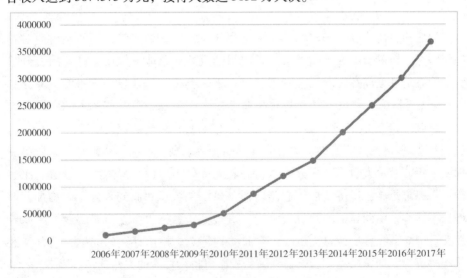

图 10-1　恩施州旅游综合收入年际变化图（万元）

---

① 张祎. 湖北武陵民族地区旅游业与区域发展相关分析及空间差异研究［D］. 宜昌：三峡大学，2015.
② 谭志喜. 湖北武陵山交通变化对旅游业发展影响——以恩施州为例［J］. 价值工程，2014（32）：211-213.

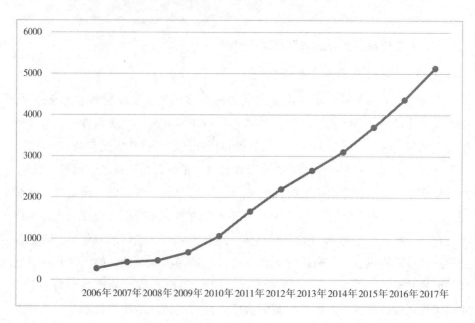

图10-2 恩施州旅游总人数年际变化图

恩施州旅游总收入和旅游总人数呈逐年稳定增长的趋势，说明旅游业对恩施州国民经济的贡献在不断增加。恩施州的旅游业总体上保持了稳定的上升趋势，但各地区之间存在着明显的差异。该地区县市旅游业发展不平衡，差异非常显著。"恩施、利川、巴东县旅游业发展水平最高，总接待游人700多万人次，总收入55亿元以上；第二是咸丰县、建始县，总接待游人超过500万人次。总收入20多亿元，旅游经济效益明显；鹤峰、来凤、宣恩三县旅游人数居第三梯队，年旅游总人数150多万人次，总收入8亿多元，占国内生产总值的比重较低。恩施州旅游经济还居于起步阶段，虽游人数目和旅游收入也在增加，但增长率微小，不明显，旅游收入水平一直很低，恩施州各县市旅游业发展差异较大。因而，综合研讨恩施州旅游空间结构特点，找出存在的问题，整合各区域旅游资源，加速联动发展，是恩施州旅游可持续发展的必然选择。"[1]

---

① 张祎. 湖北武陵民族地区旅游业与区域发展相关分析及空间差异研究 [D]. 宜昌：三峡大学，2015.

表 10-2　恩施州旅游经济发展状况表（2006—2017 年）

年份	旅游人数 （万人）	旅游收入 （万元）	地区 GDP （万元）	旅游收入占 GDP 比重
2006 年	275.4191	108002	1986000	5.44%
2007 年	425.4409	175250	2196900	7.98%
2008 年	466.8415	240306	2609600	9.21%
2009 年	663.5855	290647	2942600	9.88%
2010 年	1062.4980	506163	3511300	14.42%
2011 年	1658.2660	864458	4181926	20.67%
2012 年	2198.5802	1195524	4821890	24.79%
2013 年	2650.6435	1475431	5524843	26.71%
2014 年	3100.4146	2000126	6120103	32.68%
2015 年	3700.5036	2497207	6708118	37.23%
2016 年	4366.3382	3004847	7367148	40.79%
2017 年	5132.8906	3674575.05	8012313	45.86%

表 10-3　2006—2017 年各县市游客接待人数水平差异

地区	2006 年接待游客人数 （万人）	2017 年接待游客人数 （万人）	2006—2017 年增幅 （倍数）
恩施市	59.9186	1718.5403	28.68
利川市	56.8476	1204.1626	21.18
建始县	20.6101	312.0415	15.14
巴东县	76.2481	724.4540	9.50
宣恩县	5.2119	185.3905	35.57
咸丰	10.7007	580.7840	54.28
来凤县	34.4108	250.9507	7.29
鹤峰县	11.4713	156.5670	13.65

表 10-4 2006—2017 年各县市旅游收入水平差异

地区	2006 年旅游收入（万元）	2017 年旅游收入（万元）	2006—2017 年增幅（倍数）
恩施市	37265	1389564.78	37.29
利川市	19759	702820.80	35.57
建始县	9798	209552.93	21.39
巴东县	30032	550915.30	18.34
宣恩县	876	85427.76	97.52
咸丰	3228	537348.81	166.46
来凤县	4851	115597.38	23.83
鹤峰县	2192	83347.29	38.02

表 10-5 2006 2017 年各县市旅游收入占 GDP 比重差异

地区	2006 年地区 GDP（万元）	2017 年地区 GDP（万元）	2006 年旅游收入占 GDP 比重	2017 年旅游收入占 GDP 比重
恩施市	470960	2112243	7.91%	65.78%
利川市	372100	1178804	5.31%	59.62%
建始县	214347	925835	4.57%	22.63%
巴东县	214660	1055734	13.99%	52.18%
宣恩县	155239	661619	0.56%	12.91%
咸丰县	168966	792318	1.91%	67.82%
来凤县	135440	685683	3.58%	16.89%
鹤峰县	143100	567453	1.53%	14.69%

（二）恩施州经济发展现状

2007 年恩施州年末总人口 391.08 万人，2017 年恩施州年末总人口 401.3587 万人，增长了约 20 万人口；2007 年恩施州 GDP 为 2196900 万元，2017 年恩施州 GDP 为 8012313 亿元，增长了接近 4 倍；2007 年恩施州人均 GDP 为 6307 元，2017 年恩施州人均 GDP 为 23892 元，同样增长了接近 4 倍；2018 年城镇化率达到 43.48%，低于平均水平。可见，恩施州经济得到了长足的发展，也还存在不足的地方。

表 10-6 历年恩施州各县市年末总人口 （单位：万人）

年 份	恩施市	利川市	建始县	巴东县	宣恩县	咸丰县	来凤县	鹤峰县
2007 年	79.29	86.88	50.57	48.84	34.86	36.95	31.68	22.01
2008 年	79.70	88.47	51.15	49.10	35.33	37.35	32.10	22.14
2009 年	79.41	88.26	50.97	49.09	35.34	37.60	32.21	22.04
2010 年	79.50	89.56	51.30	49.58	35.56	38.00	32.26	22.15
2011 年	80.54	90.61	51.35	49.45	35.85	38.45	32.65	22.26
2012 年	80.86	91.59	51.28	49.60	36.07	38.77	32.76	22.32
2013 年	81.43	92.38	51.40	49.77	36.18	38.86	33.03	22.35
2014 年	82.09	91.71	51.52	49.86	36.37	39.23	33.16	22.35
2015 年	80.55	91.63	51.38	49.26	36.04	38.57	33.11	22.08
2016 年	80.85	92.03	51.46	49.27	36.11	38.73	33.29	22.27
2017 年	80.65	91.37	51.19	49.00	35.80	38.40	33.27	21.68

表 10-7 恩施州各县市人口 （单位：万人）

县市	2007 年人口	2013 年人口	2017 年人口
恩施市	79.29	81.43	80.6495
利川市	86.88	92.38	91.3727
建始县	50.57	51.4	51.1941
巴东县	48.84	49.77	48.9999
宣恩县	34.86	36.18	35.8032
咸丰县	36.95	38.86	38.3967
来凤县	31.68	33.03	3.32665
鹤峰县	22.01	22.35	21.6761

表 10-8 恩施州各县市 GDP （单位：元）

县市	2007 年 GDP	2013 年 GDP	2017 年 GDP
恩施市	588032	1414951	2112243
利川市	348750	820094	1178804

续表

县市	2007 年 GDP	2013 年 GDP	2017 年 GDP
建始县	241000	641081	925835
巴东县	249993	740012	1055734
宣恩县	173751	452753	661619
咸丰县	189300	544879	792318
来凤县	157220	470879	685683
鹤峰县	161890	395068	567453

表 10-9　恩施州各县市人均 GDP　　　　　　　（单位：元）

县市	2007 年人均 GDP	2013 年人均 GDP	2017 年人均 GDP
恩施市	7416.219	17376.29	27249
利川市	4014.157	8877.398	17660
建始县	4765.671	12472.39	22080
巴东县	5118.612	14868.64	24664
宣恩县	4984.251	12513.9	21685
咸丰县	5123.139	14021.59	25782
来凤县	4962.753	14256.1	27705
鹤峰县	7355.293	17676.42	27870

表 10-10　2017 恩施州人口及城镇化率

县、市	年末总人口（万人）	常住人口（万人）	常住人口城镇化率（%）
全　州	401.36	336.1	43.48
恩施市	80.65	77.7	54.8
利川市	91.37	66.9	43.1
建始县	51.19	42.02	40.1
巴东县	49	42.9	37.6
宣恩县	35.80	30.58	36.7
咸丰县	38.40	30.8	41.35
来凤县	33.27	24.8	41.8
鹤峰县	21.68	20.4	36.35

表 10-11　恩施州民族地区 GDP、人口、人均 GDP

	年末总人口（万人）	年平均人口（万人）	地区 GDP（万元）	人均 GDP（元）
2007 年	391.08	348.32	2196900	6307
2008 年	395.34	348.07	2609600	7497
2009 年	394.92	348.80	2942600	8436
2010 年	397.61	339.07	3511300	10356
2011 年	401.16	329.38	4181926	12696
2012 年	403.25	330.16	4821890	14605
2013 年	405.42	330.89	5524843	16697
2014 年	406.29	331.49	6120103	18463
2015 年	402.61	332.24	6708118	20191
2016 年	404.01	333.65	7367148	22080
2017 年	401.36	335.35	8012313	23892

（三）恩施州自然环境与资源现状

恩施州位于湖北省西南部，是鄂西生态文化旅游圈的重要组成部分，是整个武陵少数民族地区的腹地。东接宜昌，西接黔江，南连湘西自治州，北连万州区，包括恩施土家族苗族自治州统辖的恩施市、利川市，以及巴东县、建始县、咸丰县、宣恩县、鹤峰县、来凤县，是土家族、苗族、侗族等几十个少数民族聚居的地方。恩施州是我国重要的生态屏障之一，地处武陵少数民族武陵山脉的腹地，有独特且丰富的森林资源、矿产资源、水电资源、生物资源、能源资源、文化资源和旅游资源。①

1. 森林资源丰富。森林覆盖率高达 35%，森林面积 648 万公顷，对该地区生态系统的生物多样性起着关键作用。

2. 矿产资源丰富。该区金属矿产有硒矿、磷矿、高磷铁矿、桂石矿、石膏矿、铅锌矿、煤矿等 75 种。硒矿石储量居世界第一，被称作"世界硒之都"。

---

① 张祎. 湖北武陵民族地区旅游业与区域发展相关分析及空间差异研究 [D]. 宜昌：三峡大学，2015.

除此以外，也是鄂西大型铁矿的所在地。

3. 水电资源丰富。目前装机容量达 400 多万千瓦，水电蕴藏量 743 万千瓦，可开发 550 万千瓦。

4. 特色生物资源丰富。恩施州被誉为"中草药库""烟草王国""鄂西林海""华中植物基因库"。该地区拥有丰富的烟叶和茶叶，是中国最大的白肋烟生产基地，拥有 80 万亩的优质茶园。该地区拥有国家重点保护野生植物 51 种，野生珍稀动物 120 种。[1]

5. 能源资源丰富。该地区天然气储量达 1500 亿立方米，预测资源量为 1.5 万亿立方米，风电资源的可开发量达 50 万千瓦以上。

6. 旅游资源丰富。该地区自然风光秀丽，生态环境优良，有恩施大峡谷、腾龙洞、雄山、岐石、悬崖、幽谷、秀水等著名旅游资源，适用于休闲养生。汉族和许多少数民族都生活在这个地区。[2]

（四）恩施州社会文化发展现状

恩施州是少数民族地区、边远山区和贫困地区的缩影。它居住着土家族、苗族、侗族和白族等众多少数民族，是扶贫开发的重点领域。它也是蜀文化、巴文化、楚文化、汉文化的交汇点。恩施州位于湖北省西南部，它拥有明显的地理优势，它是中国中部崛起与西部大开发的交汇地域、是中国中部向西南、西北移的重点地区。随着宜万铁路、沪渝高速公路等相关配套设施的逐步完善，恩施州区位优势进一步加强。该地区已逐步建成大空间、多层次的综合交通网络，包括航空、陆路、铁路、公路、水运等。区域社会经济的可持续发展与区域交通设施建设的逐步完善密切相关。它继承和累积了汉文化、巴文化、楚文化等多种文化，形成了丰富的文化旅游资源。[3]

四、恩施州旅游业发展的优势与劣势分析

（一）恩施州旅游业发展所具备的优势条件

1. 旅游业发展的政策支持

2009 年 1 月，国务院《关于加速旅游业发展的意见》出台，旅游业引起了

---

① 黄元山 . 加快转变经济发展方式与恩施州的应对［J］. 清江论坛，2010（4）：1-3.

② 张祎 . 湖北武陵民族地区旅游业与区域发展相关分析及空间差异研究［D］. 宜昌：三峡大学，2015.

③ 张祎 . 湖北武陵民族地区旅游业与区域发展相关分析及空间差异研究［D］. 宜昌：三峡大学，2015.

各地区的关注，各省市加大对旅游业的支持力度。2011年2月，《武陵山区区域发展与扶贫规划》指出，武陵山区可以应用丰富独特的景观生态和国家文化资源优势，建设生态文化旅游区。湖北省抓住这一重要机会，开展恩施州生态文化旅游区建设，国家也大力支持。武陵山通过民族地区经济发展的部署为湖北西部经济社会发展与旅游业的建设提供了契机，为旅游业的发展奠定了前提。2011年3月，湖北省委书记李鸿忠在第八届全国人民代表大会第五次会议上讲话，提出武陵山少数民族经济社会发展要全面建成小康社会。实施国家发展战略，带动了恩施州旅游业的蓬勃发展。①

2011年4月，湖北省旅游业发展"十二五"规划指出，旅游业进入了发展的最佳时期，人民旅游消费增加，国内旅游变成重点。因而，加速发展旅游业，依靠辐射带动能力促进区域经济发展，促进旅游业与三大产业融合，培育湖北省旅游业的支柱产业。这无疑为湖北省恩施州旅游业的发展提供了强有力的政策支持。2011年8月，中共湖北省委、湖北省人民政府《关于推进湖北省武陵山少数民族经济社会发展试验区建设的意见》指出，要依靠湖北武陵山丰富的旅游资源，加速发展生态文化旅游，进一步完善相关基础设施建设，扩大景区的知名度。争取设计多条旅游线路，可以很好地衔接周边的名胜古迹，促进其他地区旅游业的发展。培育拥有国际国内影响力的文化旅游品牌，扩大区域旅游影响力。2011年11月，恩施州旅游业发展"十二五"规划使旅游业在恩施州经济社会发展中居于越加突出的地位。把握武陵山少数民族经济社会发展试验区和鄂西生态文化旅游圈建设的重要战略机会，增强旅游基础建设，完善旅游服务体系，促进民族经济社会跨越式发展。大力发展旅游业，力争形成以"一个中心、两个板块、十个核心景区"为框架的旅游空间布局。以土苗风情、生态文化为载体，大力整合绿色生态和人文资源，加速开发和晋升一批特色旅游项目。2013年12月，《湖北省武陵山少数民族经济社会发展试验区发展规划》指出，开发利用生态资源，开发少数民族文化遗产，发展以生态文明为主体的服务业，制定"生态文化、土苗风情"的风景名胜区和旅游线路，把恩施建设成中国著名的生态旅游目的地。②

---

① 张祎. 湖北武陵民族地区旅游业与区域发展相关分析及空间差异研究［D］. 宜昌：三峡大学，2015.

② 张祎. 湖北武陵民族地区旅游业与区域发展相关分析及空间差异研究［D］. 宜昌：三峡大学，2015.

　2. 丰富的旅游资源

　旅游资源是区域旅游发展的载体。恩施州旅游资源丰富，有恩施大峡谷、土司城、腾龙洞等著名景点。不同类型的旅游资源能够满足游客的多层次、多方面的需求，故而为恩施州地区旅游业的发展奠定了良好的基础。

　（1）恩施州资源类型多样化。恩施州是鄂西生态文化旅游圈的重要部分，拥有非常丰富、密集的旅游资源。该地区的自然风光秀美，拥有一批让人流连忘返的景点，如恩施大峡谷、利川腾龙洞。该地区山奇、石绝、水秀、洞幽，生态环境优美，适合休闲养生、避暑纳凉。恩施州文化底蕴深厚，是巴楚文化与中原文化交融传承的地方。随着文化的长期累积，该地区的文化旅游资源越加丰富。恩施州美丽的自然风光和独特的民族文化，形成了丰富的旅游资源。地理景观旅游资源上，如恩施大峡谷、利川腾龙洞、清江、野三河等水域风光；遗址遗迹上，主要包括宋元明清时期建立的土司建筑遗址和红色革命遗址，如唐崖土司皇城遗址；建筑设施上，主要表现土家族的风俗人情，如大水井古建筑小区、吊脚楼、鱼木寨、恩施土司城等；恩施州少数民族的人文活动、独特的民俗风情和现代节日，极大地丰富了该地的人文；旅游资源上，这里会召开"女儿会"等民间节庆，演艺土家摆手舞、南剧、龙船调、灯戏、肉连响等，还会为游人提供茶文化、咂酒等饮食民俗。该地区独具特色的民族服饰、融入现代元素的旅游节、文化节等均拥有浓郁的土苗风情。[①]

　（2）恩施拥有一批知名度较高的景区。恩施州旅游资源与生态旅游资源、文化旅游资源相结合，有许多国家森林公园、自然保护区、重点文物保护单位和一些非物质文化遗产，这些资源为该地区旅游业的发展奠定了基础。恩施州充分利用生态环境和民族文化，积极创制生态文化旅游区，建成了一批在中国享有声誉的风景名胜区。2017 年，恩施州 A 级风景名胜区达 35 个，4A 级及以上风景名胜区占景区总数的 57.14%，旅游景点竞争力水平相对较强。其中恩施大峡谷等风景名胜区深受游人喜爱。同时，咸丰唐崖土司城提升世界文化遗产，旅游影响力不断扩大。在住宿餐饮方面，恩施州星级饭店数目高达 63 个，旅游接待能力也较强。在旅行社方面，恩施州 A 级旅行社数目高达 24 家，当地旅行社与互联网融合程度较好。恩施市、利川市被评为中国优秀旅游城市。湖北十大旅游景区中，恩施州有 3 个，分别是恩施大峡谷、利川腾龙洞和巴东神农溪。

---

　①　张祎. 湖北武陵民族地区旅游业与区域发展相关分析及空间差异研究［D］. 宜昌：三峡大学，2015.

恩施大峡谷和利川腾龙洞被列为鄂西生态文化旅游圈的十大旅游景区；巴东县、咸丰县被列为湖北省旅游强县；利川市谋道镇被列为十大旅游名镇景点；恩施沐抚办事处营上村、巴东县沿渡河镇高岩村、咸丰县坪坝营村、利川市朝阳村、利川市龙潭村被评为湖北省旅游乡村名村；恩施市为被评为省级历史文化名城；巴东神农溪、咸丰二仙岩湿地等被评为省级自然保护区。①

（3）恩施资源类型互补。恩施州不同市县旅游资源类型不同，可以促进区域旅游资源的整合、互补、共同发展。恩施州的旅游资源丰富、拥有鲜明特色。这里有优美的自然风光、深厚的文化底蕴、浓厚的土苗风情，融自然生态旅游资源与人文旅游资源于一体。② 该地区各县市之间的旅游资源类型各别，形成良好的互补性。恩施旅游业的三大标志牌分别是恩施大峡谷、玉露茶、女儿会，涵盖特色产业、特色旅游、文化传统三个方面；利川市旅游名片为腾龙洞和"龙船雕"；建始县以人类起源地而闻名，其古道文化和土家族交响曲为其旅游发展的亮点，形成了新的旅游产业和品牌吸引力；巴东县以神农溪纤夫文化为旅游优势，依托神龙江、水布垭旅游枢纽、无源洞等景区开展旅游业；宣恩县是民族民间文化的厚土，少数民族聚居在这里，是巴楚文化的策源地之一，2009 年被文化部命名为"中华民族民间文化艺术之乡"，以贡水河景区和山川反映的浓厚民俗文化为依托，积极建设休闲养生城市；咸丰县弘扬土苗民族文化，发展坪坝营、唐崖河等生态旅游景区；来凤县依托山川秀美，以寺庙和民族手工艺品创制品牌旅游资源；鹤峰县以土司制度、柳子戏、撒尔嗬等传统民俗文化为特色，独具地方特色，依托文物、自然保护区和森林公园创建旅游名片。③ 各县市打破行政区划，相互合作，通过资源开发和市场共享，把本地区建设变成一个更大、更具竞争力的旅游联合体。④

3. 恩施旅游交通条件大为改善

为实现区域旅游的一体化发展，必须以交通运输为前提。恩施州是东西南北的承接地，占重要的地理位置。改革开放以来，恩施州交通条件不断改善，交通设施水平不断提高，逐步建成航空、水道、铁路、公路等综合运输网络。

① 张祎. 湖北武陵民族地区旅游业与区域发展相关分析及空间差异研究 [D]. 宜昌：三峡大学，2015.
② 蔡俊青. 湖北武陵山区旅游整合研究 [D]. 武汉：华中师范大学，2012 (5)：9-26.
③ 蔡俊青. 湖北武陵山区旅游整合研究 [D]. 武汉：华中师范大学，2012 (5)：9-26.
④ 张祎. 湖北武陵民族地区旅游业与区域发展相关分析及空间差异研究 [D]. 宜昌：三峡大学，2015.

随着宜万铁路、高铁、高速的开通，该地区的交通条件获得更进一步的发展。

（1）航空条件。恩施市的许家坪飞机场已进入扩建工程，飞行区等级提高至 4C。恩施市每周有几班往返上海、重庆、北京、武汉、宜昌、广州和海口的航班。2013 年，飞机场旅客吞吐量近 30 万人次，预计 2020 年达到 100 万人次。

（2）水道条件。恩施州已建有巴东长江客运港，拥有客货运功能，是该地区的"水上门户"。码头拥有 1000 万吨级泊位 2 个，年客流量约 90 万人次，吞吐量超过 30 万人次。随着巴东长江客运港的扩建，将来将变成石油化工港和万吨货运码头。

（3）铁路条件。宜万铁路于 2010 年通车，动车组高铁的开通，已变成中国东西部重要的交通枢纽，突破了恩施州出入境的障碍。宜万铁路东起湖北省宜昌市，西至重庆市万州区；它是上海汉蓉快速铁路客运通途的重要组成部分。铁路的开通宣布了这个地方历史性突破了铁路的短欠问题，极大地改变了武陵少数民族地区与其他地区的联系，促进了武陵地区的发展。渝利铁路于 2013 年12 月通车，连接重庆和利川。它的动车组运转大大缩短了重庆和利川之间的时空距离。它的建成应用有益于尽早形成沪—汉—蓉快速通道，合理解决了川渝地区对外铁路运输的压力，促进我国东、中、西部地区经济的协调发展。

（4）公路条件。恩施州公路网主要由 318 条国道、209 条国道和 13 条省道组成。沪渝高速公路宜恩段是我国典型的山区高速公路，它的建成打破了鄂西南没高速公路的历史。建设武陵山交通枢纽和物流中心是恩施州的一个里程碑。随着恩施公路的建设，恩施州旅游业有了第一条高速公路，缩短了恩施与武汉、重庆等中心城市的时空距离。沪渝高速公路宜恩段的开通，为恩施州带来了新的发展机会，掀起了新一轮的发展热潮，促进了区域特色农业、生态文化旅游和资源的发展。除此以外，恩来高速公路、恩黔高速公路、宜巴高速公路、利川至重庆的万里高速公路、恩施至建施高速公路的建设，进一步完善了区域公路网。交通设施的不断完善，不只变成区域发展的基础，而且为旅游业的发展创造了有利条件。随着武陵山扶贫规划的逐步实施，恩施州旅游交通条件进一步改善。在各级政府的大力支持下，已建成恩施大峡谷旅游公路、坪坝营旅游公路、野三河风景区旅游公路等多条旅游公路，进一步改善旅游交通条件。①

4. 恩施具有多种信息传播渠道

（1）旅游信息网站与公众号、平台销售的建设。在各级政府和旅游景区有

---

① 张祎. 湖北武陵民族地区旅游业与区域发展相关分析及空间差异研究［D］. 宜昌：三峡大学，2015.

关部门的大力倡导下，恩施州依托旅游信息系统建设，利用网络技术建立了旅游管理信息中心，并大力宣传恩施旅游信息。目前，有恩施旅游网站、中国富硒之都、清江旅游网、中国恩施旅游网、湖北旅游信息服务系统等专业旅游网站与公众号。这些网站不只可以提供最新的旅游信息，还可以推荐该地的景点、旅游线路、民俗文化、经典饮食、交通和住宿信息。

（2）其他信息传布渠道。恩施州通过举办国际旅游商品博览会、旅游节庆、旅游博览会等活动开展旅游宣传，并在电视机、报纸、杂志上开展相关介绍，不断提高其知名度和对国内外的影响。目前，"湖北恩施生态文化旅游节""恩施旅游成品推介会"等大型活动已经很好地传布了旅游信息。[①]

5. 恩施具备一定的旅游市场

近些年，恩施州旅游综合收入快速增长。随着新景区的进一步开发，原有景区的改造，旅游基础设施的建设，交通网络的不断完善，恩施州旅游市场拥有巨大的发展潜力。恩施州的游人主要源自国内，因而国内市场占有一些优势。以恩施州为例，从游人接待情况来看，2017 年旅游综合收入达到 3674575 万元，接待人数达 5132 万人次。2013 年，国内接待游人 2616.3 万人次，入境游人 34260 万人次。国内游人占游人总数的 98.7%，国外游人仅占 1.3%。从创造的旅游收入来看，旅游外汇收入为 419286 万美元，旅游总收入为 14754.31 万美元。可以看出，外国游客创造的旅游收入远远低于国内游人带来的经济效益。依据县市情况，恩施市（8992 万人）、利川市（6029 万人）、巴东县（442 万人），这三个县市接待国内游人 1500 多万人次，是进一步推进恩施州国内旅游市场发展的重要县市。宣恩、来凤、鹤峰等县虽也有特色旅游资源，但旅游业的发展速度并不快，它们接待的游人数目和旅游收入只占恩施州的一小部分。通过旅游线路的设计，这些市县可以与恩施等旅游发展势头强劲的地区的特色景点相衔接，要共享旅游市场，充分发挥恩施、利川、巴东三县的旅游带动作用，形成区域间联动发展，提高恩施州整体旅游竞争力。近些年，恩施州入境旅游人数和入境旅游收入虽逐年增加，但基数和增长率都微小，创造的经济效益也很低。除此以外，巴东县是国内最大的入境旅游县，接待的国际游人数目和外汇收入明显高于其他县市。[②]

① 张祎. 湖北武陵民族地区旅游业与区域发展相关分析及空间差异研究 ［D］. 宜昌：三峡大学，2015.

② 张祎. 湖北武陵民族地区旅游业与区域发展相关分析及空间差异研究 ［D］. 宜昌：三峡大学，2015.

（二）恩施州旅游业发展劣势分析

1. 恩施缺乏科学的旅游业管理体制

制度设计与机制是旅游业的前提和保障，从而，旅游业的健康发展离不开科学合理的旅游管理体制。恩施州一方面人才、资金和技术无法在区域间较好地流通；第二，区域内旅游管理权力分散，与区域旅游整体联动发展的内在要求相矛盾。由于不同区域旅游发展的政策、思路和重点项目不同，管理体制中经常存在着区域协调不到位、管理效率下降、政策执行不到位等问题。恩施旅游业管理体制存在的缺点还表现在，一是旅游相关部门短欠对行业的协调管理能力，二是众多部门存在职能交叉，当某景区同时受多部门统辖，而各部门意见不一致时，则会造成管理上的纷乱，影响管理职能的顺利执行。制度环境的不完善，旅游业市场化程度不高，相关经营机制不灵活，对旅游资本的吸引能力有限，都使得恩施州旅游资源优势无法获得充分利用。恩施州还缺乏旅游行业组织，无法制定旅游行业的相关规范和标准，也难以保障旅游业与企业间的协作。①

2. 旅游产品结构不够合理

恩施州缺乏统一执行的旅游总体发展规划和合理的分工。由于行政区划的原因，恩施州武陵少数民族地区等地区无法实现联动发展。各行政单位都有自身的制度，忽视了旅游资源的特征和交通、客源、环境的开发利用，产生了大量的旅游产品。同类产品浪费资源，而且不能提高旅游业的整体效率，不能充分发挥区域特色资源的优势。恩施州经济基础薄弱，旅游业起步晚，虽然旅游资源丰富多样，但旅游产品单一。它虽拥有"自然与生态"的旗帜，但没明显的特征，专业化、精细化程度低，短欠深厚的文化内涵。该地区的旅游成品大多以简单的静态观光和浅层休闲度假为主，旅游休闲体验产品开发欠缺。随着旅游业的不断发展，低层次的观光和休闲旅游产品将不能满足游人多样化的旅游需求，唯有实现旅游产品多元化和精细化，才能进一步促进区域旅游发展。如果不能创造多样化精细化高级化的旅游产品，实现区域旅游的发展可能会受到限制。②

---

① 张祎. 湖北武陵民族地区旅游业与区域发展相关分析及空间差异研究［D］. 宜昌：三峡大学，2015.

② 张祎. 湖北武陵民族地区旅游业与区域发展相关分析及空间差异研究［D］. 宜昌：三峡大学，2015.

3. 恩施未形成区域整体的主题形象

特色化、个性化的旅游形象将为旅游目的地区带来竞争优势。恩施州整体协调发展意识淡薄，旅游规划与开发设计单一，注重本地区旅游形象的塑造，短欠鲜明统一的主题形象。目前恩施州的旅游品牌中，唯有腾龙洞、大峡谷、巴东神农溪拥有一些国际知名度，其他的景点如恩施土司城等只对湖北省及周边地区居民有必定吸引力。一个地区旅游业的发展离不开宣传的有效性。以多个区域为整体，开展区域旅游协同宣传推广，提高区域旅游知名度。依据辖区内旅游资源的特征，恩施州市县创建了自身的主题形象，需要大力开展宣传。虽每个县都有自身的特征，但他们并没把这个地区作为一个整体来宣传。恩施市旅游宣传模式存在一些问题，各部门重视旅游景点和旅游成品的推广，忽视了区域旅游主题形象的整体塑造和宣传。在恩施少数民族地区，分散的宣传渠道很难促进旅游业的全面发展。①

4. 恩施旅游基础设施不健全

旅游基础设施是旅游业发展的基础条件。恩施州地域广阔，景点分散，旅游基础设施发展相对滞后，尤其是交通设施不完善，严重阻碍了该地区旅游业的发展。恩施州由于地理环境以及历史因素，区域交通发展比较缓慢，虽建有飞机场，但无法起降大型客机；虽宜万铁路，高铁，318、209 国道和 13 条省道等公路网络对运输起到很大作用，但位置较偏远的鹤峰县、来凤县、宣恩县等由于交通不便，限制了外乡游人的进入。区域内景点之间连接度和通达度都很差，交通瓶颈严重阻碍外乡游人的进入。一旦游人人数大幅增长，现有的交通接待能力将无法承载，严重阻碍旅游业的发展。除此以外，由于恩施州经济基础薄弱，旅游业起步较晚，旅行社、饭馆的配备不齐备，将导致旅游接待能力受限。因而，若要实现地区旅游业的发展，必须具备足够的组织、接待能力。

5. 恩施缺乏旅游专业人才

在各级政府的大力支持下，恩施州的旅游业近些年发展迅速，增加了对高素质旅游专业人才的需求，但相关人才的供给不能满足旅游业发展的需要。恩施州部分旅游从业人员素质相对较低，旅游接待能力弱。因而，如何引进高素质英才，进一步提高现有旅游从业人员的业务能力，是各级旅游部门和政府面临的问题。②

① 张祎. 湖北武陵民族地区旅游业与区域发展相关分析及空间差异研究 [D]. 宜昌：三峡大学，2015.
② 张祎. 湖北武陵民族地区旅游业与区域发展相关分析及空间差异研究 [D]. 宜昌：三峡大学，2015.

五、恩施州区域发展的优势与劣势分析

（一）恩施州区域发展所具备的优势

1. 恩施州区域发展的政策环境优势

首先是党中央、国务院高度重视恩施地区协调发展，长期以来，制定了西部大开发和扶贫开发的一系列战略规划，明确了加速贫困地区发展的总体思路、基本思路和目标。① 2011 年至 2020 年《武陵山区区域发展与扶贫规划》文件将恩施州 8 个县、市列入国家级贫困县、市，是重点扶贫对象。党中央的这一系列部署，将极大地激起恩施人民脱贫致富的积极性和创造性。第二，国民经济和社会规划纲要明确提出了以科学发展、生态发展为主题，加速转变以经济发展方式为主线，大力推进区域经济结构调整，促进全国生产布局和产业结构优化升级，为恩施州引进其他区域产业，发展区域特色优势产业提供了机会。第三，在近些年的发展实践中，恩施州各级政府和群众形成了区域合作发展的共同意志，开展了一些探索，累积了一些经验，为加速发展奠定了一定的条件。第四，随着综合国力的显著加强，国家和湖北省有能力、有条件加大对恩施州经济社会发展的扶持力度。②

2. 恩施州自然资源丰富

（1）土地资源生产潜力大。恩施州拥有可供发展林业、果业和畜牧业的宜园、宜林、宜牧等多种类型的荒地资源，除此以外，还拥有大面积的低产农田、林地、园地，这些资源一经改造，将会大幅度提高单位面积产量，产生巨大的经济效益、社会效益和生态效益。

（2）矿产资源丰富。恩施州的硒资源在全国乃至世界储量在前列，其 8 个县都分布有硒煤共生的矿床岩，是不常见的高硒带。恩施州内已发觉硒矿点 16 处，硒矿泉水 5 处。恩施市拥有迄今世界上探明的唯一独立硒矿床，硒矿储量巨大，形成独特的富硒生物圈，并享有"世界硒都"的美誉。

（3）水电资源丰富。恩施州水能资源丰富，理论蕴藏量 509.31 万千瓦，可开发蕴藏量 349.5 万千瓦，是湖北省水能资源富有的地区之一。截至 2013 年，仅湖北恩施州境内已经建成发电站 289 座，发电总装机容量 340 万千瓦，占全州

① 潘芬萍，王克喜，曾群华. 武陵山片区旅游竞合发展研究 [J]. 民族论坛，2012（18）：39-43.

② 张祎. 湖北武陵民族地区旅游业与区域发展相关分析及空间差异研究 [D]. 宜昌：三峡大学，2015.

水能资源可开发量的 97.3%，而且随着不同水电站的报批核准，建设将还会持续增长。①

（二）恩施州区域经济社会发展劣势分析

1. 恩施州部分产业低质发展

恩施州位于武陵少数民族聚居区腹地，它拥有独特的农业、矿产和生物资源，形成了与大量贫困人口共处的资源富集空间格局，主要原因是恩施州资源配置和应用不合理，产业发展不平衡，质量不高，无法快速合理利用发展，带动区域发展。在农业生产中，山区的自然环境决定了农田的面积，其生产方式基本上遵循传统的农业生产方式，规模经济和机械化经营难以实现，导致大量低效的农村劳力无法解放。第二，由于山区交通闭塞和农民知识水平有限，很难自己去对农产品开展深加工转化，导致农业综合效益低下，农产品加工转化的产值占农业产值比重较低，农产品多为初级产品，深加工产品开发十分薄弱。农产品加工转化率低，市场占有率低，科技含量低，质量不高，没发挥特色农业产业的优势。在工业方面，由于其发展的基础比较薄弱，工业发展基本上属于"资源粗放式"发展，工业产业增加值低、生态环境被严重破坏，产业关联度低，吸纳就业人数有限。还存在部分企业基于短期利益，对森林和矿产资源进行无序地开发，造成了资源浪费和环境破坏，没将资源优势转化为经济优势，一定程度上影响了恩施州产业的累积能力和后续发展潜力。在第三产业方面，部分劳动生产率低下，部分还居于低端服务型发展阶段，部分内部结构低端、无序、分散。在第三产业中，公共管理和社会组织、批发零售交易、运输、仓储和邮政等传统产业占第三产业的 50%以上，金融、商业服务、科学和技术服务所占比例微小。分析可见，该地区的第三产业主要集中在低端服务业。②

2. 恩施州交通短板

区域四通八达、层次多元的交通系统在区域发展中起着至关重要的作用，它在一定程度上决定了区域内各种要素的流动程度。恩施州特殊的山地环境和现有的交通格局空间失衡，使得该地区面临着交通短板和对区域交通需求的矛盾。特别是恩施的地形特点，需要通过交通的改善来打破这个瓶颈。③

---

① 张祎. 湖北武陵民族地区旅游业与区域发展相关分析及空间差异研究 [D]. 宜昌：三峡大学，2015.

② 张祎. 湖北武陵民族地区旅游业与区域发展相关分析及空间差异研究 [D]. 宜昌：三峡大学，2015.

③ 张祎. 湖北武陵民族地区旅游业与区域发展相关分析及空间差异研究 [D]. 宜昌：三峡大学，2015.

3. 恩施州部分劳动力流失

恩施州 8 个县、市均为国家级贫困县、市，全州存在大量贫困人口群体。区域收入水平低下，使得大量劳力外出务工，造成劳力流失。① 大部分出去工作的农民工是中青年，留下的大多是老年人和孩童，这进一步加剧了农村经济社会发展的衰退，并将引发一系列的经济社会问题。

4. 恩施州还存在部分资源开发带来环境污染

问题根据国家功能区区划，恩施州大部分属于限制性功能区和禁止性功能区，生态环境脆弱。除此以外，该地区也是三峡工程和长江中下游的生态屏障，该地区的重要性可见一斑。但近几年随着区域发展和城市的扩展，生态环境问题也慢慢呈现，存在城市扩展侵吞农田，需要用地建设工业园区和技术开发区等问题。但由于开发过程中缺乏严格科学的环境控制，出现了部分树木砍伐造成的水土流失等生态问题。② 除此以外，部分矿产资源的过度开发和初级矿产品的加工也给该地区的生态环境带来了大量的污染和破坏，值得我们进一步考虑的是如何在区域发展过程中协调其发展和环境保护的关系。

第三节　恩施州旅游业发展与区域发展的关系

一、旅游业对区域发展的影响

（一）旅游业的发展促进贸易发展

发展旅游业可以用来提高恩施州在国内外的知名度并扩大市场，增加国内外人们对该地的了解，促进资金的流入，技术以及人才的引进，还可以输出本地区的特色产品，扩大地区对外开放程度，从而，促进经济的快速发展。目前，旅游业已渐渐变成促进恩施州经济社会发展的重要力量。③ 在各级政府的大力支持下，以其快速的发展势头，还有无限的发展潜力，旅游业将逐步变成恩施

---

① 张祎. 湖北武陵民族地区旅游业与区域发展相关分析及空间差异研究 [D]. 宜昌：三峡大学, 2015.

② 张祎. 湖北武陵民族地区旅游业与区域发展相关分析及空间差异研究 [D]. 宜昌：三峡大学, 2015.

③ 张祎. 湖北武陵民族地区旅游业与区域发展相关分析及空间差异研究 [D]. 宜昌：三峡大学, 2015.

州的重要支柱产业。①

（二）旅游业创造投资机会，促进区域建设

近年以来，随着区域旅游业的不断发展，恩施州各级政府通过搭建融资平台、发布相关政策和指导方针、重视旅游资源的保护和开发，加大了投资力度，进一步完善旅游基础设施、景区交通、住宿接待、通信、环保等项目建设。改善地方和景区旅游环境，为吸引外来资金创造了有利的外部和内部条件。为促进旅游业的发展，恩施州各级政府继续加大对旅游业的引导投资，将资金用来发展公共基础设施建设和旅游信息平台建设，吸引投资者投资参与拥有良好市场前景的旅游项目的管理，以改善景区环境、建设和管理水平，进一步促进恩施州旅游业的发展。②

（三）旅游业增加更多的就业机会

旅游业属于第三产业服务业，有很强的辐射扩散和带动效应，拉动住宿、餐饮、商业、导游等众多相关行业对劳动力的需求，创造大量的就业机会。目前，旅游业已变成促进恩施州劳动力就业的最大产业之一。③

（四）旅游业会影响区域的社会文化

旅游业拥有广泛的社会文化影响，包括对旅游目的地的社会文化影响。不同地区的游人与当地人的交流促进了相互理解和知识的丰富，促进了双方思维的转变，使社会变得更加开放、和谐和现代。除此以外，它也有益于民族文化的保护和发展，并与不同的文化和价值观相碰撞，产生新的文化基础。④

（五）旅游业能促进地区脱贫致富

贫困和就业困难将会导致社会不稳定和不和谐。旅游业在转移农村剩余劳动力和解决就业问题中发挥着重要作用，通过解决就业问题，促进社会稳定。武陵少数民族地区作为一个贫困地区，其经济发展长期依赖于第二产业。尽管

---

① 张祎．湖北武陵民族地区旅游业与区域发展相关分析及空间差异研究［D］．宜昌：三峡大学，2015.

② 张祎．湖北武陵民族地区旅游业与区域发展相关分析及空间差异研究［D］．宜昌：三峡大学，2015.

③ 张祎．湖北武陵民族地区旅游业与区域发展相关分析及空间差异研究［D］．宜昌：三峡大学，2015.

④ 张祎．湖北武陵民族地区旅游业与区域发展相关分析及空间差异研究［D］．宜昌：三峡大学，2015.

近些年旅游业发展迅速，但仍居于起步阶段。① 因而，如何应用该地区的资源优势，发展拥有关联度大、综合性强、环境污染小的生态旅游业，得到各界的普遍重视。②

二、区域发展对旅游业发展的影响

（一）区域发展产生旅游需求

一个区域的旅游业是在一定的区域经济社会条件下产生的。它的蓬勃发展是生产力发展和经济社会发展的结果。在经济发展落后的地区，人们的重要活动是以生存为中心，那么就不会有旅游活动。旅游业的出现是基于人们的经济条件达到一定水平，属于自我需求水平的需要。分析显示，经济水平越高的地区，人们旅游的需求越大，旅游的客源地大多集中在发达地区，客源与经济发达地区显现很高程度上的一致性。③

（二）区域发展为旅游业发展提供资金保障

随着旅游业的发展和竞争的逐渐激烈，多元化、精细化、个性化的旅游产品更具竞争力，其发展必须以大量的经济资本为前提。现实显示，一般来说，旅游业投入比较大，而且投资回报期比较长，有的旅游项目的投入需要几十年才能收回成本，而且运营期间，需要不间断的持续的资金投入，这就对地区的经济基础和企业实力有较高的要求。除此以外，由于旅游业拥有较强的产业关联性，在促进旅游业发展的同时，也必须联合多个相关产业的发展，相关产业的资金的投入也是区域旅游发展的巨大考验。④

（三）交通设施水平为进入旅游目的地提供便利

交通对旅游业的发展很重要，交通是连接游客和目的地的枢纽，交通还使旅游业系统形成了一个完好的体系。交通设施水平对旅游目的地的可达性，起着非常重要的作用。恩施州特殊的山地环境，使得在该地区修建道路的难度很大。而且湖北省的整个交通网络的重心在以武汉为中心的都市圈，整体格局显

---

① 张祎．湖北武陵民族地区旅游业与区域发展相关分析及空间差异研究［D］．宜昌：三峡大学，2015.

② 庹梅．旅游业发展与区域经济增长关系研究——以兰州市为例［D］．兰州：兰州大学，2012（5）：17-18.

③ 张祎．湖北武陵民族地区旅游业与区域发展相关分析及空间差异研究［D］．宜昌：三峡大学，2015.

④ 张祎．湖北武陵民族地区旅游业与区域发展相关分析及空间差异研究［D］．宜昌：三峡大学，2015.

现"东密西疏"的特点。恩施州近些年交通状况虽有所改善，但公路、铁路密度很低，严重制约了该地区旅游业的发展。①

（四）服务配套设施水平对旅游业发展的影响

旅游业与其他配套拥有高度的关联性，旅游业的发展也需要其他产业的发展来完善其配套服务。旅游包括娱乐、住宿、购物等活动，这些与风景名胜区的游览具有同样重要的地位。随着旅游业的发展，这些活动的丰富性和重要性将不断提高，这些活动与相关的服务设施密不可分。②

（五）区域发展影响旅游景点的知名度

区域的经济发展会使该地区在全国的影响力扩大，并对游人产生巨大的吸引力。恩施州可以进一步发展经济，保护环境，增强宣传，提高知名度。投放更多的精力和资金到宣传和广告中去。③

（六）区域发展是旅游业高级化的保障

随着旅游业的可持续发展和产业升级，将来我们将走一条与旅游业信息化、科学化密切相关的高水平发展之路。在现代社会，信息逐渐丰富，在人们的生活中发挥着重要作用。旅游作为一种外出活动，必须根据相关信息做出决策。网络技术的发展将极大地改变传统旅游业的信息不对称。④ 如何应用这个平台发布旅游信息，对旅游企业的发展也至关重要。恩施州可以大力发展旅游电子商务，广泛传播相关旅游信息。旅游电子商务系统的开发、维护和运营离不开资金和技术投资，这些资金渠道、技术和人才的引进应立足于区域发展。⑤。

① 张祎. 湖北武陵民族地区旅游业与区域发展相关分析及空间差异研究 [D]. 宜昌：三峡大学，2015.

② 张祎. 湖北武陵民族地区旅游业与区域发展相关分析及空间差异研究 [D]. 宜昌：三峡大学，2015.

③ 张祎. 湖北武陵民族地区旅游业与区域发展相关分析及空间差异研究 [D]. 宜昌：三峡大学，2015.

④ 张祎. 湖北武陵民族地区旅游业与区域发展相关分析及空间差异研究 [D]. 宜昌：三峡大学，2015.

⑤ 朱如虎. 福建省经济对旅游业的支撑力研究 [D]. 福州：福建师范大学，2009（5）：20-30.

第四节　恩施州旅游业与区域发展典型相关分析

一、典型相关分析方法介绍

荷泰林 H，Hotelling 开始发明了典型相关分析方法，这个方法为分析一组变量 $Y/Y = （Y_1，Y_2，Y_3……Y_n）$ 和另一组变量 $X/X = （X_1，X_2，X_3……X_n）$ 之间的线性关系，首先，在 X 变量中寻找一个线性组合，$U_{n1} = a_{n1}X_1 + a_{n2}X_2 + ……a_{nk}X_k$；然后，在 Y 变量中也找一个线性组合，$V_{n1} = b_{n1}X_1 + b_{n2}X_2 + ……b_{nk}X_k$，需要测量这两个线性组合之间具有的最大相关性，接着分别在两组变量中，各寻找一个线性组合，并使这两个线性组合间相关性最大……，如此重复下去，直到两组变量间的相关性被提取完毕为止。[1]

具体的计算步骤如下：

（1）原始数据矩阵表示为：

$$\begin{bmatrix} x_{11} & x_{12} & x_{13}……x_{1p} & \cdots & y_{11} & y_{12} & y_{13}……y_{1q} \\ & \vdots & & \ddots & & \vdots & \\ x_{n1} & x_{n2} & x_{n3}……x_{np} & \cdots & y_{n1} & y_{n2} & y_{n3}……y_{nq} \end{bmatrix}$$

（2）对原始矩阵进行标准化处理，然后，并计算相关系数矩阵表示为：

$$R = \begin{bmatrix} R_{11} & R_{12} \\ R_{21} & R_{22} \end{bmatrix}$$

在这之中，R_{11}，R_{22} 分别为第一组变量与第二组变量的相关系数阵。

（3）求典型相关系数和典型变量

计算矩阵 $A = R_{11}^{-1} R_{12} R_{22}^{-1} R_{21}$ 和矩阵 $B = R_{22}^{-1} R_{21} R_{11}^{-1} R_{12}$ 的特征值和特征向量，就可以分别得到典型相关系数和典型变量。

（4）最后是检验各典型相关系数的显著性，分析结果。[2]

二、原始变量的选择与数据的来源

本研究分析的是恩施州旅游业与区域发展指标的相关关系，根据前面的分

---

[1] 张祎. 湖北武陵民族地区旅游业与区域发展相关分析及空间差异研究［D］. 宜昌：三峡大学，2015.

[2] 张祎. 湖北武陵民族地区旅游业与区域发展相关分析及空间差异研究［D］. 宜昌：三峡大学，2015.

析，区域发展水平的衡量可选取三类指标：一类是经济发展类指标，二类是环境类指标，三类是社会发展类指标。根据前期的调查研究，首先，受收集资料、收集数据和客观条件的限制，我们选用"第一产业总产值""第二产业总产值""第三产业总产值""城镇居民人均可支配收入""农村居民人均纯收入""社会品消费零售总额""社会固定资产投资""进出口额""财政支出"这9个指标来衡量区域经济发展；然后，我们选用"公路通车里程""新增就业人口"这2个指标来衡量社会发展建设；接着，我们选用"建成区绿化覆盖率""水利、环境和公共设施管理业投资"来衡量区域的环境状况；最后，对旅游业发展水平的衡量，我们采用以下6个指标："累计旅游综合总收入""旅行社个数""国内游客人数""国际游客人数""星级饭店个数""风景区个数"。①

需要进一步对上述指标进行设定，我们设 X1 为第一产业总产值（万元），X2 为第二产业总产值（万元），X3 为第三产业总产值（万元），X4 为城镇居民人均可支配收入（元），X5 为农村居民人均纯收入（元），X6 为社会品消费零售总额（万元），X7 为社会固定资产投资（万元），X8 为进出口额（万元），X9 为财政支出（万元），X10 为公路通车里程（千米），X 11 为新增就业人口（人），X12 为建成区绿化覆盖率（%），X13 为水利、环境和公共设施管理业投资（万元），Y1 为国际游客数量（万人），Y2 为国内游客数量（万人），Y3 为累计旅游综合收入（万元），Y4 为旅行社个数（个），Y5 为星级饭店个数（个），Y6 为风景区个数（个）。②

三、样本分析过程

（一）指标的相关性分析

本研究运用典型相关分析的相关软件和程序，得到运算结果。区域发展指标、旅游业发展指标以及两者间的相关性如表所示，结果显示，衡量区域发展指标 Y 内部 6 个指标，衡量旅游发展 X 指标内部 13 个指标，以及衡量区域发展与旅游发展的部分指标间具有相关关系，但是没有完全相关关系，符合运算要求。③

下表中，反映的旅游业几个指标中，除了"国外游客人数"这个变量外，

① 张祎．湖北武陵民族地区旅游业与区域发展相关分析及空间差异研究［D］．宜昌：三峡大学，2015.

② 张祎．湖北武陵民族地区旅游业与区域发展相关分析及空间差异研究［D］．宜昌：三峡大学，2015.

③ 张祎．湖北武陵民族地区旅游业与区域发展相关分析及空间差异研究［D］．宜昌：三峡大学，2015.

其他旅游变量相关系数较大，反映了该地区游客量、旅游收入、景区资源、饭店接待能力、旅行社的组织能力紧密相关。①

表 10-12　旅游业发展指标相关系数

	y1	y2	y3	y4	y5	y6
y1	1					
y2	0.1532	1				
y3	0.1532	0.977	1			
y4	0.021	0.719	0.773	1		
y5	0.012	0.824	0.812	0.763	1	
y6	0.3039	0.696	0.625	0.506	0.73	1

下表反映了区域发展的 13 个变量之间的关系。从区域发展指标的内部相关系数可以看出，大多数指标的相关系数较大。其中，x1~x9 的指标间相关系数高；反映社会发展的指标 x10、x11 中，x10 与 x1 相关系数高，表明该区域的交通还缺乏便利，不能支持整个区域的经济发展。x11 与反映经济发展的大多数指标高度相关，表明区域经济发展与就业拥有很强的相关性；x12 与其他指标相关性小，而 x13 与其他指标相关性很强。指标反映经济发展，x1~x9 反映了地方经济发展与环境投资的密切关系。②

表 10-13　区域发展指标相关系数表

	x1	x2	x3	x4	x5	x6	x7	x8	x9	x10	x11	x12	x13
x1	1												
x2	0.614	1											
x3	0.755	0.95	1										
x4	0.44	0.72	0.71	1									
x5	0.352	0.53	0.52	0.96	1								
x6	0.724	0.94	0.97	0.63	0.41	1							

---

① 张祎. 湖北武陵民族地区旅游业与区域发展相关分析及空间差异研究 [D]. 宜昌：三峡大学，2015.

② 张祎. 湖北武陵民族地区旅游业与区域发展相关分析及空间差异研究 [D]. 宜昌：三峡大学，2015.

	x1	x2	x3	x4	x5	x6	x7	x8	x9	x10	x11	x12	x13
x7	0.767	0.93	0.95	0.81	0.67	0.9	1						
x8	0.577	0.88	0.83	0.8	0.68	0.8	0.9	1					
x9	0.835	0.84	0.87	0.79	0.71	0.8	0.853	1					
x10	0.644	0.28	0.24	0.08	0.11	0.2	0.4	0.329	0.5	1			
x11	0.771	0.61	0.69	0.33	0.21	0.7	0.7	0.597	0.7	0.4	1		
x12	0.058	0.22	0.2	0.26	0.22	0.2	0.2	0.151	0.2	-0.1	0	1	
x13	0.513	0.65	0.64	0.65	0.61	0.6	0.7	0.606	0.7	0.3	0.4	0.1	1

下表显示了 6 个反映旅游业发展变量与 13 个反映区域发展变量之间的相关系数。可以看出两组指标间的相关系数大小不一，且分布不均。y4 与 x6 的相关系数为 0.9407，y6 与 x12 的相关系数为 -0.01。该相关系数表可以看出反映旅游业发展的变量 y1 与反映区域发展的逐一变量相关系数都较小，y2~y6 与反映区域经济发展的变量 x1~x9、x11 基本都高度相关；y2、y6 与 x10 高度相关，y2、y3 与 x13 也高度相关。可以反映出恩施州武陵民族地区旅游业发展与区域经济的发展指标是具有高度相关性的；而且旅游业发展与就业的增加高度相关；国内游人的接待量、风景区的个数与交通运输建设高度相关；除此以外国内游人人数、累计旅游收入与对环保投资密切相关。①

表 10-14　区域发展与旅游业发展交叉相关系数 1

	x1	x2	x3	x4	x5	x6
y1	-0.035	0.1594	-0.003	-0.0625	-0.052	-0.04
y2	0.7862	0.853	0.8751	0.6489	0.5319	0.8432
y3	0.7254	0.9064	0.9092	0.6681	0.5257	0.8807
y4	0.5894	0.8814	0.8973	0.4289	0.179	0.9407
y5	0.789	0.7753	0.8165	0.4126	0.2399	0.8542
y6	0.8025	0.5004	0.536	0.163	0.0862	0.546

① 张祎. 湖北武陵民族地区旅游业与区域发展相关分析及空间差异研究 ［D］. 宜昌：三峡大学，2015.

表 10-15 区域发展与旅游业发展交叉相关系数 2

	x7	x8	x9	x10	x11	x12	x13
y1	0.0352	0.0488	0.0879	0.4832	−0.1	−0.051	0.2254
y2	0.8853	0.8894	0.9172	0.5007	0.736	0.0675	0.611
y3	0.9011	0.9062	0.8898	0.4164	0.711	0.0849	0.656
y4	0.7604	0.6907	0.6206	0.1423	0.619	0.1777	0.4441
y5	0.8007	0.6953	0.7662	0.4738	0.876	0.0951	0.4829
y6	0.5535	0.4565	0.6247	0.8167	0.657	−0.01	0.3654

（二）检验变量 X 与 Y 不相关的假设

从下表中的分析结果显示可以看出，我们共提取了 6 对典型相关系数，它们分别为 0.9968、0.9359、0.9347、0.8860、0.6959、0.4853。由于前三对的典型相关系数最高，所以我们重点分析。①

表 10-16 典型相关系数

	相关系数		相关系数
1	0.9968	4	0.8860
2	0.9359	5	0.6959
3	0.9347	6	0.4853

下表中反映的是，对总体系数是否为 0 的假设进行的检验结果，此处我们采用组间多变量检验，来检验两组变量间的交互效应。根据其检验统计量的精度，它们依次为：威尔克斯 λ 值（Wilks' lambda）、皮莱迹（Pillai's trace）、霍泰林-罗雷迹（Lawley-Hotelling trace）及罗伊最大根（Roy's largest root）。结果显示，四个统计量的 P 值均小于 0.05，可以拒绝原假设。即可得出，区域发展变量 X 与旅游业发展变量 Y 之间有显著的交互效应。②

---

① 张祎. 湖北武陵民族地区旅游业与区域发展相关分析及空间差异研究 [D]. 宜昌：三峡大学，2015.

② 张祎. 湖北武陵民族地区旅游业与区域发展相关分析及空间差异研究 [D]. 宜昌：三峡大学，2015.

表 10-17　变量 X 和变量 Y 间的多变量检验结果

	Statistic	df1	df2	F	Prob>F	
Wilks' lambda	0.0000084898	78	149.463	14.0125	0	a
Pillai's trace	4.24796	78	186	5.7817	0	a
Lawley-Hotelling trace	174.444	78	146	54.4207	0	a
Roy's largest root	155.575	13	31	370.9873	0	u

e = exact, a = approximate, u = upper bound on F

（三）标准化典型相关系数与典型变量

因为区域发展与旅游业发展的变量没有相同的量纲，不便于结果的分析和数据分析，所以，需要进一步采用标准化的系数。通常用典型变量的系数，来研究区域发展与旅游业发展指标之间的关系。[①]

表 10-18　区域发展的标准化典型变量系数

	1	2	3	4	5	6
x1	-0.0288	-1.6321	1.1938	-1.5483	2.6471	1.9012
x2	0.2653	-0.3265	1.8476	-0.0124	1.9022	0.3636
x3	0.5136	1.4196	-0.9992	2.2348	0.4296	1.7247
x4	-0.2056	1.1033	0.9451	-0.2257	-1.0715	0.8515
x5	-0.0494	-1.0579	-0.7556	0.1422	1.1341	-0.4554
x6	0.4655	0.1390	-0.3913	-0.7126	-0.5339	-4.1896
x7	-0.4909	-0.0183	0.7664	-1.7316	-2.4696	3.4015
x8	0.2689	-1.1094	-0.3626	0.2828	0.9396	1.3029
x9	0.1658	-0.1427	-2.0541	1.1991	-1.1042	-5.2272
x10	-0.0257	1.6300	-0.7026	0.3114	-0.2963	0.0051
x11	0.0210	0.1883	-0.0459	-0.3883	-1.2855	0.3829
x12	-0.0085	0.0940	0.0229	-0.0187	0.0458	-0.0449
x13	0.0400	0.2756	-0.1024	0.4593	-0.1122	0.4322

---

① 张祎. 湖北武陵民族地区旅游业与区域发展相关分析及空间差异研究 [D]. 宜昌：三峡大学，2015.

表 10-18 旅游业发展的标准化典型变量系数

	1	2	3	4	5	6
y1	0.0141	0.7890	-0.0861	0.5176	-0.2789	-0.6454
y2	0.3007	-1.7025	-1.6401	-0.6840	1.3273	-5.9264
y3	0.0780	0.6704	0.4794	1.7731	-1.0885	6.4724
y4	0.6367	0.0725	1.1142	-0.0636	1.0188	-1.0806
y5	0.1370	0.5518	0.0344	-0.7108	-2.0423	-0.4492
y6	-0.1126	0.5243	-0.1885	-0.6755	1.0781	1.2352

根据上表中的区域发展与旅游业发展典型变量系数，可以得出下表所显示的三对典型变量的计算公式。[1]

表 10-19 标准化典型相关系数及典型变量

序号	典型相关系数	典型变量
1	$\lambda_1 = 0.9968$	$U1 = -0.0288X_1 + 0.2653X_2 + 0.5136X_3 - 0.2056X_4 - 0.0494X_5 + 0.4655X_6 - 0.4909X_7 + 0.2689X_8 + 0.1658X_9 - 0.0257X_{10} + 0.0210X_{11} - 0.0085X_{12} + 0.0400X_{13}$ $V1 = 0.0141Y_1 + 0.3007Y_2 + 0.0780Y_3 + 0.6367Y_4 + 0.1370Y_5 - 0.1126Y_6$
2	$\lambda_2 = 0.9359$	$U2 = -1.6321X_1 - 0.3265X_2 + 1.4196X_3 + 1.1033X_4 - 1.0579X_5 + 0.1390X_6 - 0.0183X_7 - 1.1094X_8 - 0.1427X_9 + 1.6300X_{10} + 0.1883X_{11} + 0.0940X_{12} + 0.2756X_{13}$ $V2 = 0.7890Y_1 - 1.7025Y_2 + 0.6704Y_3 + 0.0725Y_4 + 0.5518Y_5 + 0.5243Y_6$
3	$\lambda_3 = 0.9347$	$U3 = 1.1938X_1 + 1.8476X_2 - 0.9992X_3 + 0.9451X_4 - 0.7556X_5 - 0.3913X_6 + 0.7664X_7 - 0.3626X_8 - 2.0541X_9 - 0.7026X_{10} - 0.0459X_{11} + 0.0229X_{12} - 0.1024X_{13}$ $V3 = -0.0861Y_1 - 1.6401Y_2 + 0.4794Y_3 + 1.1142Y_4 + 0.0344Y_5 - 0.1885Y_6$

---

[1] 张祎. 湖北武陵民族地区旅游业与区域发展相关分析及空间差异研究 [D]. 宜昌：三峡大学，2015.

（四）典型结构分析

典型结构分析是指通过计算一组原始变量与其对应的典型变量间的典型载荷，得出两者之间的相关程度。下表中，区域发展指标的典型载荷是区域发展的原始变量 x1~x13 与区域发展的典型变量 u1~u6 之间的相关性。典型变量 U1 在 x1~x9、x11、x13 上载荷高。U1 能反映各行各业的发展、城镇居民生活水平、区域投资、消费、进出口贸易、就业和环保投资；U2 在 x10 上载荷较高，能反映交通设施的建设；U3 在 x9 和 x10 上的负荷较高，反映了该地区的财政支出和交通设施建设的作用。①

表 10-20　区域发展指标的典型载荷

	U1	U2	U3	U4	U5	U6
x1	0.6876	0.0200	−0.4344	−0.4630	0.1697	0.1210
x2	0.9435	0.0376	−0.0683	0.1817	−0.0641	0.0526
x3	0.9599	−0.0916	−0.0775	0.0143	−0.0043	0.0522
x4	0.5594	−0.3867	−0.2965	0.3135	−0.1126	0.1476
x5	0.3384	−0.4317	−0.4541	0.3396	−0.0952	0.1833
x6	0.9792	−0.0543	0.0184	−0.0808	−0.0370	0.0065
x7	0.8712	−0.0942	−0.2702	0.0216	−0.1144	0.1348
x8	0.8251	−0.2084	−0.3434	0.1999	−0.0629	0.1402
x9	0.7786	−0.1072	−0.5191	−0.0116	−0.0499	0.0482
x10	0.2541	0.5428	−0.6872	−0.2840	0.1931	0.1196
x11	0.7181	0.0181	−0.2802	−0.4516	−0.3147	0.1080
x12	0.1540	−0.0404	0.1473	0.0071	−0.0187	−0.1337
x13	0.5476	0.0723	−0.2829	0.2749	−0.1521	0.4821

下表中的旅游业发展典型载荷是表示旅游业发展 6 个变量 y1~y6 与旅游业发展典型变量 V1~V6 之间的关系。V1 在 y2~y6 的载荷高反映的是该地区的旅游效率、旅游组织、接待能力和旅游资源；V2 在 y1 上的载荷高反映的是该地区对外国游客的吸引力；V3 在 y2、y6 上的载荷高，反映的是该地区对国内游客的

① 张祎. 湖北武陵民族地区旅游业与区域发展相关分析及空间差异研究［D］. 宜昌：三峡大学，2015.

吸引力和旅游资源。①

表 10-21　旅游业发展指标的典型载荷

	V1	V2	V3	V4	V5	V6
y1	0.0444	0.7930	−0.2991	0.4903	0.0814	−0.1811
y2	0.8719	−0.0569	−0.4845	0.0268	0.0196	0.0272
y3	0.9147	−0.0355	−0.3575	0.1237	−0.0271	0.1352
y4	0.9626	0.0614	0.2412	−0.0369	0.1000	−0.0089
y5	0.8517	0.1306	−0.2138	−0.3588	−0.2853	0.0424
y6	0.5653	0.4288	−0.4746	−0.4261	0.2622	0.1448

　　交叉载荷系数反映了一组变量与其相对的典型变量之间的关系。它可以用于断定一个变量是否可以通过其相反的典型变量开展预测。从下表可以看出，V1 在 x1~x4、x6~x9、x11 和 x13 上的载荷较高，说明旅游业的发展与整个地区的经济发展、就业形势和环保投资高度相关。这些反映区域发展的变量可以用代表旅游业发展指数的典型变量 V1 更好地预测。除此以外，V2 在 x10 上载荷高，反映旅游业与区域的交通设施构建高度相关，V3 在 x9、x10 上载荷高，说明旅游业与地区财政支持及交通设施建设相关度高。② 如下表。

表 10-22　区域发展指标的交叉载荷

	V1	V2	V3	V4	V5	V6
x1	0.6854	0.0187	−0.4061	−0.4102	0.1181	0.0587
x2	0.9405	0.0352	−0.0639	0.1610	−0.0446	0.0255
x3	0.9568	−0.0857	−0.0724	0.0127	−0.0030	0.0253
x4	0.5576	−0.3619	−0.2772	0.2778	−0.0783	0.0716
x5	0.3374	−0.404	−0.4244	0.3009	−0.0662	0.0890
x6	0.9761	−0.0508	0.0172	−0.0716	−0.0258	0.0031
x7	0.8684	−0.0881	−0.2526	0.0191	−0.0796	0.0654

① 张祎. 湖北武陵民族地区旅游业与区域发展相关分析及空间差异研究 [D]. 宜昌：三峡大学，2015.

② 张祎. 湖北武陵民族地区旅游业与区域发展相关分析及空间差异研究 [D]. 宜昌：三峡大学，2015.

	V1	V2	V3	V4	V5	V6
x8	0.8224	−0.1951	−0.3209	0.1772	−0.0437	0.0680
x9	0.7761	−0.1003	−0.4852	−0.0103	−0.0347	0.0234
x10	0.2533	0.5080	−0.6423	−0.2516	0.1344	0.0580
x11	0.7158	0.0169	−0.2619	−0.4001	−0.2190	0.0524
x12	0.1535	−0.0378	0.1377	0.0063	−0.0130	−0.0649
x13	0.5458	0.0676	−0.2644	0.2436	−0.1059	0.2340

由下表中可以看出 U1 在 y2~y6 的载荷很高，说明区域发展与该地区国内旅客带来的效益、资源、组织接待能力都密切相关，y2~y6 可以较好地由反映区域发展的典型变量 U1 来预测。除此以外，U2 在 y1 和 y6 上的高载荷反映了区域发展与外国游客的吸引力和该区域内风景名胜区的资源密切相关；U3 在 y2 和 y6 上的高载荷反映了区域发展与景区资源、国内游客的资源高度相关，并产生的经济效益。[①]

表 10-23 旅游业发展的交叉载荷

	U1	U2	U3	U4	U5	U6
y1	0.0442	0.7421	−0.2795	0.4344	0.0566	−0.0879
y2	0.8691	−0.0532	−0.4529	0.0238	0.0137	0.0132
y3	0.9118	−0.0332	−0.3341	0.1096	−0.0188	0.0656
y4	0.9595	0.0574	0.2255	−0.0327	0.0696	−0.0043
y5	0.8489	0.1223	−0.1998	−0.3179	−0.1985	0.0206
y6	0.5635	0.4013	−0.4436	−0.3776	0.1825	0.0703

（五）冗余分析

第一典型冗余表示一变量组的方差被自己典型变量解释的百分比，第二典型冗余表示一变量组的方差被对方典型变量解释的比例。典型相关系数的平方表示两组典型变量间享有的共同变异的百分比，可以进一步分解为分别的解释

---

① 张祎．湖北武陵民族地区旅游业与区域发展相关分析及空间差异研究 ［D］．宜昌：三峡大学，2015.

能力。由下表可以看出 U1+U2+U3 三组区域发展变量线性组合方程反映了区域发展变量组 68.79%的信息，并蕴含了旅游变量组 66.21%的信息。V1+V2+V3 三组旅游发展变量线性组合方程反映了旅游发展变量组 86.95%的信息，并蕴含了区域发展变量组 83.12%的信息。冗余度分析显示典型变量较好地概括了原变量的聚合信息，虽存在部分影响因素的缺失，但仍可以很大程度上说明问题。第一对典型变量可以解释区域发展指标和旅游发展指标的组内变化，第二对和第三对典型变量对区域发展指标和旅游发展指标的组内变化的解释较差。因而，我们应该把重点放在分析第一对典型变量上面。[1]

表 10-24　典型变量的解释能力

典型变量	第一典型冗余	第二典型冗余
U_1	0.5093	0.5060
U_2	0.0550	0.0481
U_3	0.1236	0.1080
V_1	0.5945	0.5907
V_2	0.1437	0.1258
V_3	0.1313	0.1147

四、典型相关分析结果

从分析结果可以看出，恩施州武陵少数民族地区的旅游开发与区域发展有着十分密切的关系。两者相辅相成，相互影响促进。当我们得知两者任意一方的发展状况时，可依据双方的相关关系预测另一方的发展情况，制定方针政策，保障两者之间的协调发展。数据分析表明，旅游开发的典型变量 V1 在 x2、x3 和 x6 上的负荷最高。可以看出，与第一产业相比，旅游业的发展与第二产业和第三产业的发展更为密切。区域发展的典型变量 U1 对 y3 和 y4 的负荷最大，可以看出区域经济发展和旅游收入的产生量最大，与旅行社的发展关系最为密切。因为 V1 是旅游业发展的典型变量，可以更好地预测城市居民收入、社会消费、投资、进口、新就业和环保投资三大产业的产值。因而，在了解地区旅游业发展数据的基础上，可以预测该地的经济发展水平、就业吸纳状况及对环保的投

[1]　张祎. 湖北武陵民族地区旅游业与区域发展相关分析及空间差异研究 [D]. 宜昌：三峡大学，2015.

资力度。同样，作为区域发展的典型变量，U1 可以更好地预测国内旅游接待、旅游收入、酒店、旅行社接待能力和风景资源。当我们掌握了区域发展相关数据后，经过指标间的相关系数，预测旅游业发展达到的程度才能满足区域发展的需要，从而制定相关政策和措施。①

第五节　恩施州旅游业与各产业的灰色关联分析

2011 年《武陵山区区域发展与扶贫规划》中，恩施州 8 个县市被纳入贫困县。恩施州各级政府在国家政策的大力支持下，结合区域资源优势，大力发展旅游业，旅游经济快速发展。旅游业是一个相关性很强的综合性产业。随着旅游业的发展，不只可以创造直接的旅游收入，而且可以改善整个地区的产业结构，促进其他经济部门的发展。本研究以恩施州统计年鉴的相关数据为基础，使用灰色关联分析方法，算出了恩施州旅游业与相关产业的灰色关联度，并分析了恩施州旅游与其他产业的关系。依据发展的客观规律，我们可以看出，经济增长的各个方面是不能同时同步发展的。在历史发展的不同阶段，产业在经济中的地位将发生变化，对经济增长的贡献也将发生变化。区域的高速发展必须依托实体经济，即依靠地区的主导产业。主导产业是指在产业结构体系中居于主导地位的产业。这在很大程度上决定了相关产业将来的发展方向和形式，唯有主导产业持续高效增长，才能更好地驱动其他产业的增长，共同促进整个地区的发展。在主导产业的选择上，可以利用灰色关联分析法来计算旅游业与其他产业的关联度，进一步增强与旅游业的高度关联，并将其视为主导产业。对于与旅游业关联度较低的产业，可以分析其原因，思考如何改善它们之间的关系。②

一、灰色关联分析法介绍

灰色关联分析是一种因子分析方法。通过对灰色关联度的计算，获得了抽象系统中各因素的影响程度。首先对系统中的指标因素开展量化，然后分析它们之间的相关性，将定量分析与定性分析相结合。灰色关联分析的具体操作步

---

① 张祎. 湖北武陵民族地区旅游业与区域发展相关分析及空间差异研究 [D]. 宜昌：三峡大学，2015.

② 张祎. 湖北武陵民族地区旅游业与区域发展相关分析及空间差异研究 [D]. 宜昌：三峡大学，2015.

骤如下:

1. 根据分析的对象,确定参考数列和比较数列

首先,指定参考数据列,通常记为 X_0。记第一个时刻的值为 $X_0(1)$,第二个时刻的值为 $X_0(2)$……第 K 个时刻的值为 $X_0(k)$。因此参考序列 X_0 可表示为 $X_0 = [X_0(1), X_0(2), X_0(3) …… X_0(n)]$。再用相同方法指定比较列 X_1、X_2、X_3……X_n。

2. 对数据进行无量纲处理

由于系统中各因素的意义不同,因而数据的量纲也不尽相同,若不开展无量纲化处理,则不易于比较。因而在开展灰色关联度分析时,首先将数据无量纲化处理,无量纲化的方法常用的有初值化与均值化、标准化处理方法。

(1) 初值化是指将所有数据除以第一个数据,获得一个新的序列,即不同时间的数值相对于第一次数值的百分比。经济序列中常用此法处理。

(2) 均值化处理则是用平均值去除所有数据,以获得一个占平均值百分比的数列。

(3) 比较常用的还有一种标准化处理方法,具体公式可以表达为:$X'_{ij} = (X_{ij} - \bar{x}_j) / \delta$。$X'_{ij}$ 为式中为标准化处理值,X_{ij} 代表原始数据,$\bar{x}_j$ 原始数据的均值,δ 代表原始数据的标准差。[1]

3. 求参考数列和比较数列的灰色关联系数 $\xi(X_i)$

关联程度是指曲线间几何形状的差别程度。用差值大小衡量关联程度。参考数列 X_0 与几个比较数列 X_1, X_2, ……, X_n 在各个时刻的关联系数 $\xi(X_i)$,可由下列公式算出:

关联系数 $\xi_0 = [\Delta(min) + \rho\Delta(max)] / [\Delta_{0i}(k) + \rho\Delta(max)]$。其中 ρ 为分辨系数,一般在 0~1 之间,通常取 0.5。两级最小差记为 Δmin,两级最大差记为 Δmax,比较数列 X_i 曲线上的每一个点与参考数列 X_0 曲线上的每一个点的绝对差值记为 $\Delta_{0i}(k)$。[2]

4. 求关联度 r_i

关联系数指的是比较数列与参考数列在各个时刻的关联程度值,它的数有多个,信息分散不利于整体性的比较。因此需要将各个时刻的关联系数集中为

① 张祎. 湖北武陵民族地区旅游业与区域发展相关分析及空间差异研究 [D]. 宜昌:三峡大学, 2015.

② 张祎. 湖北武陵民族地区旅游业与区域发展相关分析及空间差异研究 [D]. 宜昌:三峡大学, 2015.

一个值，即求其平均值，作为比较数列与参考数列间关联程度的数量表示：关

联度 $r_i = (1/N) \sum_{1}^{N} \xi_i(K)$。$r_i$ 表示比较数列 X_i 对参考数列 X_0 的灰色关联度，

也可以称作序列关联度、平均关联度或线关联度。r_i 的值越接近 1，说明相关性

越高。①

5. 关联度排序

运用关联度的大小次序来描述因素间的关联程度。将 n 个比较数列对同一

参考数列的关联度按大小顺序排列起来，形成关联序列，记为 $[X_i]$，它反映了

各比较列相对于参考列的优劣关系。用 r_{0i} 表示第 i 个比较数列对参考数列的特

征值，若 $r_{0i} > r_{0j}$，则称 $[X_i]$ 对于同一参考数列 $[X_0]$ 优于 $[X_j]$，记为 $[X_i]$

$> [X_j]$。②

二、数据的来源

旅游业与很多其他产业拥有相互依赖和相互促进的关系。本文建立了恩施

州武陵少数民族地区旅游业与其他产业的灰色关联分析模型。以旅游总收入作

为参考数列，其他产业为比较数列。

表 10-25 各产业历年增加值

	累计旅游综合收入（万元）	农业	工业	建筑业	交通运输、仓储及邮电通信业	批发和零售贸易、餐饮业	金融保险业	房地产业	其他服务业
2005	15863	712700	368400	56000	74700	172800	38500	107100	276300
2006	22977	727900	427200	69800	88500	197600	47300	113500	314200
2007	37409	793600	422000	96600	104900	229900	55300	124500	370100
2008	240306	894200	555100	104400	130900	298400	65000	132000	429600
2009	290647	960100	670700	119800	149800	354000	79700	141900	466600
2010	506163	1076500	855700	153500	118700	418800	94600	160100	633400
2011	864458	1182526	1108500	223200	129700	489700	113000	183300	752000

① 张祎. 湖北武陵民族地区旅游业与区域发展相关分析及空间差异研究 [D]. 宜昌：三
峡大学，2015.

② 张祎. 湖北武陵民族地区旅游业与区域发展相关分析及空间差异研究 [D]. 宜昌：三
峡大学，2015.

	累计旅游综合收入（万元）	农业	工业	建筑业	交通运输、仓储及邮电通信业	批发和零售贸易、餐饮业	金融保险业	房地产业	其他服务业
2012	1195524	1249090	1333200	311000	144000	556600	148000	207900	872100
2013	1475431	1332843	1608500	369000	164900	628000	173500	241900	1006200
2014	2000126	1390278	1808600	407800	180700	681000	207200	261725	1182800
2015	2497207	1438642	1973200	471000	183500	737700	241600	291100	1358918
2016	3004847	1525172	2138247	516700	187376	784700	278500	325945	1610508
2017	3674575	1601500	2330200	529900	201900	844800	316100	350957	1836956

三、计算过程

根据上面的分析，旅游业与各产业各指标之间由于计量单位和数量级不尽相同，故而使得各指标间不拥有可比性，不能直接开展综合分析，这时候就必须利用某种方法对各指标数值开展无量纲化处理。本分析采用标准化处理方法开展无量纲化处理。具体公式可以表达为：$x'_{ij} = (X_{ij} - \bar{x}_j) / \delta$。$x'_{ij}$ 为式中标准化处理值，X_{ij} 代表原始数据，$\bar{x}_j$ 为原始数据的均值，δ 代表原始数据的标准差。

然后，根据下列公式计算关联系数：

$$\xi_i(k) = \frac{\min_i(\Delta_i(\min)) + \rho\max_i(\Delta_i(\max))}{|x_0(k) - x_i(k)| + \rho\max_i(\Delta_i(\max))} \quad (10-1)$$

$$\min_i(\Delta_i(\min)) - \min_i(\min_k|x_0(k) - x_i(k)|) \quad (10-2)$$

$$\max_i(\Delta_i(\max)) = \max_i(\max_k|x_0(k) - x_i(k)|) \quad (10-3)$$

其中，ρ 为分辨系数，$\rho \in (0, 1)$，值一般人为给定，取值范围一般为 0.1~0.5，本研究沿用大多数文献中的方法取 $\rho = 0.5$。

表10-26　无量纲化处理

年份	X_0	X_1	X_2	X_3	X_4	X_5	X_6	X_7	X_8
2005	-0.9058	0.1235	-0.3851	-0.8465	-0.8189	-0.6740	-0.8724	-0.7710	-0.5211
2006	-0.8953	0.1460	-0.2982	-0.8261	-0.7985	-0.6373	-0.8594	-0.7616	-0.4651
2007	-0.8740	0.2430	-0.3059	-0.7865	-0.7743	-0.5896	-0.8475	-0.7453	-0.3825

续表

年份	X₀	X₁	X₂	X₃	X₄	X₅	X₆	X₇	X₈
2008	-0.5743	0.3916	-0.1093	-0.7750	-0.7359	-0.4885	-0.8332	-0.7342	-0.2947
2009	-0.4999	0.4890	0.0615	-0.7523	-0.7080	-0.4063	-0.8115	-0.7196	-0.2400
2010	-0.1816	0.6609	0.3347	-0.7025	-0.7539	-0.3106	-0.7895	-0.6927	0.0064
2011	0.3477	0.8175	0.7082	-0.5995	-0.7376	-0.2059	-0.7623	-0.6585	0.1816
2012	0.8367	0.9158	1.0401	-0.4698	-0.7165	-0.1071	-0.7106	-0.6221	0.3590
2013	1.2502	1.0395	1.4467	-0.3842	-0.6857	-0.0016	-0.6729	-0.5719	0.5571
2014	2.0252	1.1244	1.7423	-0.3269	-0.6623	0.0767	-0.6232	-0.5426	0.8179
2015	2.7595	1.1958	1.9854	-0.2335	-0.6582	0.1604	-0.5724	-0.4992	1.0781
2016	3.5093	1.3236	2.2292	-0.1660	-0.6525	0.2299	-0.5178	-0.4478	1.4497
2017	4.4986	1.4364	2.5128	-0.1465	-0.6310	0.3186	-0.4623	-0.4108	1.7842

X_1：农业，X_2：工业，X_3：建筑业，X_4：交通运输、仓储及邮电通信业，X_5：批发和零售贸易、餐饮业，X_6：金融保险业，X_7：房地产业，X_8：其他服务业。

表 10-27　旅游业与各产业关联系数

年份	X₁	X₂	X₃	X₄	X₅	X₆	X₇	X₈
2005	0.8372	0.9125	0.9937	0.9884	0.9617	0.9986	0.9794	0.9350
2006	0.8355	0.9003	0.9918	0.9865	0.9570	0.9982	0.9796	0.9274
2007	0.8254	0.9049	0.9883	0.9860	0.9524	1.0000	0.9806	0.9173
2008	0.8459	0.9216	0.9673	0.9744	0.9886	0.9569	0.9747	0.9532
2009	0.8427	0.9060	0.9580	0.9660	0.9871	0.9476	0.9639	0.9567
2010	0.8633	0.9132	0.9125	0.9043	0.9805	0.8986	0.9141	0.9696
2011	0.9208	0.9391	0.8485	0.8296	0.9072	0.8263	0.8403	0.9736
2012	0.9899	0.9668	0.8011	0.7715	0.8489	0.7722	0.7826	0.9195
2013	0.9655	0.9680	0.7623	0.7298	0.8080	0.7311	0.7417	0.8855
2014	0.8550	0.9526	0.6891	0.6596	0.7284	0.6629	0.6698	0.8136
2015	0.7703	0.8734	0.6348	0.6032	0.6671	0.6094	0.6147	0.7570
2016	0.7048	0.8044	0.5856	0.5549	0.6132	0.5631	0.5674	0.7172
2017	0.6294	0.7246	0.5275	0.5026	0.5538	0.5110	0.5136	1.8995

X_1：农业，X_2：工业，X_3：建筑业，X_4：交通运输、仓储及邮电通信业，X_5：批发和零售贸易、餐饮业，X_6：金融保险业，X_7：房地产业，X_8：其他服务业。

关联度的一般表达式为：$r_i = \frac{1}{N}\sum_1^N \xi_i(k)$，式中 r_i 为比较序列与参考序列的关联度，N 为序列的长度。计算的关联度结果如下：[①]

表 10-28　2005—2017 年关联度排序

排序	产业	关联度
1	工业	0.899
2	其他服务业	0.8756
3	批发和零售贸易、餐饮业	0.8426
4	农业	0.8374
5	建筑业	0.82
6	房地产业	0.8094
7	金融保险业	0.8058
8	交通运输、仓储及邮电通信业	0.8044

表 10-29　2005—2010 年关联度排序

排序	产业	关联度
1	批发和零售贸易、餐饮业	0.9712
2	建筑业	0.9686
3	交通运输、仓储及邮电通信业	0.9676
4	金融保险业	0.9667
5	房地产业	0.9654
6	其他服务业	0.9432
7	工业	0.9098
8	农业	0.8417

---

① 张祎. 湖北武陵民族地区旅游业与区域发展相关分析及空间差异研究 [D]. 宜昌：三峡大学，2015.

表 10-30 2011—2017 年关联度排序

排序	产业	关联度
1	工业	0.8899
2	农业	0.8337
3	其他服务业	0.8177
4	批发和零售贸易、餐饮业	0.7324
5	建筑业	0.6927
6	房地产业	0.6757
7	金融保险业	0.6680
8	交通运输、仓储及邮电通信业	0.6645

四、灰色关联分析结果

由上述分析可以看出,2005—2017 年恩施州武陵民族地区旅游产业关联度中,工业>其他服务业>批发和零售交易、餐饮业>农业>建筑业>房地产业>金融保险业>交通运输、仓储及邮电通信业。首先,旅游业与工业、其他服务业、批发和零售贸易、餐饮业的关联度最高。可以看出,旅游业的发展带动了服务业的发展,但也与产业的发展起到了相互促进的作用。第二,2005 年至 2010 年,旅游业与其批发零售贸易、餐饮业和建筑业密切相关。旅游业的发展将促进该地区的餐饮和商品销售,并增加对服务业的需求。除此以外,旅游业的发展将带动建筑业的发展。目前,旅游房地产是一个热门产业。再次,从 2011—2017 年的数据来看,旅游业和工业、农业的关联度大。旅游业的发展将促进三大产业的融合。通过对比 2005—2010 年与 2011—2017 年的相关度排名,可以看出恩施州武陵少数民族地区旅游业与各产业的相关度在一定程度上发生了变化,也反映了旅游业发展的阶段性和差异性的特点。

第六节 恩施州旅游业与区域发展的空间差异分析

区域经济空间差异是一种常见的经济现象。由于不同地区在历史根据、自然资源、生产要素、产业结构、政策环境等方面存在客观差异,区域经济空间发展差异不可避免。改革开放以来,中国经济发展取得了巨大成就。从区域经济角度看，逐步形成以东部地区为主导，中西部地区为区域经济的梯度发展空间格局。目前，尽管我国经济总量已变成世界第二大经济体，但我国经济质量不高，地区差距大，发展不平衡现象仍然存在，一定的政策倾斜和注重经济效益的做法，导致了我国经济发展中存在很多问题。区域经济发展，使区域间的空间差距变成热点和焦点问题。依据发展的实践分析，适度的区域经济差异有益于推进资源的整合、要素的流动和产业的空间转移，对宏观经济发展起推进作用，但过大的区域经济空间差异会导致资金、人数、技术等的集中，不只会带来经济问题，而且会带来社会问题和环境污染问题等。20世纪90年代以来，我国经济发展形成了珠三角经济区、长三角经济区、京津唐经济区、东北经济区、中部经济区等几个重要经济区域。2011年，国务院扶贫开发领导小组办公室和国家发改委依据区域发展带动扶贫开发的基本思路，制定了武陵山区区域发展和扶贫规划。该规划将集中持续的扶贫与跨省协作发展有机结合，明确了总体要求、空间布局、生态环境、区域发展和扶贫的任务和政策措施，展开试点地区区域发展与扶贫。该地区贫困面广量大，贫困程度深基础设施薄弱；市场体系不完善，经济发展水平低，特色产业滞后；社会事业发展滞后，基本公共服务欠缺；生态环境脆弱，承载能力有限。因而若能实现恩施州的发展，不只可以促进区域间差异的缩小，而且也为中国经济平衡发展和产业结构的升级和转型、拉动中国内需提供了新的机会，由此，对于恩施州区域发展的空间差异的测评显得十分重要和迫切。[①]

研究分析通过恩施统计年鉴及公共资料，搜集恩施州2006年、2013年及2017年的资料，并应用泰尔系数来分析恩施州2007年至2013年区域发展与旅游业发展的差异程度，然后分析空间差异，通过分析恩施州旅游收入、GDP、旅游收入占GDP比重等因素，分析恩施州区域发展与旅游业发展的差异。本研究对恩施州区域发展与旅游业发展的空间差异开展了比较分析，旨在分析恩施州区域发展与旅游业发展的现实问题，为恩施州的协调发展提供根据，为其他区域的协调发展提供参考。[②]

一、基于 Theil 系数评价区域旅游发展差异

Theil 系数又称锡尔系数或泰尔指数，最早是由 Theil 于 1967 年分析国家之

---

① 张祎. 湖北武陵民族地区旅游业与区域发展相关分析及空间差异研究 [D]. 宜昌：三峡大学，2015.

② 张祎. 湖北武陵民族地区旅游业与区域发展相关分析及空间差异研究 [D]. 宜昌：三峡大学，2015.

间的收入差距时提出来的。用泰尔系数表示的地区收入差距之和等于地区收入占人口比例的对数加权和，权重为各地区的收入占人口比例。Theil 系数将区域间差异分解为组间差异和组内差异，方便从不同角度考察差异。

（一）基于 Theil 系数评价地区旅游发展差异

计算经济发展 Theil 系数的算法有两种，一种以 GDP 比重加权计算（T），一种以人口比重加权计算（L）。Theil 系数越大，表示区域间经济发展水平差异越大；Theil 系数越小，表示区域间经济发展水平差异越小。

下面利用 Theil 系数，以旅游收入份额加权，以行政区域为单位，计算地区差异，考察区域经济空间结构的演变过程。Theil 系数的计算公式为

$$T = \sum_{n=1}^{n} K_i \ln \frac{K_i}{C_i} \qquad (10\text{-}4)$$

公式中，n 为区域个数，K_i 为 i 区域旅游收入份额，C_i 为 i 区域游客人数份额。

如果将区域进一步分解为若干区域单元，则对 Theil 系数 T 做一阶分解，则 Theil 系数表示为

$$T = T_a + T_b = \sum_{i=1}^{n} K_i \ln \frac{K_i}{C_i} + \sum_{i=1}^{n} K_i \left[\sum_{j}^{m} \left(\frac{K_{ij}}{K_i} \right) \ln \left(\frac{K_{ij}/K_i}{C_{ij}/C_i} \right) \right] \qquad (10\text{-}5)$$

公式中，T_a 为一级区域间的差异；T_b 为二级内部之间的差异；n 为一级区域个数；m 为二级区域个数；K_i 为 i 区域旅游收入占全部旅游收入的比例；K_{ij} 为 j 区域旅游收入占 i 区域的比例；C_i 为 i 区域的游客人数占全部区域游客人数的比例；C_{ij} 为 j 区域游客人数占 i 区域游客人数的比例。[①]

下面根据恩施州 2006—2017 年的县级及市级行政单位旅游收入及旅游人口数据，以县级和恩施州为基本单元，进行一阶分解分析，对恩施州总体和内部发展差异进行考察。

一级区域（1 个）：恩施州地区

二级区域为恩施州各县市（8 个）：恩施市、利川市、建始县、巴东县、宣恩县、咸丰县、来凤县、鹤峰县。

---

① 张祎. 湖北武陵民族地区旅游业与区域发展相关分析及空间差异研究［D］. 宜昌：三峡大学，2015.

表 10-31 2006—2017 年各县市游客接待人数水平差异

地区	2006 年接待游客人数（万人）	2013 年接待游客人数（万人）	2017 年接待游客人数（万人）	2006 年旅游收入（万元）	2013 年旅游收入（万元）	2017 年旅游收入（万元）
恩施市	59. 9186	900. 297	1718. 5403	37265	548276	1389564. 7
利川市	56. 8476	602. 2186	1204. 1626	19759	272919	702820. 80
建始县	20. 6101	136. 4987	312. 0415	9798	72948	209552. 93
巴东县	76. 2481	448. 0045	724. 4540	30032	250791	550915. 30
宣恩县	5. 2119	72. 0737	185. 3905	876	26842	85427. 76
咸丰	10. 7007	325. 0268	580. 7840	3228	231600	537348. 81
来凤县	34. 4108	78. 203	250. 9507	4851	36051	115597. 38
鹤峰县	11. 4713	87. 3551	156. 5670	2192	36004	83347. 29

表 10-32 恩施州旅游 Theil 系数表

年份	恩施州旅游 Theil 系数
2006	0. 080521
2013	0. 01348
2017	0. 019068

通过分析可以看出 2006—2017 年恩施州内部旅游业发展差异总体上有所缩小，说明在这段时间内，恩施州各县市旅游业都有所发展。分阶段来看，2006 年至 2013 年，恩施州各县市的旅游业发展差距在缩小，但是 2013—2017 年间，旅游业发展的差距有进一步扩大的趋势。恩施州旅游业发展居于起步阶段，虽然总体上差距在缩小，但是，各地区人均旅游收入差异波动较大。政府的支持政策、相关产业的发展变化以及新旅游景点的开发和使用将对旅游收入产生重要影响作用。可以预期，这样的波动在未来相当长的时期内还会持续，随着各地区旅游业相关的配套和基础设施建设的不断完善、旅游景点的开发日益成熟和饱和，相关政策环境的逐步稳定，旅游发展的差异的波动会趋于稳定。①

---

① 张祎. 湖北武陵民族地区旅游业与区域发展相关分析及空间差异研究 [D]. 宜昌：三峡大学，2015.

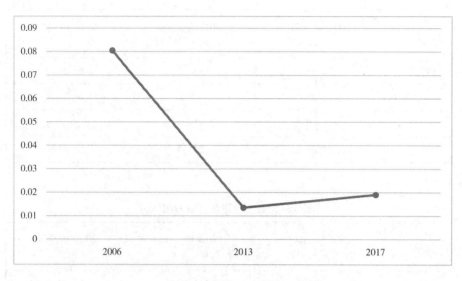

图 10-3　恩施旅游 Theil 系数

（二）基于 Theil 系数评价地区经济发展差异

下面利用 Theil 系数，以 GDP 份额加权，以行政区域为单位，计算地区差异，考察区域经济空间结构的演变过程。Theil 系数的计算公式为

$$T = \sum_{n=1}^{n} Y_i \ln \frac{Y_i}{P_i} \qquad (10-6)$$

公式中，n 为区域个数，Y_i 为 i 区域 GDP 占全部 GDP 的比例，P_i 为 i 区域的人口占全部区域人口的比例。[1]

表 10-33　恩施州各县市人口

县市	2007 年人口 （万人）	2013 年人口 （万人）	2017 年人口 （万人）
恩施市	79.29	81.43	80.6495
利川市	86.88	92.38	91.3727
建始县	50.57	51.4	51.1941
巴东县	48.84	49.77	48.9999

---

[1]　张祎. 湖北武陵民族地区旅游业与区域发展相关分析及空间差异研究［D］. 宜昌：三峡大学，2015.

续表

县市	2007 年人口 （万人）	2013 年人口 （万人）	2017 年人口 （万人）
宣恩县	34.86	36.18	35.8032
咸丰县	36.95	38.86	38.3967
来凤县	31.68	33.03	3.32665
鹤峰县	22.01	22.35	21.6761

表 10-34　恩施州各县市 GDP

县市	2007 年 GDP （万元）	2013 年 GDP （万元）	2017 年 GDP （万元）
恩施市	588032	1414951	2112243
利川市	348750	820094	1178804
建始县	241000	641081	925835
巴东县	249993	740012	1055734
宣恩县	173751	452753	661619
咸丰县	189300	544879	792318
来凤县	157220	470879	685683
鹤峰县	161890	395068	567453

表 10-35　恩施州各县市人均 GDP

县市	2007 年人均 GDP （元）	2013 年人均 GDP （元）	2017 年人均 GDP （元）
恩施市	7416.219	17376.29	27249
利川市	4014.157	8877.398	17660
建始县	4765.671	12472.39	22080
巴东县	5118.612	14868.64	24664
宣恩县	4984.251	12513.9	21685

县市	2007 年人均 GDP（元）	2013 年人均 GDP（元）	2017 年人均 GDP（元）
咸丰县	5123.139	14021.59	25782
来凤县	4962.753	14256.1	27705
鹤峰县	7355.293	17676.42	27870

表 10-36　恩施州民族地区 GDP、人口、人均 GDP

	年末总人口（万人）	地区 GDP（万元）	人均 GDP（元）
2007 年	391.08	2196900	6307
2013 年	405.42	5524843	16697
2017 年	401.36	8012313	23892

　　根据恩施州各县市数据计算结果，得出恩施州 2007—2013 年经济发展 Theil 系数表，并用折线图的方式表示出来。在测算恩施州经济发展 Theil 系数的过程中利用了 GDP 和人数两个指标，反映出其相对差异的变化趋势。从表中可以看出恩施州从 2007 年到 2017 年的变化趋势。依据总泰尔系数变化趋势图，恩施州 2007—2013 年经济发展空间差异变化不大。2013—2017 年，恩施州经济发展空间差异进一步扩大。说明近年以来，恩施州内部的经济发展差异逐步拉大。

表 10-37　恩施州经济发展 Theil 系数

年份	恩施经济发展 Theil 系数
2007	0.025785
2013	0.026595
2017	0.14933

二、基于旅游收入占比分析恩施州旅游业发展空间差异

　　恩施州经历了长期的发展，形成了自己特色的空间布局，可以利用各县市旅游业发展的空间分布情况，对比分析旅游业发展与区域经济发展情况。

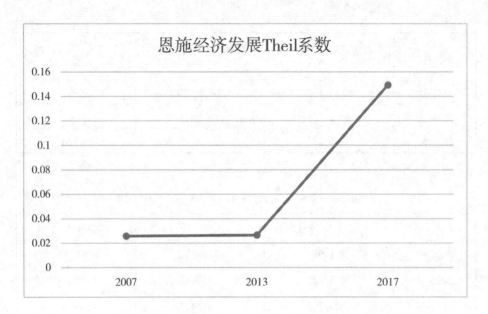

图 10-4 恩施州经济发展 Theil 系数

表 10-38 恩施州各县旅游收入

	2005 旅游业收入（万元）	2008 旅游业收入（万元）	2010 旅游业收入（万元）	2013 旅游业收入（万元）	2017 旅游业收入（万元）
巴东县	2793	59468	128623	250791	550915.30
建始县	701	10149	16892	72948	209552.93
恩施市	7510	87599	173529	548276	1389564.78
利川市	3710	13544	119849	272919	702820.80
鹤峰县	193	10017	10448	36004	83347.29
宣恩县	53	3508	4471	26842	85427.76
咸丰县	154	4450	42137	231600	537348.81
来凤县	749	6877	10213	36051	115597.38

资料来源：恩施州统计年鉴（2005—2018）

表 10-39　恩施州各县 GDP

	2005GDP（万元）	2008GDP（万元）	2010GDP（万元）	2013GDP（万元）	2017GDP（万元）
巴东县	198356	356812	493400	740012	1055734
建始县	196833	285000	394200	641081	925835
恩施市	430713	588000	869400	1414950	2112243
利川市	333666	389845	544800	820094	1178804
鹤峰县	131400	181680	262600	395068	567453
宣恩县	143509	215029	291400	452753	661619
咸丰县	161311	236300	348200	544879	792318
来凤县	123502	236800	301800	470879	685683

资料来源：恩施州统计年鉴（2005—2018）

表 10-40　恩施各县市旅游收入占 GDP 之比重

	2005	2008	2010	2013	2017
巴东县	1.40%	16.70%	26.10%	33.90%	52.18%
建始县	0.40%	3.60%	4.30%	11.40%	22.63%
恩施市	1.70%	14.90%	20.00%	38.70%	65.78%
利川市	1.10%	3.50%	22.00%	33.30%	59.62%
鹤峰县	0.10%	5.50%	4.00%	9.10%	14.69%
宣恩县	0.04%	1.60%	1.50%	5.50%	12.91%
咸丰县	0.10%	1.90%	12.10%	42.50%	67.82%
来凤县	0.60%	2.90%	3.40%	7.70%	16.89%

资料来源：恩施州统计年鉴（2005—2018）

　　上面是从 GDP、旅游收入总量上分析，下面以县级为单位，基于空间分析恩施州 GDP 和旅游收入的空间变化，分析两者之间的关系。从上表可以看出2005—2017 年恩施州各县市的旅游收入逐年增长，其中的恩施市、利川市、巴东县、咸丰县旅游收入大幅提升。①

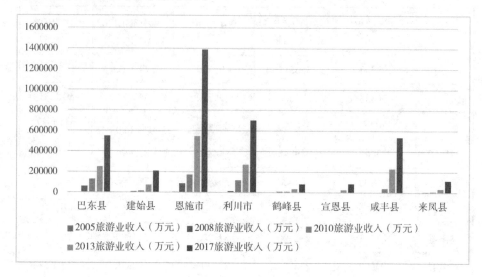

图 10-5 旅游收入对比图

从图 10-6 可以看出，恩施州各县市 2005—2010 年 GDP 升幅较平缓，2010 年后 GDP 的升幅明显加速，恩施州地区的恩施市、利川市、建始县、巴东县、咸丰县的 GDP 增长显著。通过对 2005 年至 2017 年各县市旅游收入变化的比较分析，结果显示，国内生产总值大幅增长的几个县市旅游收入增长也很高。这些地区旅游资源独特，吸引了国内外游人，带来了可观的旅游收入，带动了国内生产总值的快速增长。②

从图 10-7 可以看出恩施州地区的恩施市、利川市、巴东县、咸丰县对 GDP 的贡献在不断增大，尤其是咸丰县和恩施市，其旅游收入占地区 GDP 的比例从 2005 年至 2017 年获得了极大的提高，可以反映该地区旅游业的发展对 GDP 具有举足轻重的作用。③

从图 10-8 可以看出，2017 年恩施市、利川市、咸丰县、巴东县是旅游业发

---

① 张祎. 湖北武陵民族地区旅游业与区域发展相关分析及空间差异研究 [D]. 宜昌：三峡大学，2015.

② 张祎. 湖北武陵民族地区旅游业与区域发展相关分析及空间差异研究 [D]. 宜昌：三峡大学，2015.

③ 张祎. 湖北武陵民族地区旅游业与区域发展相关分析及空间差异研究 [D]. 宜昌：三峡大学，2015.

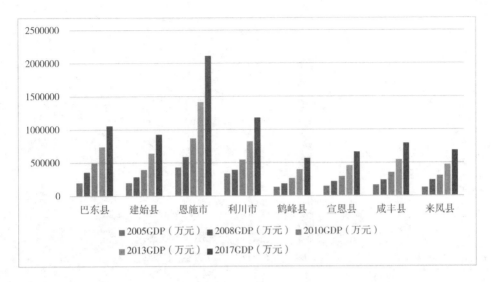

图 10-6　GDP 对比图

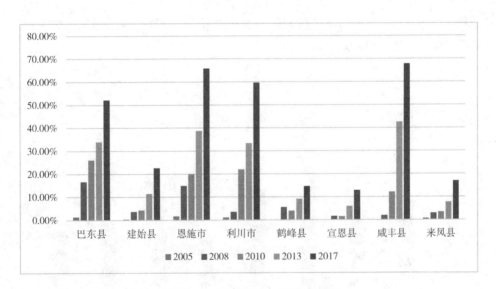

图 10-7　旅游收入占 GDP 对比图

展得比较好的地区。①

　　从图 10-9 可以看出，2017 年恩施市、利川市、巴东县、咸丰县是国内生产

_____

① 张祎．湖北武陵民族地区旅游业与区域发展相关分析及空间差异研究［D］．宜昌：三峡大学，2015.

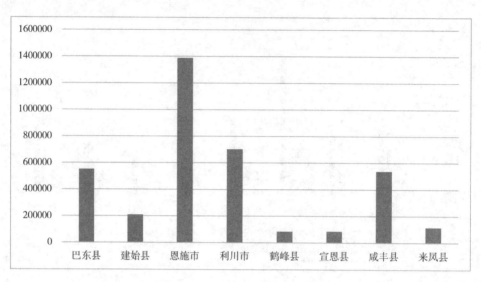

图 10-8 2017 年旅游收入对比图

总值较大的县市。这些县市的旅游收入水平也很高，反映了这些地区旅游发展
与区域经济发展的协同效应。①

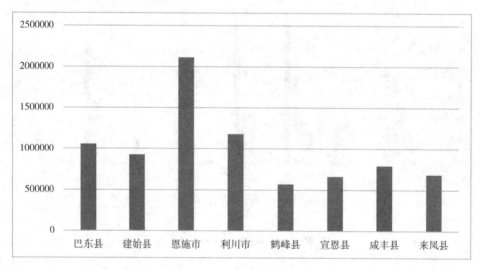

图 10-9 2017 年 GDP 对比图

---

① 张祎．湖北武陵民族地区旅游业与区域发展相关分析及空间差异研究［D］．宜昌：三
峡大学，2015．

从下图可以看出，2017年恩施市、利川市、巴东县、咸丰县旅游收入占国内生产总值的比重较高，尤其是咸丰县旅游收入占国内生产总值的60%以上。这些旅游收入比重较高的县市的旅游业和区域经济发展在恩施少数民族地区居前列。由此可见，旅游业在区域经济发展中发挥着重要作用。①

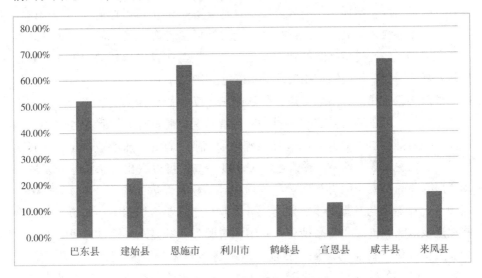

图 10-10　旅游收入占 GDP 比重对比图

第七节　结论及对策建议

一、结论

通过典型相关分析可以得出，恩施州武陵少数民族地区的旅游开发与区域发展有着十分密切的关系。两者相辅相成，相互影响促进。当我们得知两者任意一方的发展情况时，可依据双方的相关关系预测另一方的发展情况，制定方针政策，保障两者之间的协调发展。数据分析表明，旅游开发的典型变量 V1 在 x2、x3 和 x6 上的负荷最高。可以看出，与第一产业相比，旅游业的发展与第二产业和第三产业的发展更为密切。区域发展的典型变量 U1 对 y3 和 y4 的载荷最

---

① 张祎. 湖北武陵民族地区旅游业与区域发展相关分析及空间差异研究［D］. 宜昌：三峡大学，2015.

大，可以看出区域经济发展和旅游收入的产生量最大，与旅行社的发展关系最为密切。因为 V1 是旅游业发展的典型变量，可以更好地预测城市居民收入、社会消费、投资、进口、新就业和环保投资三大产业的产值。因而，在了解地区旅游业发展数据的基础上，可以预测该地的经济发展水平、就业吸纳状况及对环保的投资力度。同样，作为区域发展的典型变量，U1 可以更好地预测国内旅游接待、旅游收入、酒店、旅行社接待能力和风景资源。当我们掌握了区域发展相关数据后，经过指标间的相关系数，预测旅游业发展达到的程度才能满足区域发展的需要，从而制定相关政策和措施。①

通过灰色关联分析结果可知，在 2005—2017 年恩施州武陵民族地区旅游产业关联度中，工业 > 其他服务业 > 批发和零售贸易、餐饮业 > 农业 > 建筑业 > 房地产业 > 金融保险业 > 交通运输、仓储及邮电通信业。首先，旅游业与工业、其他服务业、批发和零售贸易、餐饮业的关联度最高。可以看出，旅游业的发展带动了服务业的发展，但也与产业的发展起到了相互促进的作用。其次，2005—2010 年，旅游业与其批发零售贸易、餐饮业和建筑业密切相关。旅游业的发展将促进该地区的餐饮和商品销售，并增加对服务业的需求。除此以外，旅游业的发展将带动建筑业的发展。目前，旅游房地产是一个热门产业。再次，从 2011—2017 年的数据来看，旅游业和工业、农业的关联度大。旅游业的发展将促进三大产业的融合。通过对比 2005—2010 年与 2011—2017 年的相关度排名，可以看出恩施州武陵少数民族地区旅游业与各产业的相关度在一定程度上发生了变化，也反映了旅游业发展的阶段性和差异性的特点。②

由空间差异分析可以看出，2006—2017 年恩施州内部旅游业发展差异总体上有所缩小，说明在这段时间内，恩施州各县市旅游业都有所发展。分阶段来看，2006—2013 年，恩施州各县市的旅游业发展差距在缩小，但是 2013—2017 年，旅游业发展的差距有进一步扩大的趋势。恩施州旅游业发展居于起步阶段，虽然总体上差距在缩小，但是，各地区人均旅游收入差异波动较大。政府的支持政策、相关产业的发展变化以及新旅游景点的开发和使用将对旅游收入产生重要影响。可以预期，这样的波动在未来相当长的时期内还会持续，随着各地区旅游业相关的配套和基础设施建设的不断完善、旅游景点的开发日益成熟和

---

① 张祎. 湖北武陵民族地区旅游业与区域发展相关分析及空间差异研究 [D]. 宜昌：三峡大学，2015.

② 张祎. 湖北武陵民族地区旅游业与区域发展相关分析及空间差异研究 [D]. 宜昌：三峡大学，2015.

饱和，相关政策环境的逐步稳定，旅游发展的差异的波动会趋于稳定。① 根据恩施州各县市的数据计算结果，得出恩施州 2007—2013 年经济发展 Theil 系数表，并用折线图的方式表示出来。在测算恩施州经济发展 Theil 系数的过程中利用了 GDP 和人数两个指标，反映出其相对差异的变化趋势。从表中可以看出恩施州从 2007 年到 2017 年的变化趋势。依据总泰尔系数变化趋势图，恩施州 2007—2013 年区域发展空间差异变化不大。2013 年至 2017 年，恩施州区域发展空间差异进一步扩大，说明近年以来，恩施州内部的区域发展差异逐步拉大。②

二、政策与建议

（一）强化政策支持，吸引外部投资

随着区域产业结构的不断调整，旅游业已变成一个拥有巨大发展前景的优势产业。为实现恩施市旅游业的良好发展和区域快速发展的目标，不仅需要大量的资金投入，而且政府还制定了一系列相关政策支持恩施市旅游业的发展。还有税收、投资和筹融资优惠，为吸引更多的投资者，政府可以采用多种激励和优惠政策，改善投资软环境，合理保护投资者权益，吸引各类投资者投资旅游。第一，优化投资环境，完善发展环境。致力于优化法制、政务、市场和诚信的发展环境，优化投资政策，实施优惠政策，搭建投资项目审批平台，简化审批程序，提高效率。通过审批，严格把关，推进多种形式的招商协作，特别是加大旅游项目投资力度，减少对生态环境的破坏，作为进一步促进我国旅游业发展的先决条件。旅游业，促进本地区其他产业联动发展。第二，加大财政税收支持，调整财政支出结构。各级财政应将发展旅游业作为重点，逐年提高扶持旅游业的支出比重。加大财政转移力度，保证对恩施州的财政支出按一定比例增长；可以设立发展旅游业的专项资金，并监督资金专款专用的情况。第三，增强金融协作和政策支持，支持和鼓励国家政策性银行在恩施州开展旅游开发专项建设开发贷款，兑现贷款额度和利息的优化政策。支持地方银行、产业投资基金和风险投资企业在本地设立分支机构，支持战略投资者和民间资本进入本地区金融保险机构，进一步扩大本地区金融保险业。支持打破行政界限，建立区域性国家开发银行。这些机构的发展不仅为区域经济带来了活力，而且

---

① 张祎. 湖北武陵民族地区旅游业与区域发展相关分析及空间差异研究［D］. 宜昌：三峡大学，2015.

② 张祎. 湖北武陵民族地区旅游业与区域发展相关分析及空间差异研究［D］. 宜昌：三峡大学，2015.

为旅游业的发展提供了机会，做到相互协调发展。①

（二）改善区域的基础设施条件

第一，改善地区的交通设施。经分析得出旅游业发展和区域发展状况良好的几个县市是恩施市、利川市、巴东县，而这些县市交通条件相对较好，因而，唯有进一步完善区域铁路、公路等交通设施，才能进一步为旅游、招商引资、人才引进、交易协作等提供坚实的基础。可以建设一批工程，改善县市对外连接公路及县与县之间的公路交通条件，大幅晋升地区对外经济联系的水平。第二，改善旅游发展条件。建立旅游景区间的交通要道，实现景区间的联系，为制定旅游精品线路提供前提；建设游客服务中心，一方面为游客提供便利，另一方面为该地农民创收。可以将农民自有住宅打造成旅游住宿地点，并与游人服务中心签订协议，游人在服务台办理相关手续后由服务中心安排接待的农户住房。这种方法不只扩大了旅游接待，提高了农民收入，而且拥有更多的特征，加强了旅游业与农村居民收入的相关性。②

（三）调整产业结构，创新合作机制

产业结构优化调整可以促进区域经济健康发展。恩施州的区域经济发展是促进该地区旅游业发展的基础，可以促进其他相关产业的发展。旅游业是综合性产业，拥有很强的产业关联性。它的发展可以促进购物、餐饮、酒店、交通、成品加工、房地产等相关产业的快速发展。恩施州需要树立"大旅游"的理念，优化旅游产业结构，形成与旅游业高度关联的产业链，充分满足游客对食物、住房、交通、娱乐、旅游等方面的需求。为进一步促进区域整体的发展，应增强区域联动，促进区域间的合作，使区域内各县市资源互补、产业互联、市场互通、经济互利。通过相关机制的构建，实现利益、资源、设施的共享；积极推进区域内各生产要素的流动与资源配置。恩施州资源丰富，在发展区域优势产业方面存在区域差异。因而，产业发展规划应依据不同县市的资源特征开展设计。利川市、宣恩县、巴东县都有加工业基础，可以在这些县市发展绿色食品加工业。鹤峰县、咸丰县以茶为特色，可以发展其茶叶的深加工。恩施市、利川市、巴东县在旅游资源方面拥有明显优势，是该地区的主导产业。建立区域协调发展负责人机制，成立由发改委领头，其他有关部委加入的"恩施州区

---

① 张祎. 湖北武陵民族地区旅游业与区域发展相关分析及空间差异研究 [D]. 宜昌：三峡大学，2015.

② 张祎. 湖北武陵民族地区旅游业与区域发展相关分析及空间差异研究 [D]. 宜昌：三峡大学，2015.

域建设与旅游发展协调领导小组"。恩施州县市发改委及相关部门参与，负责制定区域经济和旅游协调发展规划，实现恩施州经济和旅游的全面发展。为解决区域内县市协调发展问题，制定产业结构、基础设施、旅游资源开发、环境保护、社会保障等方面的总体规划和政策，定期举行协作区工作会议。建立区域合作协调机制，在恩施州经济旅游协调发展机制下，建立相关制度，协调区域内需要共同推进的重要问题。设立部门负责组织和推进区域经济旅游协作，提出阶段性目标、重点任务和具体实施方案，及时解决方案实施中存在的问题。①

（四）选择合理的旅游业发展模式

第一，注重对资源的保护，发展绿色生态旅游。旅游业的发展应遵循可持续发展的原则，不应片面追求旅游收入的提高，而应注重旅游资源的保护，把拥有深厚文化内涵的地方自然景观融入到区域发展中去。因此恩施州旅游业不能盲目发展，一味追求旅游收入的增长而以破坏优美的自然环境为代价。因地制宜地选择适合的旅游开发模式，坚持与生态环境和谐共处的理念。在旅游开发过程中，应注意保护习俗、文化遗产等旅游资源。旅游业的发展与自然环境、经济、社会、生态密切相关，唯有互相协调，才能实现双赢。第二，培育地区增长极，发展拥有旅游资源优势的地区，以其辐射带动能力促进其他地区的发展。经过分析可以看出，恩施市、利川市、咸丰县、巴东县等县市旅游业发展情况好，一方面可以整合这些区域的资源，实现联动发展，并带动其他县市旅游业发展的水平；另一方面可以带动其他县市与旅游业相关行业的发展，如产品加工等。第三，注重区域集群发展。恩施州旅游资源丰富，但并不是所有的县市都适合发展旅游业，应该充分考虑各县市的要素禀赋，考虑到不同地区其他资源的现状。宣恩县、鹤峰县、来凤县旅游业创造的效益不显著，但宣恩县农产品加工，鹤峰县茶叶，来凤县烤烟、茶叶、国药等是该县的主导产业。因而，针对这些暂时没有旅游优势的地区，可以先发展其他产业，再发展旅游业，将这些地区的特色产品运输到恩施市、利川市、巴东县等旅游发展优势地区。一些县市的旅游业可以带动其他县市的其他产业实现旅游资源与其他资源的更好结合。②

---

① 张祎.湖北武陵民族地区旅游业与区域发展相关分析及空间差异研究［D］.宜昌：三峡大学，2015.

② 张祎.湖北武陵民族地区旅游业与区域发展相关分析及空间差异研究［D］.宜昌：三峡大学，2015.

（五）大力引进和培养高素质实用型人才

制定相关政策，从两方面吸引人才。一是制定优惠政策，鼓励国内外人才以多种形式参与恩施州的建设和发展，打破地方限制，开辟旅游企业、高新技术人才的绿色通道。民营和股份制企业，为引进人才创造宽松的宏观环境；二是建立人才引进专项资金。组织当地人才培训和后续教育。重点增强科技含量复合型人才的培养，积极为科技人才提供创业平台，在恩施州建立互动式人才交流机制，实现双赢，乃至在整个地区赢得胜利。区域人才的引进和培养应以地方主导产业为基础。恩施、利川、建始、巴东等县的主导产业主要是农产品旅游和加工。针对这些县市，重点引进和培养旅游专业人才和制造业复合型人才，进一步促进旅游业的发展，实现从初级产品加工到集约化的加工业发展。巴东县现已实现农产品深加工。我们可以把这个县作为试验点。一是重点培养本地区的集约化深加工技术，依托区域辐射带动作用和人才交流，促进周边县市加工业的进一步发展。宣恩县、咸丰县和来丰县的主导产业主要是加工制造业，人才引进和培养的目的是要实现加工业制造业的更高水平。除此之外，还可以与旅游公司协作，签订实习合同，以工代学，从工作中不断学习工作技能，同时也补充公司的劳动需求。通过广开渠道，为该地居民特别是农民提供创业机会，使其参与到旅游经营中去。由于旅游业的综合特征，该地居民在旅游业中的经营形式也多种多样，如销售特色工业成品、小商品、特色食物，展示工艺品或运输服务的制造过程等。只有提高该地居民的素质，才能更好地促进居民稳定兴盛和旅游业的共同发展。①

---

① 张祎．湖北武陵民族地区旅游业与区域发展相关分析及空间差异研究［D］．宜昌：三峡大学，2015.

参考文献

一、中文

[1] 保继刚. 颐和园环境容量研究 [J]. 中国环境科学, 1987 (1-2)：12-15.

[2] 波特. 国家竞争优势 [M]. 北京：华夏出版社, 2002：68.

[3] 蔡俊青. 恩施州旅游整合研究 [D]. 武汉：华中师范大学, 2012 (5)：1-5.

[4] 蔡俊青. 湖北武陵山区旅游整合研究 [D]. 武汉：华中师范大学, 2012 (5)：9-26.

[5] 陈安, 李季梅, 陈宁. 应急管理中"可减缓性"评价模型及应用 [J]. 科技促进发展, 2010 (3)：54-59.

[6] 陈查某. 微笑曲线与上游攻略——对中国手机产业的冷思考 [J]. 企业管理, 2003 (5)：85-89.

[7] 陈华. 旅游对泰宁农村社会的影响研究 [D]. 福州：福建农林大学, 2007.

[8] 陈明. 可持续发展概论 [M]. 北京：冶金工业出版社, 2008：42-56.

[9] 陈晓红. 浅析旅游经济在国民经济中的地位与作用 [J]. 山东省农业管理干部学院学报, 2003, 19 (1)：66-67.

[10] 陈义华. 数学模型 [M]. 重庆：重庆大学出版社, 1995：117-124.

[11] 楚义芳. 旅游空间经济分析 [M]. 西安：陕西人民出版社, 1992.

[12] 崔竹青. 山东省旅游业经济效应分析 [D]. 济南：山东财经大学, 2013：9-10.

[13] 戴楚洲. 新时期武陵山区统筹区域发展政策研究 [J]. 铜仁学院学报, 2010 (4)：62-66.

[14] 戴丹. 产业转型升级的影响因素研究 [D]. 广州：广东省社会科学院, 2014.

[15] 奥古斯特·勒施. 经济空间秩序：经济财货与地理间的关系 [M]. 王守礼, 译. 北京：商务印书馆, 1995：30-40.

[16] VERNON R, WELLS L T, RANGAN S. 国际经济中的经理 [M]. 北京：清华大学出版社, 1998：20-29.

[17] 邓聚龙. 灰色系统基本方法（2版）[M]. 武汉：华中科技大学出版社, 2005：39.

[18] 董全超, 胡峰, 马宗文. 基于典型相关分析方法的中国科普投入产出研究 [J]. 科普研究, 2019 (2)：61-67.

[19] 董志芸. 我国区域可持续发展空间差异的定量研究 [D]：石家庄：河北大学. 2004.

[20] 段忠贤, 黄其松. 要素禀赋、制度质量与区域贫困治理——基于中国省际面板数据的实证研究 [J]. 公共管理学报, 2017 (3)：144-160.

[21] 樊杰. 近期我国省域经济增长的基本态势分析 [J]. 地理科学进展, 1997 (3)：16.

[22] 樊胜岳, 璩婧, 韦环伟. 西藏地区沟域经济系统耦合模式研究 [J]. 西南民族大学学报（人文社科版）, 2009 (1)：72-77.

[23] 樊胜岳, 王曲元, 包海华. 生态经济学原理与应用 [M]. 北京：中国社会科学出版社, 2010：112.

[24] 范维珍. 西部产业发展的潜在条件分析 [J]. 经济体制改革, 2001 (6)：120-124.

[25] 方磊, 唐青桃. 武陵山经济协作区战略下怀化旅游业发展对策 [J]. 资源开发与市场, 2013, 29 (2)：209-211.

[26] 付学亮. 基于典型相关分析的长三角地区港口群与其腹地经济的互动机理研究 [D]. 青岛：中国海洋大学, 2011.

[27] 甘文华. 南京精准脱贫攻坚与乡村振兴战略耦合机制研究 [J]. 中共南京市委党校学报, 2019 (1)：106-112.

[28] 高彻, 孙伟华. 旅游对避暑山庄土壤和植被的影响 [J]. 植物杂志, 2000 (2)：7-11.

[29] 葛宇菁. 旅游卫星账户的发展与方法研究 [J]. 旅游学刊, 2007, 22

（7）：11-18.

[30] 巩劼，陆林．旅游环境影响研究进展与启示 [J]．自然资源学报，
2007（4）：545-556.

[31] 哈罗德·孔茨，海因茨·韦里克．管理学：第9版 [M]．郝国华，等
译．北京：经济科学出版社，1993：131-132.

[32] 郝利，王苗苗，钟春艳．北京沟域经济发展模式与政策建议 [J]．农
业现代化研究，2010（5）：549.

[33] 何必．地理信息系统原理教程 [M]．北京：清华大学出版社，
2010：1.

[34] 何有世．区域社会经济系统发展动态仿真与政策调控 [M]．合肥：
中国科学技术大学出版社，2008：18.

[35] 何忠伟，王有年，郑一淳．北京沟域经济发展研究 [M]．北京：中
国农业出版社，2011：25.

[36] 贺灿飞．中国区域经济差异的时空变化：市场化、全球化与城市化
[J]．管理世界，2004（8）：8-1.

[37] 黄艳珍．带动武陵山片区区域整合发展的龙凤协作区建设平台的研究
[D]．成都：西南交通大学，2012.

[38] 黄元山．加快转变经济发展方式与恩施州的应对 [J]．清江论坛，
2010（4）：1-3.

[39] 江红莉，何建敏．区域经济与生态环境系统动态耦合协调发展研
究——基于江苏省的数据 [J]．软科学，2010（3）：56.

[40] 蒋高明，黄银晓．旅游和城市化对避暑山庄土壤、植物的影响 [J]．
环境科学，1990，11（1）：35-39.

[41] 金相郁.20世纪区位理论的五个发展阶段及其评述 [J]．经济地理，
2004（3）：294-298，317.

[42] 兰大贤，白明亮．推进渝鄂湘黔武陵山片区经济协作的路径研究
[J]．长江师范学院学报，2013（5）：37-41，138.

[43] 郎咸平．产业链阴谋2：一场没有硝烟的战争 [M]．上海：东方出版
社，2008：2-10.

[44] 李春茂．旅游对目的地社会影响研究——以云南大理、丽江为例
[D]．昆明：云南师范大学，2001.

[45] 李昊. 武陵山民族地区文化旅游产业发展的思考 [J]. 中共铜仁市委党校学报, 2013 (1)：68-70.

[46] 李冀. 中国区域经济差异演进趋势分析 [J]. 经济问题, 2010 (12)：14-18.

[47] 李明. 农村生态住区建设系统耦合研究 [D]. 华中科技大学, 2010.

[48] 李为科, 刘金萍, 郭跃. 基于投入产出分析法的重庆旅游业产业波及效应分析 [J]. 南京晓庄学院学报, 2006, (4)：96-100.

[49] 李文艳. 内蒙古自治区县域经济差异与原因分析 [D]. 北京：中央民族大学, 2009.

[50] 李先锋, 何健. 旅游对目的地社会文化影响研究综述 [J]. 边疆经济与文化, 2010 (7)：19-20.

[51] 李小建. 20世纪90年代中国县际经济差异的空间分析 [J]. 地理学报, 2001, 56 (2)：136-145.

[52] 李旭. 社会系统动力学 [M]. 上海：复旦大学出版社, 2009：13.

[53] 李贞, 保继刚. 旅游开发对丹霞山植被的影响研究 [J]. 地理学报, 1998 (6)：554-560.

[54] 李祗辉. 大型节事活动对旅游目的地形象影响的实证研究 [J]. 地域研究与开发, 2011 (2)：110-112.

[55] 李志伟. 地理信息系统及其应用 [J]. 计算机工程与应用, 1995 (6)：42-46.

[56] 梁向明. 论旅游业在宁夏国民经济中的地位和作用 [J]. 固原师专学报 (社会科学版), 2001, 22 (2)：82-86.

[57] 林长云, 衣保中. 我国政府卫生资金投入空间分布及公平性研究 [J]. 中国卫生经济, 2019 (5)：23-26.

[58] 林南枝, 陶汉军. 旅游经济学 [M]. 天津：南开大学出版社, 2001：11-12.

[59] 林毅夫. 中国经济转型时期的地区差距分析 [J]. 经济研究, 1998 (6)：3-10.

[60] 刘汉洪, 彭旺元. 衡山"旅游公害"及其防治对策 [J]. 旅游学刊, 1991, 6 (1)：35-38.

[61] 刘军胜, 马耀峰, 高军. 基于偏离份额与灰色关联分析的河南入境旅

游产业结构研究［J］. 河南科学, 2012, 30（5）: 648-651.

［62］刘强. 中国经济增长的收敛性分析［J］. 经济研究, 2001（6）: 70-77.

［63］刘益. 旅游卫星账户（TSA）在旅游统计中的应用［D］. 统计与决策, 2007（4）: 29-31.

［64］刘志颐. 内蒙古农牧交错带化德县生态经济模式研究［D］. 北京: 中央民族大学, 2013.

［65］卢平. 武陵山片区区域发展与扶贫攻坚规划［J］. 今日中国论坛, 2012（12）: 105, 107.

［66］鲁凤, 徐建华. 基于二阶段嵌套锡尔系数分解方法的中国区域经济差异研究［J］. 地理科学, 2005（4）: 401-407.

［67］陆林. 旅游的区域环境效应研究——安徽黄山市实证分析［J］. 中国环境科学, 1996, 16（6）: 418-420.

［68］罗绒战堆. 沟域中生存的藏人［J］. 中国西藏（中文版）, 2007（4）: 16-23.

［69］罗斯托. 经济成长的阶段［M］. 北京: 商务印书馆, 1962: 67-86.

［70］马骏, 胡博文. 东部沿海地区环境污染与产业结构升级的关系——基于环境库兹涅茨曲线假说的检验［J］. 资源与产业, 2019（1）: 39-44.

［71］马寅初. 新人口论［M］. 长春: 吉林人民出版社, 1997: 1-23.

［72］亨利·梭罗. 瓦尔登湖［M］. 徐迟, 译. 长春: 吉林人民出版社, 1997: 298-311.

［73］牛文元. 持续发展导论［M］. 北京: 科学出版社, 1994: 7.

［74］欧祝平, 傅晓华. 论可持续发展的马克思主义发展观渊源［J］. 求索, 2006（10）: 31-33.

［75］潘芬萍, 王克喜, 曾群华. 武陵山片区旅游竞合发展研究［J］. 民族论坛, 2012（18）: 39-43.

［76］潘荣翠. 基于合作视角的我国主权财富基金对外投资战略研究［D］. 昆明: 昆明理工大学, 2012.

［77］齐爽, 张清正. 国内外旅游业经济效应研究述评［J］. 生产力研究, 2012（5）: 254-256.

［78］乔清举, 马啸东. 改革开放以来我国生态文明建设［N］. 学习时报, 2019-01-14.

[79] 曲格平. 我们需要一场变革 [M]. 长春：吉林人民出版社，1997：237-238.

[80] 任继周. 草地农业系统生产效益的放大 [J]. 草业科学，1986 (3)：7-12.

[81] 任继周，贺达汉，等. 荒漠—绿洲草地农业系统的耦合与模型 [J]. 草业学报，1995，4 (2)：11-19.

[82] 任继周，万长贵. 系统耦合与荒漠—绿洲草地农业系统——以祁连山—临泽剖面为例 [J]. 草业学报，1994，3 (3)：1-8.

[83] 邵晖. 北京山区沟域经济发展动力与对策研究 [J]. 安徽农业科学，2012 (2)：1100-1102.

[84] 史亚军，唐衡，黄映晖，等. 基于山区产业发展的北京沟域经济模式研究 [J]. 中国农学通报，2009 (18)：500.

[85] 宋德勇. 改革以来中国经济发展的地区差距状况 [J]. 数量经济技术经济研究，1998 (3)：15-18.

[86] 宋飞. 旅游经济影响研究的几个模糊认识 [J]. 甘肃农业，2010 (4)：42-43.

[87] 宋继圣. 科学发展观视野下社会管理中的司法创新研究 [D]. 青岛：中国石油大学（华东），2014.

[88] 宋涛. 调整产业结构的理论研究 [J]. 当代经济研究，2002 (11)：11.

[89] 宋晓丹，万哨凯. 南昌市经济与环境协调发展的耦合关系研究 [J]. 湖南农机，2011，38 (11)：170-171.

[90] 宋学锋，刘耀彬. 城市化与生态环境的耦合度模型及其应用 [J]. 科技导报，2005 (5)：31-33.

[91] 宋子千，廉月娟. 旅游业及其产业地位再认识 [J]. 旅游学刊，2007，22 (6)：37-42.

[92] 孙波. 珠三角与粤北地区产业结构差异与产业合作研究 [D]. 深圳：深圳大学，2018.

[93] 孙沁. 武陵山片区旅游扶贫与区域发展探析 [J]. 民族论坛，2012 (7)：55-58.

[94] 孙志国，等. 武陵山片区国家扶贫龙头企业与产业扶贫 [J]. 陕西农

业科学，2012（6）：198-202.

［95］覃朝晖．成渝老工业基地可持续发展研究［D］．北京：中央民族大学，2011.

［96］覃朝晖．基于产业结构演进理论的知识经济可持续发展研究［C］.2012年基于互联网的商业管理学术会议，武汉：2012.

［97］覃朝晖．基于SD模型评测区域低碳经济发展研究——以成渝经济区为例［J］．资源开发与市场，2012（11）：990-993.

［98］覃朝晖，刘佳丽，刘志颐．产业融合视角下澳大利亚生态农业发展模式及借鉴［J］．世界农业，2016（8）：147-151.

［99］覃朝晖．武陵民族地区沟域经济的可持续发展研究［C］．第十一届全国区域经济学学科建设年会暨生态文明与区域经济发展学术研讨会．武汉，2012.

［100］覃朝晖，张祎．武陵民族地区产业发展系统耦合模式研究［J］．商，2012（21）：192-193.

［101］覃成林．中国区域经济差异研究［M］．北京：中国经济出版社，1997：9.

［102］谭本艳，黄婧，向古月．房企融资杠杆对房价影响的实证分析［J］．统计与决策，2018（6）：173-176.

［103］谭志喜．湖北武陵山交通变化对旅游业发展影响——以恩施州为例［J］．价值工程，2014（32）：211-213.

［104］庹梅．旅游业发展与区域经济增长关系研究——以兰州市为例［D］．兰州：兰州大学，2012.

［105］王碧波，郭艳萍．沟域经济发展对山西山区村域经济发展的启示［J］．经济问题，2012（8）：127-129.

［106］王春雷．国外重大事件影响研究述评［J］．旅游科学，2007，21（2）：52-58.

［107］王孔敬．湖北武陵山区新型城镇化发展路径选择研究［C］．北京：第二届民族地区新型城镇化建设与发展论坛，2014.

［108］王曼华．广东旅游经济与第三产业经济——典型相关分析［J］．广东商学院院报，2001（3）：47-50.

［109］王文华，王淑琴，徐维并．北京昆明湖底泥中有机物的表证［J］．环境科学学报，1995（4）：178-185.

[110] 王小军, 张双双. 乡村旅游对农村经济的影响及发展策略 [J]. 农村经济, 2012 (11): 81-82.

[111] 杨大利. 改革以来中国省内地区差异的变迁. 中国工业经济 [J]. 1995 (1): 62-67.

[112] 王彦喆. 基于 GIS 的武陵山区旅游空间结构研究 [D]. 湘潭: 湖南科技大学, 2012.

[113] 王有年. 北京沟域经济理论与实践 [M]. 北京: 中国农业出版社出版, 2010: 10.

[114] 王瑜. 旅游业对福建经济发展贡献研究 [J]. 北京第二外国语学院学报, 2006 (3): 7-11.

[115] 王兆峰, 张海燕. 武陵山区基础设施建设与旅游业发展研究 [J]. 吉首大学学报 (社会科学版), 2003, 24 (4): 103-105.

[116] 王志章, 刘子立. 连片特困地区知识扶贫路径研究——以武陵山片区为例 [J]. 西部学刊, 2014 (1): 24-31.

[117] 王志章. 武陵山片区区域发展的协作路径研究 [J]. 吉首大学学报 (社会科学版), 2012, 33 (4): 134-140.

[118] 王子新, 王玉成, 邢慧斌. 旅游影响研究进展 [J]. 旅游学刊, 2005 (2): 90-95.

[119] 威廉·配第. 政治算术 [M]. 北京: 商务印书馆, 1960: 19.

[120] 韦伯. 工业区位论 [M]. 北京: 商务印书馆, 1997: 102-106.

[121] 魏后凯, 刘楷. 我国地区差异变动趋势分析与预测 [J]. 中国工业经济, 1994 (4): 28-36.

[122] 吴述席. 简论旅游业在我国国民经济发展中的地位及作用 [J]. 平原大学学报, 1999, 16 (2): 9-11.

[123] 吴云超. 武陵山连片地区乡村旅游资源开发研究——以通道侗族自治县为例 [J]. 贵州民族研究, 2013, 34 (154): 143-146.

[124] 国务院扶贫开发领导小组. 武陵山片区区域发展与扶贫攻坚规划 (2011—2020 年) [N]. 贵州民族报, 2012-04-25.

[125] 向胜科. 怀化市小城镇建设问题研究 [D]. 长沙: 湖南农业大学, 2012.

[126] 肖湘愚. 湖南推进武陵山片区区域发展与扶贫攻坚战略研究 [J].

吉首大学学报（社会科学版），2013（3）：40-45.

[127] 徐德云.产业结构升级形态决定、测度的一个理论解释及验证 [J].
财政研究，2008（1）：46-49.

[128] 徐晓敏.层次分析法的运用 [J].统计与决策，2008（1）：156-158.

[129] 严德行，马扶林.德尔菲法评价环湖北岸草原生态系统 [J].青海
草业，2011（1）：7-9.

[130] 杨海霞，郑晓红.成渝城市群经济发展和对策研究 [J].财经界，
2007（3）：64-65.

[131] 杨瑾，刘杰书，殷智.武陵山民族医药旅游的产业化探析 [J].中
医中药，2013，11（28）：472-473.

[132] 杨开忠.中国区域经济差异变动研究 [J].经济研究，1994（2）：
51-54.

[133] 杨锐.LAC理论：解决风景区资源保护与旅游利用矛盾的新思路
[J].中国园林，2003（3）：19-21.

[134] 杨世琦，杨正礼，高旺盛，等.不同协调函数对生态—经济—社会
复合系统协调度影响分析 [J].中国生态农业学报，2007（3）：151-154.

[135] 杨世琦，王国升，高旺盛，等.区域生态经济系统协调度评价研
究——以湖南省益阳市资阳区为例 [J].农业现代化研究，2005（4）：298-301.

[136] 杨武，焦书乾.关于我国民族经济学研究中的几个问题 [J].贵州
大学学报（社会科学版），1997：25-28.

[137] 杨志梁.我国能源、经济和环境（3E）系统协调发展机制研究
[D].北京：北京交通大学，2010.

[138] 应龙根，宁越敏.空间数据：性质、影响和分析方法 [J].地球科
学进展，2005（1）：49-55.

[139] 马尔萨斯.人口论 [M].郭大力，译.北京：北京大学出版社，
2008：9-20.

[140] 余继平.武陵山区少数民族文化旅游发展现状及对策研究 [J].长
江师范学院学报，2012，28（7）：16-21.

[141] 余维，何伟军.武陵民族地区主导产业的界定和评判方法研究 [J].
当代经济管理，2010（12）：54-58.

[142] 曾国安.试论工业化阶段的划分 [J].经济评论，1997（5）：36.

[143] 曾嵘. 旅游对目的地社会文化影响的实证研究 [D]. 乌鲁木齐：新疆师范大学，2006.

[144] 曾珍香，张培，王欣菲. 基于复杂系统的区域协调发展 [M]. 北京：科学出版社，2010：11-17.

[145] 张苹. 中国经济增长与贫困减少——基于产业构成视角的分析 [J]. 数量经济技术经济研究，2011（5）：51-63.

[146] 张卉. 中国西部地区退耕还林政策绩效评价与制度创新 [D]. 北京：中央民族大学，2009.

[147] 张吉林. 旅游业，一个产业组织化的过程 [J]. 财贸经济，1999（2）：61-64.

[148] 张亮. 武陵山片区经济协同发展研究 [D]. 吉首：吉首大学，2013.

[149] 张文建，阚延磊. 上海市旅游产业关联和产业波及分析 [J]. 社会科学，2003（8）：21-27.

[150] 张祎. 湖北武陵民族地区旅游业与区域发展相关分析及空间差异研究 [D]. 宜昌：三峡大学，2015.

[151] 张义丰，谭杰. 北京沟域经济发展的理论与实践 [M]. 北京：气象出版社，2009.10：257.

[152] 张颖辉，谭鲁飞. 基于灰色关联分析的湖南省旅游产业发展战略研究 [J]. 湖南工程学院学报，2011，21（1）：5-10.

[153] 张泽光，张锦. 京张区域生态经济系统建设模式探讨 [J]. 商业时代，2013（7）：20.

[154] 赵国如. 休闲农业的发展模式与模式选择 [J]. 中国发展，2009（4）：63-71.

[155] 赵红红. 苏州环境容量问题初探 [J]. 城市规划，1983（3）：46-53.

[156] 赵继荣. 关于产业结构理论若干基本范畴的探析 [J]. 湘潭工学院学报（社会科学版），2000（6）：23.

[157] 赵金霞. 地理信息系统的发展趋势 [J]. 信息系统工程，2012（8）：45.

[158] 中共湖北省委湖北省人民政府关于推进湖北武陵山少数民族经济社会发展试验区建设的意见 [A/OL]. 百库文库，2011-08-25.

[159] 周运瑜，袁正新，尹华光. 试析武陵山区民族体育旅游资源的开发

[J]. 北京体育大学学报, 2005, 28 (3): 328-329.

[160] 朱如虎. 福建省经济对旅游业的支撑力研究 [D]. 福州: 福建师范大学, 2009 (5): 20-30.

二、英文

[1] KRUGMAN P. A Dynamic Spatial Model [M]. New York: NBER Working Paper W4219, 1992: 55.

[2] KRUGMAN P. First Nature, Second Nature and Metropolitan Location [J]. Journal of Regional Science, 1993, 133 (2): 55.

[3] PAELINCK J, KLAASSEN L. Spatial Econometrics [M]. Farnborough: Saxon House, 1979: 5-11.

[4] ILLINGWORTH V. The penguin dictionary of physics [M]. Beijing: Foreign Language Press, 1996: 92-93.

[5] BARBIER E B. Economics, Natural Resources, Scarcity and Developmennt [J]. Conventional and Alternative Views, 1985: 44.

[6] THEIL H. Economics and Information Theory [M]. Amsterdam: North · Holland, 1967.

[7] PIZAM A, MILMAN A. Social Impacts of Tourism of Central florida [J]. Annals of Tourism Reasearch, 1988, 15 (2): 191-204.

[8] LEEA C C, CHANG C P. Tourism development and economic growth: A closer look at panels [J]. Tourism Management, 2008 (29): 180-192.

[9] DRITSAKIS N. Tourism as a long - run economic growth factor: An emprirical investigation for Greece using a causality analysis [J]. Tourism Economics. 2004, 10 (3): 305-316.

[10] COLE D. Exploring the Sustainability of Mining Heritage Tourism [J]. Journal of Sustainable tourism, 2004, 12 (6): 480-494.

[11] KONTOGEORGOPOULOS N. Accommodation employment patterns and opportunities [J]. Annals of Tourism Research, 1998, 25 (2): 314-339.

[12] BORG J V D, COSTA P, GOTTI G. Tourism in European heritage cities [J]. Annals of Tourism Research, 1996, 23 (2): 306-321.

[13] WILKINSON P F, PRATIWI W. Gender and tourism in an Indonesian vil-

lage [J]. Annals of Tourism Research, 1995, 22 (2): 283-299.

[14] DANN G. Anomic, Ego - enhancement and Tourism [J]. Annals of tourism Research, 1997, 4 (4): 184-194.

[15] BAO J G, CHEN G H, MA L. Tourism research in China: Insights from insiders [J]. Annals of Tourism Research, 2014, 45 (3): 167-181.

[16] ANSEIIN L. Spatial Econometrics: Methods and Models [M]. Berlin and Heidelberg: Springer-Verlag , 1988: 7.

[17] CIRER-Costa J C. Spain's new coastal destinations. 1883—1936: The mainstay of the development of tourism before the Second World War [J]. Annals of Tourism Research, 2014 (45): 18-29.

[18] AREHER B . Tourism Multipliers: the state of the Bangor [C] //OccasionalPapers in Economics (NO. 11).Bangor: University of Wales press, 1980.

[19] ZHOU D, YANAGIDA J F, CHAKRAVORTY U, et al. Estimating economic impacts from tourism [J]. Annals of Tourism Research, 1997, 24 (1): 76-89.

[20] WANGER J E. Estimating the economic impacts of tourism [J]. Annals of Tourism Research, 1997, 24 (3): 592-608.

[21] KIM S S, CHON K, CHUNG K Y. Convention industry in South Korea: an economic impact analysis [J]. Tourism Management, 2003, 24 (5): 533-541.

[22] SCHWER P K, GAZEL R, DANESHVARY R. Air - tour impacts: the Grand Canyon Case [J]. Annals of tourism Research, 2000, 27 (3): 611-623.

[23] ANDREW B P. Tourism and the economic development of Cornwall [J]. Annals of tourism Research, 1997, 24 (3): 721-735.

[24] ARCHER B, Fletcher J. The economic impact of tourism in the Seychelles [J]. Annals of tourism Research, 1996, 23 (1): 32-47.

[25] SEMERAL E. The economic impact of tourism in Austria [J]. The Tourism Review, 1995, 50 (3): 18-22.

[26] MATHIESON A, WALL G. Tourism: economic, Physical and Social Impacta [M]. United Kingdom: Longman Croup Limited, Longman Hourse, 1982.

[27] KRUGMAN P. A Dynamic Spatial Model [M]. New York: NBER Working Paper W4219, 1992: 28.